绍兴图书馆 编

# 树兰文丛

第一辑

国家图书馆出版社

## 图书在版编目（CIP）数据

树兰文丛. 第一辑 / 绍兴图书馆编. — 北京：
国家图书馆出版社, 2021.12
ISBN 978-7-5013-7412-0

Ⅰ.①树… Ⅱ.①绍… Ⅲ.①社会科学—文集 Ⅳ.
①C53

中国版本图书馆 CIP 数据核字（2021）第 276835 号

书　　名　树兰文丛·第一辑
著　　者　绍兴图书馆　编
责任编辑　张慧霞　司领超
编　　务　宋红垚　王明义　汤红霞
封面设计　周　玉

出版发行　国家图书馆出版社（北京市西城区文津街7号　　100034）
　　　　　（原书目文献出版社　北京图书馆出版社）
　　　　　010-66114536　63802249　nlcpress@nlc.cn（邮购）
网　　址　http://www.nlcpress.com
排　　版　九章文化
印　　装　北京科信印刷有限公司
版次印次　2021年12月第1版　2021年12月第1次印刷

开　　本　787×1092（毫米）　1/16
印　　张　18
书　　号　ISBN 978-7-5013-7412-0
定　　价　68.00元

# 序

绍兴又称会稽，是浙东历史最为悠久的城市，稽山越水，孕育着一方文明，千年的积淀，成就了该城独有的浓重历史气息。深巷细街，曲河小桥，桐花烟雨，无尽江南。每次走进绍兴，都会感受到一种曾经的烟火，一种古韵的惆怅。而那些消失在历史缝隙里的藏书楼，则每每让人想念不已。若与绍兴的同行交流，他们会如数家珍般的报出历史上曾经称名一时的私家藏书楼，如宋代陆游的"老学庵"，明代钮纬的"世学楼"、祁承㸁的"澹生堂"，清代章学诚的"翁云山房"、沈复粲的"鸣野山房"、平步青的"香雪庵"、杜春生的"小集园"、赵之谦的"仰视千七百二十九鹤斋"等等。至于徐渭的"青藤书屋"、鲁迅小时候上学的"三味书屋"，则更是人尽皆知了。这样的城市，这样的山水，这样的人文，对于我这样的图书工作者，真如置身于"琅嬛福地"了！

在众多私家藏书楼中，有一座很是特别，在其初建的时候，就秉持着向社会开放的服务精神，也被视为中国传统藏书楼向现代公共图书馆转型的标志性建筑，亦是催生和影响了后来的绍兴图书馆，它即是绍兴乡贤徐树兰于1902年创办的古越藏书楼。2022年是古越藏书楼创建一百二十周年，为纪念这位不朽的文化人物，绍兴图书馆的同行们特以徐树兰之名创办《树兰文丛》，希望以此赓续发扬徐树兰先生藏书共享的公共服务精神。

《树兰文丛》以习近平新时代中国特色社会主义思想为指导，面向图书馆界，坚持学术性为主，知识性和资料性兼顾的出版宗旨，鼓励把理论知识运用到实践工作中，不断提升自身素质，使其成为人文历史研究的重要学术交流平台。其选录的文章除了图情专业外，有一大部分为越地人文研究；文章作者除了图书馆系统外，大多系社会各界热心的文史爱好者；文章内容既坚持学术性、研究性为主，又做到知识性和可读性兼顾。可以说，《树兰文丛》已不再囿于图情圈内，而成为一个广阔的开放的文化研究平台。

值此书出版之际，绍兴图书馆馆长那艳女士示初稿与我先读，感佩之余，不由想到绍兴图书馆作为全国古籍重点保护单位，馆藏十五万余册古籍，其中古越藏书楼的旧藏占十分之一还多，这宗巨大的优秀文化遗产，对绍兴的文化建设、文脉承续、文都塑造，都有着极为重要的典籍文献价值。因此《树兰文丛》在做好原有栏目的同时，应该把重点放在馆藏古籍和地方文献研究上，其主要内容体现在以下三个方面：（一）应将侧重点放在馆藏古籍及历史文献数字化上，继承古越藏书楼“变一人书为万人书”的传统，推动绍兴图书馆在古籍数字化及全面文献开放方面走在全国同行的前列。（二）因绍兴有一批热心于古籍收藏的人士，主要收藏越地古籍，且孜孜不倦，成果颇丰。绍兴图书馆应该对这些民间藏书家所收藏的古籍及地方文献，给予学术研究的支持、书目编纂的帮助、书籍保存的建议，把公共图书馆与民间藏书的合作与共享，作为长期关注和深入研究的课题，使《树兰文丛》成为民间收藏家对越地乡邦文献研究及宣传的重要阵地。（三）绍兴的古籍，如何活化，如何利用新技术、新理念、新方法、新媒体等途径，面向大众传播，发挥古籍文献在地方文化建设的重要作用，让沉睡在古籍里的文字活起来，也是新时代的图书馆所要回答的重要命题。《树兰文丛》应该在古籍和历史文献的创造性转化、创新性发展及活化普及等方面做文章，引导大众文化阅读，为地方人民群众的文化生活提供民族精神源泉。

存古开新，继往开来，绍兴图书馆百廿年来，一直坚持公共精神、传承发扬树兰情怀，不断创新发展，新意迭出，成果丰硕。它是业界的标杆，是读者的天堂。衷心祝愿绍兴图书馆在良好的办馆基础上，将《树兰文丛》办出特色，办出水平，为文化绍兴助力。

褚树青

二〇二一年十二月

（作者系浙江图书馆党委书记、馆长，浙江省古籍保护中心主任）

# 目　　录

图情论坛

# 绍兴文态构建·机遇与挑战

何俊杰

孕育发展物质和非物质文化遗产的自然环境和人文环境是造就深厚历史文化的基础和条件。绍兴独特的自然和人文环境使其历史文化积淀丰厚、存续状态良好并具有鲜明特色和重要价值。绍兴激活文化资源价值的构想和实践为其高质量发展带来了契机。

## 一、绍兴文态的内涵

文态，是指地理空间下的文化布局。最早提及"文态"概念的是我国著名古城保护利用专家郑孝燮先生。他在1993年提出，"文态"旨在强调城市建设应以城市建筑布局和风格为基调，并体现出"美的秩序"的文明环境。2018年，我们在研究"文化绍兴"规划时，拓展和丰富了"文态"的概念，定义它并非某一具体领域、事物的实指，而是代表了一种均衡发展思维模式，提出"文态"相应于"生态"，就像空气之于人，无时不在，无处不在。2019年，我们将"文态"理念融入绍兴"三大文化带"的构建和实践中，并将"优化全域文态格局、建设多彩文态城市"纳入"十四五"规划之中。从"文化"拓展到"文态"，由"生态"延伸出"文态"，意味着人民群众对于城市的欣赏品位，已经从"面"的高大上，走向了对更深层次内涵和文化底蕴的追求。这一变化，对既有深厚底蕴又有现代张力的绍兴来说，充满着巨大机遇。

绍兴8274.79平方公里大地上，其"文态"呈"一山两核三带"格局。"一山"即会稽山，它是中华文明的源头之一；"两核"即古城与兰亭，它们是绍兴文旅发展的引擎；"三带"即浙东运河文化带、浙东唐诗之路文化带和古越文明文化带，正好构成"π"型格局，积淀着古越千年文化底蕴，充满着无限想象。

申言之，"π"型文态空间主要包括以下内容：

（一）"一山"，即会稽山

会稽山是我国史书中最早记载的山之一，曾被列为九大名山之首，四大镇山之先。山水历来是人类生态环境的主要基础和人类实践活动的重要依托。各个历史时期，人们总是根据自身的需求和力量对山水加以利用。在中国，"禹禅会稽"是山川之祭的起点，大禹在会稽山"得天书"和"娶妻、会盟、归葬"这几件大事，使会稽山成为名垂万古的"圣山"。

会稽山历史文化是绍兴文化的重要组成部分，她既积淀了舜禹文化、越国文化、宗教文化和江南山水文化等等，也是浙江文明的摇篮，浙江文脉的源头活水。

（二）"两核"，即两个文旅"核爆点"

**一是把古城让给世界**。绍兴被誉为"没有围墙的活的博物馆"，9.09平方公里的古城内，书圣故里、阳明故里、徐渭故里、鲁迅故里等名人故居星罗棋布。当前，绍兴正努力将千年古城打造成为以世界遗产为导向的古城复兴大IP；**二是让兰亭再现辉煌**。绍兴兰亭是中国书法的故乡。东晋永和九年（353年），王羲之邀请各界名流在兰亭雅集，写下了千古名篇《兰亭集序》。当前绍兴正全力打造兰亭文化旅游度假区，向世界书法朝圣地、研学度假地的目标奋力进发。

（三）"三带"，即浙东唐诗之路文化带、浙东运河文化带和古越文明文创带

**"浙东唐诗之路文化带"**。将会稽山、鉴湖、天姥山等旅游度假区和百丈飞瀑、新昌大佛寺等核心景点相连，形成了"空中、山间、陆路、水上、云端"五条可看、可听、可体验的"唐诗之路"文化体验游线。

绍兴山水文化源远流长。《全唐诗》2000多位作者中，有400多位走过越地山水，并且留下了1500多首经典诗作，"东南山水越为首，天下风光数会稽"由此传遍华夏，"浙东唐诗之路"也因此享誉全国。

**"浙东运河文化带"**。依托一批运河古镇以及运河文化园、八字桥古桥群、古城等重要遗存，动态展示运河遗存蕴含的丰富文化内涵，打造承载记忆、回味乡愁的文化旅游精品游线。

**"古越文明文创带"**。通过古越文化基因解码工程、越文化研究中心的形成等文化梳理工作，将古城、平水、兰亭、西施故里、古香榧群等核心景点和旅游度假区相串联。

## 二、绍兴文态构建的实践

近年来，绍兴市委市政府提出"重塑城市文化体系"，把"文化"与"产业、城市、生态"并列为城市发展的四梁八柱。在"重塑城市文化体系"目标下，着力构建新时代"π"型文态空间，用文化激活古越大地。着重运用艺术、文学、故事、地图、非遗和项目这六种力量，激活文化资源，推动文旅发展。

### （一）用艺术的力量激活一个山村

在绍兴新昌县东茗乡有一个叫石门坑的自然村，距离新昌县城大约30公里。乡贤何国门是浙江省书法家协会主席鲍贤伦的入室弟子。何国门想以当代书画家的文化使命和个人影响力为家乡振兴出力。经过探索，他把鲍贤伦隶书《陶渊明归去来分辞并序》按原尺寸（长35米、高4米）凿刻在村西的摩崖石壁上，并创建了以《归田乐》为主体的"世外桃源"型山村文化风景区。

石门坑村摩崖石刻落成后，2019年春节假期即迅速成为"网红"，参观和旅游者络绎不绝。因为书法，一个沉睡多年的山村，经过艺术元素的点缀激发了无限可能性。

一幅艺术作品激活了一个山村，这种案例值得借鉴、复制和推广。为此，绍兴市文广旅游局和市文联联合下发了文件，要求艺术家和各协会以石门坑村为案例，为乡村振兴提供艺术的源泉和力量。目前，艺术振兴乡村，探索艺术赋能乡村振兴的路径和方法已蔚然成风。

### （二）用文学的力量激活一个古镇

绍兴是浙江省内最先将网络文学直接转化为旅游IP的城市。2018年8月绍兴发布了国内首条网络文学旅游IP"卷帘见山阴——跟着小笔游绍兴"，根据网络小说《狼毫小笔》精心设计了两条旅游线路：一是兰亭、漓渚的"书乡兰韵花香线"；二是平水、王坛、稽东南部山区的"唐诗之路遗韵线"。

《狼毫小笔》中提到的日铸岭古道、永远扫雪碑、兰若寺等正在平水镇逐步复原。典型如**宋家祠堂**，本是平水镇宋家店村一座即将倒塌的祠堂，宋家后人在看到《狼毫小笔》后，自发捐款500多万元，并在政府资助下将祠堂进行了全面修复。还有**云门寺**，本为王献之的旧宅，是他隐居练字的地方，陆游也在此筑有草堂。后来，王羲之的《兰亭集序》曾长期保存在此，唐太宗贞观年间著名的"萧翼赚兰亭"的故事就发生在这里。尽管其历史十分辉煌，但在近现代没落了。现今，经重新设计，云门寺和云门文化又重新走进了人们的视野，"萧翼赚兰亭"的故事也被改编成大型原创越剧《兰亭记》。通过一部小说，重新赋予了平水这个越国古镇以新的内涵，激发了新的活力。

**（三）用故事的力量激活一座古城**

绍兴古城城址千年未变，文脉不断。围绕护城河以内的八大历史街区和一城三故里，项目建设投资超300亿元以上。如何在硬件建设之后，有更多软件赋能，那就是讲好绍兴故事，讲绍兴好的故事。

为激活绍兴这座千年古城，绍兴制定《故事激活古城计划》，重点筛选了100个绍兴故事，同时附二维码，通过"扫码听故事"唤醒古城的历史点位。如**沈园的故事**。除了讲陆游和唐琬的爱情故事外，更讲当年沈园主人把私家花园免费向世人开放的故事。原来，在南宋时期，绍兴城内许多大户人家，每当花季最好的时候，其私家花园都会免费向世人开放。正因为沈家私家花园的开放，陆游和唐琬得以游园，又写下了千古绝唱《钗头凤》，使得沈园与陆游和唐琬的爱情故事一起千古流芳。又如，书圣故里的题扇桥、躲婆弄的故事，不但讲王羲之和老婆婆题扇、躲避的故事，还讲王羲之为什么要躲着老婆婆，老婆婆为什么要去弄堂口堵他，两者温暖人性的缘由，让这些故事对当代有着启迪和教育意义。

通过选取100个重点故事，采取"让年轻人讲传统故事、让新的语言讲古老的故事"的方式，让绍兴古城的故事能够深入人心，从而有效激活绍兴古城的文化底蕴和文化魅力。

**（四）用地图的力量激活全域资源**

大禹生活于距今4100多年前，那是中华文明曙光喷薄而出的英雄年代，是中国历史上第一个信而有征的上古人物，对中华民族有着巨大的影响。绍兴流传着许多有关大禹的传说，并有着丰富的遗存。为了使绍兴禹迹的研究从文字到实体、从资源到标准、从理论到实践，实现文化遗产活化转化，我们于2018年4月首发《绍兴禹迹图》，2019年编辑出版《浙江禹迹图》，2020年制定禹迹标识及标准化设计，2021年启动《中国禹迹图》《东亚禹迹图》的编制，同时实施绍兴禹迹的标识落地。64个绍兴禹迹标识安装完成后，这个绍兴的禹迹地，已转化成文化旅游资源。越来越多的游客，沿着禹迹标识牌，寻找着绍兴大地上大禹的足迹，追寻着远古时代发生在绍兴大地上大禹的故事。

用地图的力量激活全域资源，是绍兴文旅融合后的一大创举。目前，绍兴已通过这一形式，先后编辑发布了唐诗遗迹图、绍兴非遗图、绍兴美食图、鲁迅足迹城市图等十余类地图。

**（五）用非遗的力量激活传统文化**

绍兴拥有丰富的非遗资源。截至2021年6月，绍兴市共拥有国家级非遗代表性项目26项、浙江省级非遗代表性项目86项、绍兴市级非遗代表性项目240项，这些项目涵盖了非遗的十大门类。如以越剧、绍剧为代表的传统戏剧，以绍兴莲花落、绍兴摊簧为代表的曲艺，以西施传说、梁祝传说、王羲之传说等为代表的民间文学，以大禹祭典、水乡社戏为代表的民俗，以绍兴黄酒酿制技艺、石桥营造技艺为代表的传统技艺等，都是绍兴非遗资源的典型代表。

非遗代表性传承人方面，截至2021年6月，绍兴市共拥有国家级非遗代表性传承人21名、浙江省级非遗代表性传承人134名、绍兴市级非遗代表性传承人365名，县级非遗代表性传承人更是多达600人以上。此外，绍兴还申报或认定各类非遗传承基地或保护载体200多家。自2016年浙江省编制和公布"非遗保护发展指数"评估数据以来，绍兴市非遗保护发展工作始终位居全省前列。

丰富多彩的非遗项目和众多的非遗传承人以及社会力量，为绍兴非遗与旅游的融合发展奠定了坚实基础和保障力量。近年来，绍兴围绕一年一度的"非遗集市"和"非遗兴乡大巡游"两大品牌，结合"绍兴有戏"公共文化服务IP的打造，载体丰富，成效明显。绍兴非遗研学旅游、绍兴非遗进景区、绍兴城市非遗客厅等非遗传承活动竞相呈现，这些活动弘扬了非遗传统文化的价值，也促使绍兴向打造非遗之城迈进。

**（六）用项目的力量激活一条运河**

浙东运河全长239公里，流经绍兴101.4公里，在绍兴构建的"π"型文态空间架构中，浙东运河文化带是其中非常重要的一部分。运河的"河道本体""八字桥""八字桥历史街区""古纤道"等4段被列为世界文化遗产，它们是浙东古运河中最珍贵的闪光点和最具文化价值的地方。

为推进运河文化带建设，围绕运河沿线丰富的历史人文和自然资源，绍兴制订了《三大文化带建设三年行动计划（2018—2020）》，策划了100个项目，总投资1000亿元，通过项目的力量来激活浙东运河。如**绍兴运河园项目**。绍兴运河园似一部《越中杂识》和叙述运河史诗的篇章，这里有展示古运河治理主要事件标志的"运河纪事"牌坊、运河治水图等；有记载古运河沿岸著名历史故事和诗歌艺术的《运河典故图》和《运河诗赋图》；还有纤道桥、承福桥等20余座石桥。接下来，绍兴将在此建设"浙东运河博览园"等一批项目，以全面激活岸上和水上文化旅游。又如古镇集群。绍兴是著名的江南水乡，在运河沿线散布着钱清古镇、柯桥古镇、安昌古镇、东浦古镇、陶堰古镇、东关古镇、丰惠古镇、驿亭古镇等众多名古镇；同时还分布着柯岩风景区、鉴湖旅游度假区、曹娥江旅游度假区等，绍兴将充分利用这些文旅资源，通过恢复提升这些运河古镇和景区，着力打造"江南文化"的古镇集群，将浙东运河串"珠"成链。

### 三、绍兴文态构建的机遇与挑战

（一）机遇

**1.国家战略新导向。**习近平总书记对文化建设、传承发展优秀传统文化、文化和旅游融合发展作出了一系列重要论述和重要指示。党的十九大以来，党中央对文化建设高度重视，把文化建设作为"五位一体"布局的重大战略之一，并将其定位提到一个前所未有的高度。为中国特色社会主义文化建设明确了目标，为新时代文化旅游发展指明了前进方向。

**2."重要窗口"建设新担当。**习近平总书记对浙江提出了要努力建设好10个方面"重要窗口"。习近平总书记在浙江工作期间来绍调研，讲得最多的是绍兴文化，对绍兴文化重拾辉煌寄予殷切期望。绍兴作为文化高地，是全省建设文化"重要窗口"的重要组成部分，应以新使命、新担当、新作为，为浙江省"重要窗口"建设增添"绍兴风景"。

**3."十四五"规划新目标。**党的第十九届六中全会，以及"十四五"规划的制定为绍兴未来发展擘画了蓝图，为绍兴文旅工作锚定了五大目标：把绍兴这座历史文化名城打造成为具有江南特色、中国气派的国际文化会客厅；把绍兴这座中国优秀旅游城市打造成为最具文化标识度的文旅休闲目的地；把绍兴这座研学旅行优秀城市打造成为具有长三角特质的中国研学旅行第一城；把绍兴这座没有围墙的"博物馆"打造成为全国最具创新力示范城；把绍兴这个文化高地打造成为全国具有重要影响力的文化发展示范区域。

**4.东亚文化之都新标识。**绍兴成功申报成为2021年"东亚文化之都"，成为东亚文化之都"朋友圈"中的重要一员。（2013年泉州、2014年青岛、2016年宁波、2017年长沙、2018年哈尔滨、2019年西安、2020年扬州、2021年绍兴&敦煌）。"东亚文化之都"是绍兴继历史文化名城之后又一重要标识。2021年是绍兴的"东亚文化之都"活动年，绍兴精准打出"大禹、王阳明、鲁迅、书法、黄酒"五张牌，开展了十大系列100余项活动，以系统化、全方位地向日韩等东亚国家和世界展示绍兴数千年文明史的绵延文脉和江南水乡的现代风采，全面凸显绍兴作为"东亚文化之都"的文化气质、文化氛围、文化实力，同时，绍兴还成立了东亚文化之都城市合作机制。

**（二）挑战**

1.**对文化建设的认识。**目前绍兴对文化建设重要性、必要性在不同层面的认识距离新形势、新要求还有差距。对文化的观念引领作用和精神支撑作用的认识还不足，文化自信不强，因而在实际工作中出现缺少文化自觉的现象。

2.**对文化建设的合力。**文化建设需要政府、企业、社会各界共同参与、合力共建，但在具体工作中，因践行"知行合一"的思想不够，导致绍兴各执行部门之间、区域之间、上下之间、左右之间的合力形成不够，互相掣肘、互相推诿、南辕北辙的现象时有发生。

3.**对文化精神的传承。**重视文化的硬件建设，轻视文化的软件建设，导致对文化的精神价值、观念形态、意识培养等方面的凝练、提升、传承、弘扬方面还有很大差距。

4.**对文化资源的转化。**如何转化利用绍兴丰富的文化资源，实现创造性转化和创新性发展，把文化优势转化为产业优势、人才优势、城市发展优势等，绍兴还有很长的路要走。

绍兴在文化建设方面的目标已经明确，但距离目标实现还有不少差距，需要迎接更多挑战，克服困难，坚定前行，走在前列。

## 四、绍兴文态构建的愿景

**（一）构建绍兴文态标识**

保持战略定力，增强文化自信，全力擦亮"历史文化名城、东亚文化之都"两张金名片，努力在巩固提升绍兴文化地位的基础上，提升绍兴的国际城市地位，为"重要窗口"建设增添绍兴文化符号。

1.**考古遗址。**以考古工作为突破口，有计划地启动、推进绍兴地区有关大禹、越文化、宋韵文化等遗址的考古发掘工作，建设一批遗址公园，巩固提升绍兴作为中华文明源头重要所在地的地位。

**2.古城复兴**。以打造全国古城旅游绍兴样板，浙东唐诗之路核心区、精华地和中国最佳研学旅游地城市为主要任务，巩固提升绍兴旅游胜地的地位。

**3.传统转化**。挖掘阳明心学文化，把阳明故里打造成中国"心学重镇"和"国学高地"，编纂出版《绍兴大典》，巩固提升绍兴作为中华优秀传统文化重要贡献地的地位。

**4.书法美育**。以书法为媒，加快兰亭景区的升级，丰富展览，扩大兰亭书法博物馆影响力，加快兰亭度假区建设，加大对兰亭书法艺术学院的重视程度，做大做强兰亭书法节，不断巩固提升绍兴作为中华书法文化圣地的地位。

**5.东亚文化之都**。利用好"东亚文化之都"城市新名片，利用好亚运城市契机，办好"东亚文化之都"交流活动，在东亚国家城市之间的文化交流中彰显绍兴特色。

**（二）优化全域文态格局**

加强全域统筹、市县区互联互动，深度挖掘绍兴市丰富的历史文化资源，整合大旅游产业，通过大项目开发建设，推进文旅产业集群发展，全力构建"一山引擎，两核引爆，三带串联"的文态空间布局。

**1."一山"即会稽山片区**。挖掘会稽山统领中华九大名山、引领中国山水诗发源地的历史价值，以优越的生态资源为底，以若耶溪风光带为廊，以南镇·合教融山、大禹·帝王圣源、越国·文明古都三大国家级文化资源为脉，通过空间扩容、业态丰富、设施提升，将大禹陵打造成中国历史文化的地标与海内外华夏儿女追思民族先祖的圣地。将会稽山旅游片区打造成中国文化名山，体现绍兴"国际文化客厅"的内涵。

**2."两核"，一为绍兴古城旅游区**。树立"全城申遗"导向，"守住城市的根、留住城市的魂"。积极探索古城保护利用新经验、新做法，紧紧围绕名人文化、运河文化、黄酒文化，充分利用历史文化遗存、水系生态和传统民俗民风，开发阳明故里、越国古城、鲁迅故里、八字桥、书圣故里等五大片区，全面激活文旅文创产业，将绍兴古城建设成文化旅游地，把古城打造成绍兴文化体系中最耀眼的明珠，成为全国乃至世界古城保护发展的"绍兴样板"。**一为兰亭文化旅游度假区**。依托兰亭文化资源优势，以书法为触媒，围绕"国学+"和"产业+"两大主线，讲好"兰亭故事"，将度假区打造成以书法朝圣、国学研学、度假休闲、生态游憩、诗意憩居为主要功能的世界级文化休闲基地、世界书法朝圣地、国际研学旅游地。

3.**"三带"。浙东唐诗之路文化带**。按照浙江省诗路文化带建设的统一部署，科学保护好、挖掘传承好、创新利用好绍兴的唐诗之路遗产，将绍兴打造成最有颜值的生态长廊、最有故事的文化长廊和最有内容的旅游长廊，使其成为浙东唐诗之路精华地。建设一批唐诗重点项目，提升一批名人故居，激活一批文化古村，推进诗路数字化，布设一批数字博物馆、诗路驿站等，加强诗路品牌推广，擦亮一批唐诗名片，把绍兴打造成为中国传统文化的深度体验地和世界级的研学旅游地。**浙东运河文化带**。以绍兴古城为中心，运河古镇为珠，浙东运河为线，串珠成链，打造成继古开今的璀璨文化带、山水秀丽的绿色生态带、享誉中外的缤纷旅游带、大运河江南水乡的典范地。以浙东运河博物馆为突破口，落实运河沿线建设，加快推进柯桥历史文化街、迎恩门风情水街、瓷源文化小镇等一批具有重大示范带动作用的文旅融合项目。开辟"千年水韵·古镇之路""千年水韵·鉴湖风情""千年水韵·鲁迅文化"三条经典游线，打造绍兴浙东运河文旅经济新的增长点。**古越文明文创带**。全面启动古越文化的研究、保护、展示，建设、打造好一条可欣赏、可体验、可品味的历史文化画卷。通过古越文明基因解码工程，古越文明国际交流中心，以及《中国禹迹图》等项目的实施，确立绍兴越文化中心地位，掌握话语权，持续提升绍兴国际形象。

以全域旅游为统领，以会稽山、兰亭为两大核心，围绕古城遗址、历史文化名村落，落实运河沿线建设，高起点规划、建设一批文旅项目，打造古越文明文化带品牌。

**（三）建设多彩文态城市**

绍兴在构建绍兴文态过程中，充分发挥其区域优势和特点，深度挖掘文化资源，建设多彩多姿的文化空间。

1.**越城区**。作为绍兴城市文态建设的主阵地，充分发挥绍兴古城位于"三带"交汇融合中心的优势，着力做好文物和非遗保护、文旅产业创新、古越文化高地、古城文旅服务，把古城让给世界，让古城不老，使古城真正成为国内外游客心驰神往的最佳旅游休闲地。

2.**柯桥区**。充分发掘会稽山鉴水自然人文资源，持续推进兰亭文化旅游度假区和运河文化带建设，重点谋划会稽山转型发展，重塑会稽山历史地位和中华文明地标定位，形成以国际时尚、休闲养生、运动娱乐、黄酒体验为主线，以"老绍兴、金柯桥"为品牌的商贸山水休闲旅游地。

**3.上虞区**。充分利用浙东运河文化和浙东唐诗之路文化建设契机，以祝英台为主题的文化休闲项目，皂李湖为核心的国际度假项目，以孝德文化小镇、瓷源文化小镇、春晖中学、白马湖为重点的国家级研学游项目为切入点，把上虞区打造成最有故事的文旅融合样板城市。

**4.诸暨市**。充分突出西施文化、枫桥经验、耕读传家、灌溉工程世界遗产、香榧林等地域标志性文化。打造历史文化特色村落和民宿，打造成长三角健康休闲文化旅游地。

**5.嵊州市**。深挖"剡溪"和"越剧"两大资源，充分利用剡溪两岸风光和唐诗资源优势，以"两圣一路，戏引天下"为引领，整合唐诗文化、越剧文化、书法文化，推进浙东唐诗之路核心区建设，打造中国越剧旅游地、全国知名的人文山水城市。

**6.新昌县**。依托得天独厚的自然山水、历史人文、美食特产等资源，坚定全域旅游发展理念，实施天姥山、十九峰国家级4A级旅游景区、5A级景区城建设，推进浙东唐诗之路首倡地、精华地建设，做实诗城、佛城、茶城等三城特色，打造国家全域旅游示范区、浙东唐诗之路重要的文化旅游地。

绍兴文态构建是绍兴重塑城市文化体系的新标识，是建设文化高地的新平台，在文态构建的过程中机遇与挑战并存。绍兴必须抓住党和政府高度重视文化建设的历史机遇，迎接挑战，深入挖掘历史内涵，厚植人文优势，擦亮生态本色，以"一山、两核、三带"为重点，致力打造长三角最具文化标识度城市，为浙江努力建设展示社会主义先进文化的"重要窗口"作出贡献。

# "十四五"时期绍兴图书馆事业高质量发展的思考

那　艳　屠静琪

国外图书馆规划起源于20世纪60年代的战略意识，是在企业战略规划的影响下发展起来的，从一开始就强调战略意识在规划中的作用与地位①。"战略"（strategy）一词，源于古希腊语strategos，原意为"将军"，演变到现代社会，"战略"的涵义已远不止此。《韦氏词典》对"战略"的定义是："针对对手和未来，确立最具优势的位置。"因此，战略需具有方向性、纲领性、统筹性、全局性和长期性。阶段性战略对图书馆事业来说至关重要，是图书馆提升竞争力的关键，是图书馆高质量和可持续发展的根本保障。

2021年，是"十四五"开局之年。图书馆事业规划，是近期的重要议题，也是地区公共文化事业发展的一件大事。在"十三五"阶段，《公共文化服务保障法》《公共图书馆法》的先后施行，让图书馆治理体系向现代化迈出了坚实的步伐，绍兴市公共图书馆事业也取得了长足发展。从"十三五"到"十四五"，绍兴如何把握宏观政策背景和全局工作，发扬地方特色优势，全面融入"浙江省公共图书馆服务大提升行动"，不断满足人民对阅读文化生活的新期待，推动绍兴图书馆事业行稳致远，助力绍兴市文旅融合发展和城市文化体系重塑，是我们需要思考的重点。

## 一、"十三五"期间绍兴图书馆发展概况

### （一）"十三五"期间主要荣誉

2016年，"电视图书馆绍兴模式"入选第二批国家公共文化服务体系示范项

---

① 柯平,等.图书馆战略规划:理论、模型与实证［M］.北京:国家图书馆出版社,2013:49.

目。2018年，获国家图书馆（国家古籍保护中心）"中华优秀传统文化实践基地"称号。2020年，被浙江省民族宗教事务委员会确定为第三批"省级民族团结进步重点培育单位"。

**（二）馆藏建设稳步提升**

馆藏是一馆之本。完善文献信息资源保障体系，开发利用特色资源，有效服务读者，是每个公共图书馆的持续性目标。至2020年底，绍兴图书馆馆藏总量为204.52万册（不含电子图书），建成佛学、王阳明、地方音像资料等专题文献数据库。

绍兴市古籍普查在"十三五"期间圆满完成，绍兴图书馆馆藏普查古籍计29996种148838册，其中民国线装书11402种44311册。入选"国家珍贵古籍名录"23部。

**（三）阅读服务持续深化**

充分发挥《公共图书馆法》在推动事业发展中的积极作用，坚持精准普惠，促进全民阅读工作精准化、规范化、法制化。"十三五"期间，绍兴图书馆总计接待读者937万人次，文献流通782万册次，数字资源访问量5198万次；实际持证读者数20.28万人，分别占绍兴市户籍人口与绍兴市市区户籍人口的4.5%和9.1%。举办读者活动3849场，参与人次204.9万。绍兴市共建成主题分馆9个、镇乡（街道）分馆65个、馆外流通站点411个，城市书房40个；建成绍兴市首家"近邻书屋"。深化对口援建新疆阿瓦提、云南西双版纳、吉林辽源市等少数民族地区，彰显绍兴文化。

绍兴市公共图书馆实现"一卡通读者证"全覆盖，各区、县（市）馆、乡镇分馆与城市书房实现通借通还。2018年始，每年发布《绍兴市公共图书馆阅读报告》，科学总结、深度分析绍兴市全民阅读工作。绍兴市全民阅读节、绍兴市未成年人读书节等重大活动实现常态化和规模化。2020年，绍兴市阅读联盟成立，全民阅读推广阵地进一步拓展。

**（四）数字服务创新优化**

持续推进"绍兴数字图书馆"工程，数字图书馆五期项目顺利完成。数字馆舍空间进一步提升，数字图书馆、电视图书馆、移动图书馆并行发展，数字资源采购力度逐步加大。2016年，"电视图书馆绍兴模式"入选第二批国家公共文化服务体系示范项目。2017年，支付宝服务上线运行。2020年，推出"绍兴图书馆"

微信公众平台订阅号，实现"服务号、订阅号"并行服务；绍兴市建成"中心馆+成员馆+数字资源共建共享平台"一体化服务网络体系与活动场馆预约系统，升级"绍兴市特色文献查阅平台"。2021年共有特色数据库38个，互联网宽带扩容至500 MB，馆藏数字资源总量达102TB，是2014年底（50TB）的2倍。

**（五）传承融合推陈出新**

坚守"存古开新"，传承历史文脉，弘扬中华优秀传统文化。2016年，建立绍兴市古籍书目数据库、家谱数据库。2017年，启动馆藏珍贵古籍数字化工作，至2020年底，馆藏古籍、民国文献、拓片等16万余册（件），地方文献19313种30256册；拍摄"绍兴记忆"口述历史45部，绍兴文化名人专题片4部，"越人悦读"地方文献新书微视频12部，地方专题数据库10个。

"十三五"期间，区域融合、行业融合与文旅融合发展呈现新亮点。区域融合方面，实现绍兴市地方文献资源协作共建、"好书天天荐"与"扫码阅读"活动联合推广、数字资源联合采购，馆际交流实现互通互惠。2020年，融入省市县联动机制，创新新媒体服务，组织线上读书月等系列活动。行业融合方面，2018年牵头成立全国电视图书馆联盟与王阳明之路图书馆联盟，加强文献资源共建共享与交流合作。文旅融合方面，2019年，在国家典籍博物馆成功举办"文献名邦　书香绍兴——越地历史文脉展"，同年，策划并启动"阳明文化"中国大运河沿线城市巡讲巡展。2020年，执行承办"天籁浙江·印象诗路"朗诵大会（决赛），联合文化馆、博物馆开启"云上唐诗之路"激活工程。

**（六）智库服务扩容强化**

《信息与参考》《网络看绍图》《产业专题信息》《党的建设》系列刊物影响日益深入。2016年，《信息与参考》实现微信平台目录推送，并获浙江省文化厅"两会"信息服务工作优秀服务奖和优秀信息产品（编辑）奖、浙江省图书馆学会"优秀图书馆服务品牌卓越影响奖"；建成"市外媒体报道绍兴新闻集成平台"。2017年始，为绍兴市党代会提供信息服务。2019年，《绍兴市"两会"专刊》连线"人大代表履职通"APP。2020年，正式开通绍兴图书馆人大、政协信息服务平台，实现"两会"信息服务常态化。至2020年底，开展信息咨询服务44561人次，专题信息服务171人次45698条。

**（七）科学管理步履稳健**

绍兴图书馆首届理事会于2016年成立，2020年12月顺利换届，9名理事涵盖各有关方面，法人治理步入正轨。逐步推进行政、业务层面各项工作规范化，建立职工代表大会制度，实施编外人员专业技术职务评聘，启动内部控制管理制度，安全工作列入年度考核目标。

## 二、"十四五"起步阶段问题分析

### （一）提升绍兴市藏量，助推绍兴重返"30强"

为加快绍兴重返全国综合经济实力"30强"的步伐，进一步提升文化软实力，重塑高品质城市文化体系，亟须提升绍兴市公共图书馆藏书量（人均藏书量）。至2021年底，力求绍兴市图书总藏量达到720万册，建成51家城市书房，缓解大幅新增的图书库容，以提升公共文化服务能力，推动公共文化服务的发展。

### （二）完善区域平衡，实施公共图书馆服务大提升

绍兴市各区、县（市）公共图书馆发展存在较大不平衡。就藏书量来看，至2019年底，绍兴市6个县级公共图书馆中，藏书量最多的是诸暨市，藏量90万册；最少的是新昌县，藏量45.9万册。按照"浙江省公共图书馆服务大提升"要求，除加大政府投入外，还需充分发挥区域中心馆作用，加强绍兴市公共图书馆资源优化整合，增强对基层馆的业务管理与指导，进一步完善公共文化服务体系，率先达到绍兴市100%"满意图书馆"标准。

## 三、"十四五"规划关键词

### （一）绍兴图书馆120周年

2022年是古越藏书楼创建120周年，也是绍兴图书馆百廿年馆庆。隆重、简朴办好120周年馆庆，回顾光辉历程，凝聚力量，传承精神价值，提升服务，引领未来发展，是"十四五"前期的一项重点工作任务。古越藏书楼曾开创了国内公共图书馆之先河，因此要围绕图书馆发展脉络，把握历史主线，收集整理文字资料，讲好"绍图故事"。出版纪念文献《绍兴图书馆志》、馆藏特色文献（地方文献）等，开发"百廿绍图"馆庆系列文创产品。

### （二）服务大提升

按照"浙江省公共图书馆服务大提升"行动思路，突出地方特色，优化馆藏结构，推进绍兴市资源共建共享。加强古籍整理，加大地方文献的征集和宣传力度。深入引导和鼓励社会力量参与公共文化服务，通过社会合作，以"图书馆+"

模式打造一批特色鲜明、布点合理、社会评价度高的主题图书馆、城市书房、书吧等多形式阅读空间。全面实行借阅服务零门槛，进一步完善通借通还体系，加快图书资源向基层和农村下沉。

### （三）传统文化

中华优秀传统文化是中华民族的精神命脉，是最深厚的文化软实力[①]。以深化"中华优秀传统文化实践基地"建设为抓手，整合优秀资源，开发文化产品，发挥品牌优势，促进区域融合、文旅融合发展，助力城市文化体系重塑，提升文化影响力。积极参与《绍兴大典》工程，开展"绍兴典籍回家"活动。打造有品质、有深度、有温度的精品活动品牌。以"合作、融入、创新、共赢"为理念建设"书院+图书馆"服务模式，做强"树兰书院"公益品牌。

### （四）智慧图书馆

提供专业知识信息服务是图书馆的关键能力，利用智慧手段构筑立体化、全方位、广覆盖的知识服务体系，不断缩小城乡数字鸿沟和群体数字鸿沟，是智慧社会带给图书馆的历史机遇与时代挑战[②]。《中共中央关于制定国民经济和社会发展第十四个五年规划和二○三五年远景目标的建议》明确提出："推动公共文化数字化建设。"图书馆一直是现代信息技术的积极倡导者，也是技术进步的受益者。加强新技术应用跟踪，加大智慧图书馆应用场景的探索，积极推动图书馆从数字图书馆向智慧图书馆转型，是"十四五"时期图书馆的一大发展趋势。要充分利用5G、物联网、传感等现代信息技术和新媒体平台，建设智慧空间，打造智慧服务，提供智慧管理，完善"云端绍图"，争取在2025年初步建成"智慧图书馆"。

### （五）智库信息服务

创新服务方式，拓展服务内容，加强信息服务，树立精品服务意识；以全面、准确的信息资源为支撑，建设信息资源整合、分析、加工的枢纽，努力使智库信息服务成为图书馆新的服务战略。持续增强《信息与参考》、两会信息服务等品牌的影响力和含金量，强化决策咨询服务。提升数据库和人才队伍建设，增强智库信息服务的核心竞争力，努力探索构建服务智库建设的研究型图书馆。

---

[①]　人民网.习近平谈中华优秀传统文化:善于继承才能善于创新[EB/OL].[2017-02-13].http://cpc.people.com.cn/xuexi/n1/2017/0213/c385476-29075643.html.

[②]　饶权.现代图书馆越来越"智慧"[N].人民日报,2020-11-13(20).

## 四、结语

"十四五"规划是我国经济在全面小康基础上，迈向现代化目标的第一个五年规划，具有承前启后的重要历史地位。对于绍兴图书馆来说，这是迈入"百廿绍图"的标志性时期。绍兴图书馆将把握这一时期的机遇和挑战，做好"传承"与"发展"，在高质量发展、建设共同富裕示范区进程中，积极展现绍兴图书馆精神，贡献绍兴图书馆力量。

# 纪念徐树兰　传承并弘扬其所开创的图书馆事业

王以俭

清光绪二十六年（1900）徐树兰集议筹建古越藏书楼，光绪三十年（1904）古越藏书楼向社会公众开放。古越藏书楼是我国第一座向公众开放并具有公共图书馆性质的私人藏书楼，在中国图书馆事业发展史上，古越藏书楼是一个重要的里程碑，具有划时代的意义。徐树兰是中国近代公共图书馆的创始者，纪念徐树兰，传承并弘扬其所开创的图书馆事业，是文化主管部门、图书馆工作者的重要任务。

## 一、纪念徐树兰，传承并弘扬其所开创的图书馆事业，绍兴图书馆责无旁贷

徐树兰（1838—1902），字仲凡，号检庵，系清末绍兴乡绅。光绪二年（1876）中举，曾任兵部郎中，后因母病回绍，不再出仕，以购书、藏书、印书为乐事。光绪二十三年（1897），徐树兰倡捐巨资，创设了绍郡中西学堂（今绍兴市第一中学）。考虑学堂与书楼应相辅相成，更考虑当时许多好学人士读书艰辛，为实现教育和知识向民众普及的理念，徐树兰决定创办一家能泽被公众的藏书楼。光绪二十六年（1900），他耗银33960两，筹建古越藏书楼，光绪二十八年（1902）藏书楼"粗具规模"：藏书楼位于绍兴府城古贡院，占地1.6

徐树兰像

亩（合1067平方米），为四进书楼，光绪二十九年（1903）藏书楼"告成"，光绪三十年（1904）正式向社会各阶层人士开放①。

古越藏书楼门楼

古越藏书楼以"存古""开新"为宗旨，一方面继承优秀传统文化，实现古为今用，另一方面传播西方先进的科学技术，启迪民生，培养人才。徐树兰将"家藏大部及一切有用之书，悉数捐入"，还购备了大量已译甚至未译的"新书"及图画、标本、雅训报章等书籍，供学界研究和读者阅读，藏书计有"七万余千卷"，亲订《古越藏书楼章程》，编撰《古越藏书楼书目》②。

古越藏书楼是我国第一座向公众开放并具有公共图书馆性质的私人藏书楼，开启了近代开放型图书馆的先河。"此举拉开了从藏书楼到图书馆过渡的壮丽舞台的大幕"③。"古越藏书楼以其公开阅览、公共使用为标志，孕育着近代图书馆的因

　　①　绍兴县修志委员会.民国绍兴县志资料：第一辑：第16册.[M].铅印本,绍兴：绍兴县修志委员会.[出版年不详]:85—86.
　　②　来新夏.古越藏书楼百年祭[G]//本书编审委员会.开放的藏书楼　开放的图书馆.杭州：浙江人民出版社,2002:1—10.
　　③　周和平.百年文萃　空谷余音（中国图书馆百年系列丛书序）[G]//赵任飞.古越藏书楼研究资料集.扬州：广陵书社,2012:51.

素，在从古代藏书楼向近代图书馆的转变中，起了承上启下的作用"①。

徐树兰是中国近代公共图书馆的创始者。"徐树兰在一个世纪前就有如此远识与造诣，为中国公共图书馆事业辟其先路，这一贡献，后人将永远铭记。"②

古越藏书楼自光绪三十年（1904）建成开放后，初因开办经费、人员等原因，几度闭馆停办。民国二十一年（1932），古越藏书楼改组为"绍兴县立图书馆"。古越藏书楼自此从私人藏书楼成为公办机构，也是现绍兴图书馆的前身。

古越藏书楼与绍兴图书馆一脉相承。绍兴图书馆把光绪二十八年（1902）古越藏书楼的创建时间，作为"建馆元年"；古越藏书楼的旧藏逾万册藏书、35架书柜等古越藏书楼原物也一直保存在绍兴图书馆。纪念古越藏书楼的创始人徐树兰，传承并弘扬其所开创的图书馆事业，绍兴图书馆责无旁贷。

## 二、纪念徐树兰，传承并弘扬其所开创的图书馆事业，绍兴图书馆人一直在砥砺前行

如前所述，徐树兰捐献巨资家财，创办具有图书馆性质的古越藏书楼，向社会公众开放，并制订《古越藏书楼章程》。古越藏书楼藏书兼收并蓄，图书编目突破传统的四库分类法，实行新的编目分类。徐树兰为筹建古越藏书楼呕心沥血，在古越藏书楼建成正式开放的前两年去世。光绪二十八年（1902）6月15日，徐树兰在病危临终之际，邀集马传熙等乡绅，出示《古越藏书楼章程》等，嘱长子徐元钊、次子徐尔谷等必须继承父业，按《古越藏书楼章程》办好古越藏书楼，并要求儿辈每年捐资一千元，用于古越藏书楼日常经费，嘱托完毕才瞑目离世③。

徐树兰修水利、募资救济灾民、办《农学报》，致力于地方公益；创办新式绍郡中西学堂，邀请蔡元培担任绍郡中西学堂总理，推行新的教育办法。徐树兰所

---

① 陈源蒸,等.中国图书馆百年纪事（节录）[G]//赵任飞.古越藏书楼研究资料集.扬州:广陵书社,2012:52.

② 高平叔.古越藏书楼旧址[N].天津日报,1990-11-16.

③ 徐明浩.古越藏书楼创办人徐树兰先生[G]//赵任飞.古越藏书楼研究资料集.扬州:广陵书社,2012:38-43.

做的公益事业，值得后人铭记和纪念；徐树兰与时俱进、勇于创新、敬业奉献的精神，值得后人学习和弘扬；徐树兰所开创的图书馆事业，值得后人传承和提升。

徐树兰是古越藏书楼的创始人，古越藏书楼是绍兴图书馆的前身。徐树兰和古越藏书楼不仅是绍兴图书馆的根脉，也是古城绍兴特有的重要文化标识。长期以来，绍兴图书馆十分重视徐树兰和古越藏书楼这一根脉，历代绍兴图书馆人主动联系、查找徐树兰的亲属，征集徐氏家族的资料，积极探索，砥砺前行，筹划并实施了一系列纪念徐树兰、传承并弘扬其所开创的图书馆事业的活动，并初步形成了以"树兰"命名的读者服务系列品牌。

——1957年2月28日，绍兴市文教部决定整理古越藏书楼藏书。

——1957年8月16日，古越藏书楼列为绍兴市首批文物保护单位。

——1979年7月23日，因机构调整，绍兴县革命委员会重新公布古越藏书楼为绍兴县重点文物保护单位。

——1984年5月5日，为纪念古越藏书楼开放80周年，绍兴图书馆开展"我与图书馆"征文活动。

——1989年12月12日，古越藏书楼被浙江省人民政府批准为浙江省重点文物保护单位。

——2002年10月16日，修缮后的古越藏书楼门楼作为绍兴图书馆分馆，面向社会公众开放。

——2002年10月29日，举行"古越藏书楼创建百年暨绍兴图书馆百年馆庆典礼"，并举行徐树兰雕像揭幕仪式。庆典活动由中国图书馆学会、浙江省文化厅、绍兴市人民政府主办，绍兴市文化体育局、绍兴图书馆承办。《从古越藏书楼到绍兴图书馆》《开放的藏书楼 开放的图书馆》等绍兴图书馆百年馆庆书籍出版。

——2008年6月，绍兴图书馆将"存古开新、平等共享"确定为绍兴图书馆办馆理念。

——2008年10月，绍兴图书馆成立"古越藏书楼藏书聚散考"课题组，并申报成为2009年浙江省图书馆学会课题。课题组对古越藏书楼相关的楼、书、人，包括徐氏家族进行了研究，发表了《古越藏书楼藏书聚散考》等专业论文。

——2010年9月，绍兴图书馆配合文化部全国文化信息资源建设管理中心，拍摄《浙江藏书楼——古越藏书楼》专题片。

——2012年11月10日，举行古越藏书楼创建暨绍兴图书馆馆庆110周年庆典仪式，《古越藏书楼研究资料集》出版。

——2016年10月，绍兴图书馆将"存古开新、平等共享；惜书敬人、尽职奉献"确立为"绍图精神"，并倡导全馆职工积极践行。

——2017年4月22日，绍兴图书馆与绍兴文理学院马克思主义学院、龙华佛学图书馆共同成立了"树兰书院"，并举办少儿国学培训班。首期培训班招收40名学员，于2019年4月结业；2019年5月第二期开班，招收学员42名。培训课程内容以诵读《学庸论语》《孝弟三百千》《老子庄子选》《诗经》等国学经典为主，定期组织开展兰亭、孝德园、舜王庙等研学游活动，每年举办两至三期汇报演出，受到学员家长和社会的广泛好评。

——2017年7月17日，绍兴图书馆唐微等人赴杭州参加西泠印社古籍善本拍卖会，通过竞拍的方式，以14万元的价格，拍得此前流落日本的誊清稿本《古越藏书楼书目》三十卷（共4册）。该书系目前存世唯一一部与古越藏书楼相关的稿抄本。2017年10月9日《绍兴晚报》以"《古越藏书楼书目》流落海外百年后回家了"为题分两个整版作了详细报道，同时，再次呼吁修缮古越藏书楼。

《古越藏书楼书目》稿抄本三十卷（4册30卷）

——2017年9月1日、10月29日、11月22日，复旦大学原校长杨玉良、国家图书馆副馆长张志清、藏书家韦力分别考察古越藏书楼，呼吁古越藏书楼修缮复建工作。

——2017年12月2日，绍兴图书馆夏飞凤、鲁先进、唐微等人拜访百岁老人——徐树兰曾孙女徐明浩女士，拍摄徐明浩口述古越藏书楼创建情况专题片。

——2017年12月6日，徐树兰曾孙女徐明浩女士致信马卫光市长，要求恢复古越藏书楼，引起市政府、市政协、市文广局领导和社会各界的高度重视。

——2017年12月20日，绍兴图书馆成立恢复古越藏书楼申请复建工作小组。工作小组起草两套复建方案报市文广局，并及时向国家图书馆、浙江图书馆及绍兴市人大、市政协、市委宣传部、市政府办公室等部门汇报古越藏书楼的历史、现状及业界地位等，积极呼吁复建。

——2018年1月7日《绍兴晚报》以"各方吁请重建古越藏书楼"为题整版报道，内容涉及徐树兰后代的心愿、古越藏书楼的历史地位、历代图书馆人牢记使命、各方文化名人呼吁重建古越藏书楼，称古越藏书楼"是私人藏书楼向图书馆转变的标本，它的历史地位堪比宁波天一阁"。

——2018年1月10日，绍兴市文广局向绍兴市人民政府递交《关于复建古越藏书楼的建议意见》。

——2018年1月10日、11日，副市长顾涛、市政协副主席冯建荣先后到古越藏书楼、绍兴图书馆调研古越藏书楼复建相关工作。

——2018年1月18日，市委副书记、市长马卫光专程到古越藏书楼进行调研。

——2018年2月8日，政协绍兴市委员会向绍兴市人民政府提交《关于修复古越藏书楼的建议》。

——2018年3月，绍兴图书馆将读者活动"作家会客厅"改名为"树兰品读"，并在馆微信公众号中开设"树兰悦读"专栏。

——2018年5月，浙江省人民政府印发《浙江省传承发展浙江优秀传统文化行动计划的通知》（浙政发〔2018〕17号），将整修绍兴古越藏书楼列为浙江优秀传统文化行动计划重点项目。

——2018年6月，绍兴图书馆联合绍兴一中，以党代表提议的形式，提交"关于命名树兰路的提议"。2018年11月，市民政局同意将文化中心南面的镜帆路改名为"树兰路"。该道路位于绍兴市文化中心南面，西起解放大道，东至本觉路，全长约1600米，宽20米。

——2018年11月15日，根据文化和旅游部2018年春雨工程工作安排，绍兴图书馆在云南省西双版纳傣族自治州图书馆设立"绍兴树兰少儿书屋"，并举行揭牌开放仪式，绍兴图书馆龙华佛学分馆馆长释了成捐款人民币5万元。

——2018年11月18日，由国家图书馆（国家古籍保护中心）、绍兴市人民政府主办，绍兴图书馆具体承办的"册府千华——绍兴市古籍保护成果展"在历史文献馆开幕。绍兴市古籍保护成果展的举办，标志着历时十年的绍兴市古籍

树兰路，位于洋江路绍兴图书馆南面

普查工作圆满完成。绍兴市共有11家古籍公藏单位积极参加并顺利完成了古籍普查工作，据古籍普查平台统计，共完成古籍普查41650部241227册，其中绍兴图书馆29996部148838册。绍兴图书馆善本书库专藏古越藏书楼遗存共652种8049册，加上其他古籍与地方文献，古越藏书楼遗存计有万余册。

——2019年3月，经绍兴图书馆提议，并经市文广旅游局呈报市领导同意，今后越城区建设的城市书房等均以"树兰"命名，目前已建成树兰书房4家、树兰书屋1家。

树兰书房

——2019年6月，绍兴图书馆领导以党代表提议的形式，提交"关于及时推进古越藏书楼复建工作的提议"。市文化旅游集团党委于2019年12月10日回函答复将积极推进古越藏书楼复建工作。

——2019年9月24日，国家图书馆馆长饶权、浙江图书馆馆长褚树青等考察古越藏书楼。

——2019年11月4日，由绍兴图书馆执行承办的"文献名邦·书香绍兴——越地历史文脉展"开幕，国家图书馆馆长饶权、绍兴市市长盛阅春等领导出席。饶权馆长表示希望绍兴市领导重视古越藏书楼的复建工作。

——2019年12月18日，"辽源市朝阳村树兰书房（绍兴图书馆辽源市朝阳分馆）"举行开馆仪式。这是绍兴图书馆在绍兴市外设立的第一家树兰书房。

辽源市朝阳村树兰书房

——2020年4月22日，绍兴图书馆领导等相关人员赴徐树兰故里越城区鉴湖街道栖凫村，了解徐家宗祠、徐维则小洋房、徐氏新老台门等拆迁情况，呼吁有关部门对上述历史遗迹予以保留并修复，并递交了《关于"树兰故里"栖凫村保护工作的建议》。

——2020年5月，绍兴图书馆决定编辑出版《树兰文丛》。

——2020年10月，绍兴图书馆开始筹划2022年古越藏书楼创建暨绍兴图书馆馆庆120周年相关事宜。

### 三、纪念徐树兰，传承并弘扬其所开创的图书馆事业，关键要坚持守正创新

古越藏书楼创建至今，已近120年，在此期间，徐树兰所开创的图书馆事业

不断发展壮大。目前，公共图书馆已成为社会主义公共文化服务体系的重要组成部分，是开展社会教育的公共文化设施。公共图书馆的基本职能是向社会公众免费开放，收集、整理、保存文献信息并提供查询、借阅及相关服务。习近平总书记于2019年9月8日中国国家图书馆建馆110周年之际，给国家图书馆八位老专家回信中指出"图书馆是国家文化发展水平的重要标志，是滋养民族心灵、培育文化自信的重要场所"，要求"坚持正确政治方向，弘扬优秀传统文化，创新服务方式，推动全民阅读，更好满足人民精神文化需求，为建设社会主义文化强国再立新功"①。

今天，我们纪念徐树兰，传承并弘扬其所开创的图书馆事业，并不是为了纪念而纪念，而是要传承和弘扬徐树兰热心公益事业，与时俱进、勇于创新、敬业奉献的精神，实现图书馆事业的迭代升级。当前，我们在积极树立"树兰"品牌的同时，关键是要学习贯彻习近平总书记给国家图书馆老专家的回信精神，坚持守正创新。

**守正**，就是要坚持正确政治方向，坚守"传承文明、服务社会"初心，传承并弘扬徐树兰倡导的古越藏书楼"存古""开新"建楼宗旨，实现"变一家之书为万众之书"，把积极推动、引导、服务全民阅读作为我们的主要任务，在传承中华文明、提高国民素质、推动经济社会发展等方面发挥积极作用②。

**创新**，就是要继承徐树兰"得风气之先"的过人胆略，以发展的眼光汲取古越藏书楼"存古""开新"的精神，根据目前所面临的形势与任务，在服务理念、服务内容、服务方式等方面实现创新，按照平等、开放、共享的要求向社会提供服务。古越藏书楼创建时所实施的图书寄存、供应茶水、代办午餐、制订章程、图书编目等一系列有利于图书利用、方便读者阅读等服务举措，至今还对现代公共图书馆具有借鉴意义。当前，我们如何做到与时俱进，充分利用网络、数字化传播等技术手段，拓展传统业务，服务全民阅读，如何进一步完善读者服务体系和内部管理体系，如何利用文旅融合这一平台，讲好古越藏书楼的故事，提升

---

①　新华社.坚持正确政治方向　弘扬优秀传统文化［N］.人民日报,2019-09-10（01）.
②　同①。

内涵，外拓影响，切实发挥公共图书馆"滋养民族心灵、培育文化自信"的作用，既是我们当前所面临的重要任务，其解决也是对徐树兰最好的纪念。

纪念徐树兰，传承并弘扬其所开创的图书馆事业，我们任重而道远；

纪念徐树兰，传承并弘扬其所开创的图书馆事业，我们永远在路上。

# 图书馆、文化馆、博物馆数字化建设融合发展的思考

李　弘

习近平总书记在2018年出席全国网络安全和信息化工作会议时强调："网信事业发展必须贯彻以人民为中心的发展思想，把增进人民福祉作为信息化发展的出发点和落脚点，让人民群众在信息化发展中有更多获得感、幸福感、安全感。"随着大数据、云计算、物联网、人工智能等信息技术的飞速发展，数字文化服务是新时代公共文化服务的新形式，已成为提升服务效能的必然趋势。图书馆、文化馆、博物馆如何整合资源、与时俱进，顺应新时代数字化发展大趋势，创新管理模式，提升服务效能，努力满足人民群众数字化需求。本文结合三馆数字化建设的现实情况，就融合发展谈创新思考。

## 一、三馆数字化服务的现状

近年来，图书馆、文化馆、博物馆广泛利用数字资源，积极拓展公共文化服务新领域，构建数字文化服务联动机制，开展有声有色的公共文化数字化服务，在公共数字平台建设、数字设施设备投入、网上文化活动开展、数字资源服务等方面作出了积极的探索实践。

### （一）搭建公共文化服务数字平台

"国家数字文化网"基于移动互联网，线上线下结合开展服务，全面拓展了现代公共文化服务领域。以绍兴市为例，绍兴图书馆与支付宝的城市服务合作，芝麻信用积分550分以上免费开卡借书；利用大数据技术，构建了图书馆业务分析系统，为读者提供个性化阅读报告。绍兴市文化馆开通微网站，利用微信小程序，方便公众在移动端获取信息，开通微信公众号方便群众预约参与文化活动；绍兴博物馆利用二维码现场扫码获取文物信息，利用科技手段体验数字化的互动展示

信息。可以说，三馆在信息宣传、资源共享、活动资讯、线上线下互动、网络直播等方面，取得了显著成效。此外，舟山市在这方面的相关发展也值得效仿，创建网上文化服务交易平台，想看演出上网"淘"，将公共文化产品通过社会化运作，从"送戏下乡"转为"群众点戏"，实现百姓看戏，政府买单。

**（二）探索数字文化特色服务**

近年来，国家图书馆与数字媒体合作，在数字电视上为用户提供了百年国图、文津讲坛、书刊推荐、图说百科、少儿有声读物等线上服务。"绍兴电视图书馆"是绍兴图书馆会同中国广播有线电视绍兴分公司联合开发的全新图书服务模式，采取图文版、互动版两种形式，为广大读者提供信息服务、视频点播、书目查询、图书续借、名著阅读等系列服务，同时积极探索图书馆远程服务新模式，开拓移动端应用，做到了"有屏的地方，就有图书馆"。

近年来浙江省文化馆组织开展了全省文化馆"十佳网站"评比活动。为做好全省50%以上市县级文化馆实现对接国家公共文化云平台工作，有力推进全省市县文化馆的数字化建设，绍兴市文化馆专门设立数字网络服务中心，具体从事网络维护、网络宣传、数字服务等。杭州群文网通过整合绍兴市群众文化网站，整理地方特色文化，将其以影视、图片、文案的形式上传至互联网，建立信息互动的新文化发展传播模式，构建数字文化服务联动机制。

**（三）拓展公共文化数字服务覆盖面**

据全国公共文化发展中心统计，2019年国家公共文化云访问量为2.64亿次，比2018年增加了1.04亿次，同比增长63.5%。其中，网络直录播各地群众文化活动434场，访问量1.5亿次，占国家公共文化访问量的56.8%。在2020年1月22日至2月10日新型冠状病毒肺炎防疫期间，国家公共文化云访问量1466万次。其中，手机端访问量占74%，PC端访问量占26%。由此可见，线上数字文化服务已成为新时代拓展公共文化服务的重要途径。

为拓展和延伸公共文化服务，三馆推动县级图书馆、文化馆总分馆建设，优化图书馆联盟、文化馆（站）联盟，推动优质文化资源从城市延伸到农村，从线下向线上渗透。数字图书馆将采购的馆藏数字资源利用网络等途径开展服务；数字文化馆将所开展艺术普及的成果，即创作、表演的各类作品，转化为数字资源，通过网络等途径提供服务；数字博物馆利用数字资源推出精彩数字展览、虚拟游览、网上体验馆等服务，充分利用三馆的数字资源，开展有特色的线上数字服务，从而扩展公共文化数字服务覆盖面，打通公共文化服务"最后一公里"的难题。

近年来，绍兴图书馆、绍兴市文化馆、绍兴博物馆数字化服务有了较快的发展。

2015—2019年三馆的数字化服务人次表

| 年份 ＼ 人次 | 绍兴图书馆 | 绍兴市文化馆 | 绍兴博物馆 |
|---|---|---|---|
| 2015 | 4805750 | 844869 | 492945 |
| 2016 | 5437643 | 964272 | 562082 |
| 2017 | 6239140 | 1104491 | 638730 |
| 2018 | 9779884 | 1284268 | 742710 |
| 2019 | 14842291 | 1492800 | 853700 |

从上表可知，自2015年以来三馆的数字化服务人次每年增加的比率均在13%以上，特别是近几年随着"互联网+"和大数据技术的发展，三馆提供了更多的数字化服务项目，服务人次的增长率每年达到50%以上。

## 二、三馆数字化服务融合发展存在的现实问题

三馆在数字化建设进程方面作出了行之有效的探索与实践，面对新时代公共文化服务的新使命，我们要明确新时代新要求，科学分析融合发展的创新机制和措施，同时要认清问题和不足。

### （一）行业标准差异，数字服务融合不佳

三馆因其设立的行业评估定级标准不同，在数字化设施设备投入、互动体验及数字化开展重视程度方面也存在相应的差距，导致在融合过程中资源数据、特色体验、板块分配等方面容易出现融合达不到预期的效果。

### （二）平台功能独立，端口数据对接不易

三馆网站、微信公众号相对独立。图书馆有读者证登录，文化馆有公益培训报名，博物馆有预约登记，其后台数据因厂商、技术、功能等因素，造成了各自平台的功能、数据的对接困难。

### （三）资源供需脱节，用户使用粘性不足

在数字技术应用和服务方法上，三馆平台的资源建设未能根据当地群众的需求导向，提供因地制宜的特色服务，导致服务定位不准、资源服务供需脱节。此

外，资源的更新频率低、内容单调、形式单一等都是导致用户粘性不足的因素。

### （四）平台效应不强，公共服务效能不高

三馆的平台各自为政，导致三个平台开展活动的能力不强，进而在新媒体的冲击下，影响了公共服务效能。另外，三馆的平台缺乏广泛宣传，线上线下相结合的活动持续力不强、创新力不足，导致三馆平台各自为政，知名度不大，使用率不高。此外，在新闻、媒体等相关新媒体网络的冲击下，平台缺乏自身特色、缺乏强强联合的创新形式，这些都影响着公共服务的效能。

## 三、三馆数字化服务融合发展的可行性分析

### （一）政策支持法规保障

中共中央办公厅、国务院办公厅在2015年印发了《中共中央办公厅、国务院办公厅关于加快构建现代公共文化服务体系的意见》，提出要充分利用数字化互联网技术，让老百姓可以随时随地地享受公共文化服务，提升公共文化服务的效能。

《中华人民共和国宪法》（2018年3月11日修正版）第二十二条规定："国家发展为人民服务、为社会主义服务的文学艺术事业、新闻广播电视事业、出版发行事业、图书馆博物馆文化馆和其他文化事业，开展群众性的文化活动。"

文化和旅游部办公厅于2019年4月16日印发的《公共数字文化工程融合创新发展实施方案》要求："加强统筹规划和顶层设计，促进工程在平台、资源、服务方面的互联互通和融合发展，坚持集约节约，避免重复建设。"

国家发展改革委员会、文化和旅游部、教育部、民政部、商务部、卫生健康委、体育总局于2019年12月联合发布《关于促进"互联网+社会服务"发展的意见》，提到推进社会服务资源数字化，激发"互联网+"对优质服务生产要素的倍增效应。鼓励发展数字图书馆、数字文化馆、虚拟博物馆、虚拟体育场馆等。

### （二）体系相同职能相近

图书馆、文化馆、博物馆三馆都是文广旅游系统下公益性一类事业单位，在文旅融合的大背景下，促进三馆的数字化融合更是刻不容缓。

图书馆的主要职能是保存人类文化遗产、开展社会教育、传递科学情报、开发智力资源、提供文化娱乐。文化馆的主要职能是组织辅导群众开展文化活动，推进全民艺术普及，弘扬优秀传统文化。博物馆的主要职能是对珍贵文化遗产搜索保护、学术研究、陈列展出。三馆都承担着现代公共文化服务的职能。面对这

种情况，为了统筹三者，国家正在开展实施重大公共数字文化建设工程，通过加强数字产品和服务开发，提高优质资源供给能力。三馆数字化服务的融合，将公共文化资源整合起来，进而增强公共文化服务供给能力，从而大大加快推动公共数字文化建设，成为与现代公共文化服务体系相适应的开放兼容、内容丰富、传输快捷、运行高效的公共数字文化服务体系。

**（三）数字化服务相似，科技手段雷同**

三馆的数字化都是围绕"文化＋科技""文化＋互联网"开展线上线下相结合的文化活动。推动公共数字文化建设，充分发挥好"文化＋科技""文化＋互联网"优势，提升线下数字化体验、线上数字化服务，打造三馆互动体验专区，利用虚拟现实、全息投影、影像捕捉、微信二维码等现代科技手段，融合三馆的地域文化资源，利用文化名人互动、美术书法临摹、器乐体验欣赏、戏剧模拟体验等元素，打造大型数字化线上线下的互动体验空间，提高文化普及的知识性，增强趣味性，增加用户的参与感和体验感。可以利用互联网整合网站内容，如信息公告、活动（场地）预约、网络直播、慕课教育等，还可以开设各馆的特色资源展示，360度全景导航等，让用户足不出户就可以享受所需的文化服务。

## 四、新时代三馆数字化融合创新发展的前瞻策略

现代公共文化服务体系的建设需要设施互联互通、资源互融互通、服务互学互鉴，实现共建共享、综合利用、融合发展。三馆数字化建设不能只唱"独角戏"，而要打好"组合拳"，形成"大合唱"，应充分体现数字化开放、兼容、共享的特质，加快推进三馆数字化融合创新，并积极调动社会各界参与公共文化服务，激发全社会的文化创造活力。

**（一）整合平台，资源互融互通**

**1.统一服务平台。**为避免平台重复建设，应从国家层面统一规划公共文化数字平台，加快推进公共数字文化工程建设，使三馆平台整合到一个共同命名的平台上，统一宣传标识，提高平台的辨识度。用户可以通过移动端、电脑端等多种途径，享受融查询、收看、预订、体验、互动等功能于一体的"一站式"公共文化服务，更好地享受数字化带来的线上线下融合服务体验。

**2.统一服务界面。**建立统一的服务界面，设计制作一套简洁、美观、实用的界面。以文化政策、文化动态、文化直播、文化体验、数字资源、文化场馆等集

成式服务，通过宽带互联网、移动互联网、数字电视网的公共数字文化应用，在用户端使用统一平台、统一服务界面，为用户提供一站式、集成式公共数字文化服务，建立健全线上与线下相结合的服务理念，让三馆的资源与服务可以得到充分发挥。

3.统一管理模式。通过统一名称、统一标准、统一目录等，搭建平台建设、后台管理标准，规范资源发布、资源互联互通问题。各平台的数据从上传到审核、获取使用，可以像用户使用端那样一站式为用户提供后台管理功能，避免数据重复上传、命名不规范、数据获取接口不通等问题影响用户的使用。绍兴市文化广电旅游局为深入推进文化创新、文旅融合发展，整合市直属各部门、各区县（市）公共文化资源，搭建"绍兴文化云"，见下图。

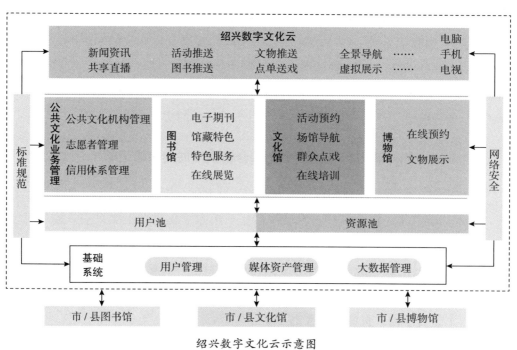

绍兴数字文化云示意图

区、县（市）图书馆、文化馆、博物馆通过端口实时向"文化云"提供相应的数据。"文化云"由用户管理、媒体资产管理、大数据分析等构成基础系统，通过基础系统管理平台的用户、资源、数据支撑整个平台的运行和服务。通过用户管理系统和媒体资产管理系统将三馆的用户资源和信息资源汇总到用户池和资源池，形成统一的数据格式、为大数据分析提供基础。

4.**深度服务系统**。通过资源和用户的融合，为三馆提供更好的深度服务。"文化云"网站和用户服务可通过网站、微信公众号、APP、电视等构成统一的、多终端的服务界面，直接向用户提供公共数字文化服务。

5.**平台的标准规范和网络安全**。将三馆的用户、资源融合系统形成统一的标准和规范，包括资源标准、服务标准等。平台系统通过互联网为用户提供服务，通过整合平台，使资源互融互通，达到深度服务用户的要求。

（二）**拓展资源，服务共建共享**

1.**分门别类集资源**。联合三馆，统计数字资源数据，调查统计公共数字文化资源的形式、门类等情况，在汇总全国文化资源数据后，集中进行统计与分析，并围绕全民阅读、全民艺术普及、传承中华文明、文化旅游等主题，合理规划资源建设目录，梳理、盘活现有文化资源，完善制定公共数字文化工程数字资源总目录，打造群众喜闻乐见的优秀文化资源库，打造公共文化服务的第二空间。

2.**供需结合配资源**。通过大数据获取服务群体的差异性，形成图书馆、文化馆、博物馆的大数据分析平台，获取用户亟需的文化服务资源及用户对公共文化活动的需求和参与度。坚持以需求为导向，开展供需结合的公共数字文化资源建设，优化公共数字文化资源结构和内容，提供高质量的数字文化资源，有针对性地提升线上线下相结合的公共文化服务，更好地满足人民群众对文化生活的需求。

3.**拓宽渠道送资源**。依靠社会团体或企事业单位的力量，更好地拓宽与社会各界的合作，允许平台市场化。社会公共服务平台利用公共数字文化资源开展非营利性公共文化活动，拓宽公共数字文化资源展示平台和配送渠道，吸引群众参与、聚集人气活力，加强覆盖率并扩大影响力，提升公共文化服务的共建共享，从而更好地实现全民艺术普及。

（三）**打造品牌，模式互学互鉴**

1.**打造"品牌+品牌"模式**。三馆联合打造"文旅e家"服务品牌。各区县（市）文旅局可依托区域文化资源的优势，积极开展绍兴市互动互通的公共文化服务，与社会组织互联互通，充分利用社会资源，借助文联、高校等专家团队，打造地域特色的文化品牌，如绍兴市的"文艺专家门诊"。通过"品牌+品牌"互学互鉴模式开展地域特色的公共文化服务，融合电视图书馆与"文艺专家门诊"等品牌活动，打造"绍兴有戏"公共文化服务品牌。

2.**打造"互联网+品牌"模式**。利用互联网将"一镇一品""一村一韵"的文化特色,通过互学互鉴的模式,打造更有特色、影响更大的公共文化品牌,如博物馆推出"互联网＋中华文明示范项目"。公共数字文化工程依托"互联网＋公共服务"的模式,打造"互联网＋乡村春晚"特色品牌,"2019年全国'乡村春晚'百县万村网络联动"活动,就是利用线上线下相结合的创新举措。在国家公共"文化云"推出的线上栏目,活动共计3632万人次访问,极大地提高了网民参与度,激发了"互联网＋品牌"特色的活动热度。

**(四)实现联盟,区域互利共赢**

**1.响应国家发展理念,实现联盟互融互通国家战略。**通过推进京津冀一体化、粤港澳大湾区、长三角一体化发展等国家战略,加快各区域公共文化的融合、交流、发展,打造具有广泛影响力的区域公共文化服务品牌,通过将各区域品牌各扬所长、优势叠加的方式,强强联合,实现联盟,最终实现区域互利共赢。

**2.凭借互联网技术优势,助推公共数字文化供需安全。**供需两端的数据安全是实现公共数字文化资源传输的技术保障。通过强强联合,与阿里云、腾讯、网易等互联网公司合作,实现公共数字文化资源的网络存储与多网加速分发安全,使用户更加方便、快捷、安全地享受公共数字文化资源。同时与支付宝、蚂蚁信用等平台合作,建立信用评测系统,实行"黑名单"制度,使公民在享受公共文化服务的同时注重道德素养,真正实现公共数字文化的供需安全。

**3.借助宣传平台效应,增强公共数字文化传播效能。**"学习强国"是习近平新时代中国特色社会主义思想最权威、最全面的信息平台。截至2019年4月初,"学习强国"平台注册用户总数突破1亿,日用户活跃度达40%—60%。通过实现国家公共"文化云"与"学习强国"数据互联互通,借助"学习强国"效果,再借助腾讯、支付宝、抖音等网络宣传推广,提升公共文化数据的点击率,提高平台的影响力,从而推广公共数字文化独有的资源与服务,增强公共数字文化传播效能。

当前,图书馆、文化馆、博物馆要顺应新时代数字化发展大趋势,创新管理模式,提升服务效能,努力满足人民群众数字化需求,就需要三馆平台互联互通、资源互融互通、服务互学互鉴。作为现代公共文化服务体系建设的重要组成,三馆融合势在必行。

# 图书馆社会科学普及基地内涵式发展的实践与思考

张君南

公共图书馆是一座城市、一个地区公共文化服务体系的重要组成部分，也往往是当地社会科学普及工作的示范基地。新昌县图书馆作为绍兴市社会科学普及示范基地的一家县级公共图书馆，近年来在"收集、整理、保存文献信息并提供查询、借阅及相关服务，开展社会教育"[①]等方面，采用内涵式发展模式，以图书馆内部因素作为动力和资源，通过结构优化、质量提高、实力增强等方式，将社会科学普及工作有机融入图书馆信息服务各项工作之中，实现量变引发质变，推动图书馆事业跨越式发展。

公共图书馆是一个开放、自主、不断生长着的有机体[②]。随着经济社会发展，加之党和政府及社会各界对图书馆工作的大力支持，新昌县图书馆有了长足的发展。馆藏文献资源越来越丰富，馆藏纸本图书达47.5万余册，还有移动图书馆、电子借阅机等数字资源；内部功能空间布局越来越完善，拥有借阅、期刊、电子阅览、少儿馆等10多个公共服务空间；组织开展的公益活动越来越多样化，每年组织开展的活动超过100场；馆员和志愿者队伍越来越壮大，馆员由原来的不到10人增至现今39人。这些是为满足群众的信息共享需求而提供的具有公益性、均等性、普惠性特点的基本文化服务，也是开展社会科学普及工作的内部资源。新昌县图书馆依托馆藏文献资源、内部功能空间及"崇文"系列活动，将社会科学普及、社会科学研究有机渗透到推荐阅读、阅读分享、公益讲座等具体工作之中，

---

① 中华人民共和国公共图书馆法[EB/OL].[2020-05-29]. http://www.npc.gov.cn/npc/c12435/201811/3885276ceafc4ed788695e8c45c55dcc.shtml.

② 蒋永福.图书馆学基础简明教程[M].北京：知识产权出版社,2021:26.

在培育和提升公民的社会科学人文素养方面发挥了较好作用，体现了社会科学普及示范基地的价值。

## 一、图书馆社会科学普及基地内涵式发展的主要实践形式

### （一）提高社会科学类文献采访量和借阅量

《中国图书馆分类法》（简称《中图法》）将文献细分成22类，分别以英文字母加以区分，其中社会科学是一个大类，包含政治、法律、文学、语言等多个学科，对应C、D、E、F、G、H、I、J、K等9类。新昌县图书馆在文献采访和文献借阅实践中，主要强调文献采访的针对性和合适性，既考虑读者的阅读兴趣，也考虑馆藏资源建设的全面性和完整性，社会科学类图书无论是采访量还是借阅量都是高位运行。截至2020年9月3日，馆藏社会科学类图书共计359368册，占整个馆藏量的77.98%。据不完全统计，2019年，社会科学类图书的读者借阅量占整个借阅量的88.82%。除了纸质文献外，新昌县图书馆还积极开发数字化文献，一方面与北京世纪超星信息技术发展有限责任公司合作开发建设移动图书馆，另一方面与绍兴图书馆联合采购《中国知识资源总库》《人大复印报刊资料》等28个数据库，读者只要使用借书卡登录绍兴图书馆及各县市区图书馆官网，即可免费使用这些数据库资源，非常便捷好用。

### （二）打造"崇文"系列活动品牌

从"静"到"动"，主动作为，优化服务，这是当代公共图书馆的发展方向。新昌县图书馆以读者需求为导向，结合本馆实际，精心设计策划"崇文"系列活动，主要包含三大系列：一是崇文讲堂，邀请本地行业精英，传递最新最有用的信息，如医生讲解养生之道、教师分析高考填报志愿方法、优秀考生谈应考技巧等；二是崇文展览，结合重大事件、重要活动，组织推出各类公益展览活动，如百名摄影师聚焦COVID-19图片展、新昌县道德模范专题图片展等；三是崇文微推送，编辑图书信息，利用微信APP、网站等渠道向社会发布，如地方文献专题——吕士君作品、好书周周荐——学会沟通等。这些活动推动了公共图书馆服务从"为人找书"向"为书找人"转变，丰富了服务内容，提升了读者的阅读体验。新昌县图书馆还发挥数字资源优势，策划推出众多线上活动，如四大名著之有奖知识竞答系列、手机阅读书单系列等，以活动促阅读，确保图书馆供给不停止，服务不减少。

### （三）借势借力共同利用公共空间

公共图书馆是平等免费的社会公共共享空间，是一处给人以心灵寄托的精神家园和优雅宁静的公共绿洲①。新昌县图书馆在2014年新馆启用后，内部功能空间布局较为完善，有外借区、期刊区、少儿馆、公共活动区等10多个对外免费开放的公共空间。同时还允许一些相关社会组织进入，共同利用图书馆，组织开展讲座、读书分享等活动。新昌县民间阅读基础较好，有一大批热爱阅读、乐于分享的社会人士，他们成立了阅读组织，开展读书活动。2019年4月全县阅读联盟成立，共有成员单位17家。新昌县图书馆既是阅读联盟的积极推动者，也是全力支持者，联盟可以在馆内定期组织开展读书分享活动。后来又扩展到民间教育机构，在剔除商业广告的前提下，允许他们在馆内举办公益讲座，传播先进理念，解读经典著作。阅读联盟、各民间教育机构的准入，极大地丰富了公共图书馆的服务供给，有助于帮助解决读者"看什么书""怎么看书"等深层次问题。

## 二、图书馆社会科学普及基地内涵式发展面临的瓶颈

图书馆社会科学普及基地内涵式发展，从内部因素看，主要存在这些发展瓶颈：一是馆员队伍不专业，社会科学服务水平有限。难以引进图书馆情报专业的专业人才，现有馆员虽然学历都是本科以上，但大多半路转行，缺乏与图书馆事业发展相适应的专业知识和技能，尤其是在当前公共图书馆转型升级过程中，很多馆员服务理念没有与时俱进，还停留在传统意义上的借还服务，无法满足和处理读者更广泛深刻的信息需求。二是内部空间布局不合理，社会科学活动开展受限制。总馆面积偏小，馆藏总量上不去，馆藏的丰富性不足。缺少专门的展馆，没有与借阅区相隔开的独立活动区。图书馆是文化热地，人流量较大，空间的狭小严重制约着社会科学普及活动的开展。三是经费配套不多，影响社会科学工作积极性。图书馆是全额拨款事业单位，财务上实行预决算管理。预算中没有社会科学工作专项安排，活动所需经费都得从其他预算安排中统筹支出，客观挤占了其他工作经费。县社会科学联合会补贴一定的经费，但毕竟有限。经费紧张，直接影响图书馆社会科学普及基地工作积极性，不利于工作的走实、走深、走远。

---

① 汪东波.公共图书馆概论［M］.北京:国家图书馆出版社,2012:17.

### 三、图书馆社会科学普及基地内涵式发展的几点思考

**（一）以社会科学普及基地工作评估为指引，推动图书馆社会科学普及基地工作更加规范**

社会科学界联合会为规范和提高社会科学普及基地工作水平，出台了基地评估指标，分别从组织领导、阵地建设、管理制度、社会效益等方面提出具体要求。这些指标既是社会科学普及基地工作的考评依据，也是公共图书馆内涵式发展的重要参考。按照社会科学普及基地工作评估指标，逐条落实，有针对性地安排好相应的活动，基地工作就有了"基本盘"，同时要争取更多的财力物力支持，系统梳理工作推进中存在的瓶颈，从源头上切实解决制约基地内涵式发展的体制机制性困扰，推动基地工作变得更加规范，更加有效。

**（二）以引进高层次人才为契机，提升图书馆社会科学普及基地队伍专业水平**

图情专业高层次人才的引进，可以为图书馆社会科学普及基地内涵式发展奠定坚实基础，注入强劲动力，并带动整支队伍真正走上专业化发展道路。在努力引进高层次人才的同时，还要拟订学习制度，在馆员中提倡学习之风，调查研究之风。只有馆员队伍普遍掌握了社会科学普及活动所需要的专业知识和技能，才能为人们提供更好的社会科学普及服务，基于地方文化的社会科学研究也才能真正落到实处。

**（三）以更宽广的视野，融合推进图书馆社会科学普及基地内涵式发展**

随着现代科技的发展，尤其是互联网的发展，万物互联成为一种趋势。顺应趋势，图书馆社会科学普及基地在开展社会科学普及活动时也应有更宽广的视野，在融合中谋求更多可能性。比如在文献采访中，可以通过网站、微信、QQ等渠道让读者参与进来，推荐优秀的社会科学类读物，从而提高社会科学类文献采访的质量。在讲座举办时，从社会生活各个方面寻找更多领域的精英加入，让学有专攻的人成为图书馆社会科学普及基地的嘉宾，成为一城一地社会文明文化的引领者。

# 图书馆社会教育职能的创新研究

张小英

随着人们生活水平的不断提升，越来越多的人追求的不仅仅是柴米油盐，还有"诗和远方"。随着旅游业的迅速发展，文化和旅游相互融合也走到了前台。图书馆作为文化传播的"主力军"，也面临着改革。本文研究和探讨了图书馆社会教育职能创新与文旅融合发展的现状，结合智慧图书馆建设，探索如何更好地发挥图书馆的社会职能。

作为一所"没有围墙的大学"，图书馆一直兼任知识传播的使命，是文化与知识的集散地，也是政治思想传播的主阵地。在文旅融合与智慧图书馆兴起的浪潮下，图书馆正在越来越多地发挥着社会教育功能。

2017年，国家发展和改革委员会出台《"十三五"时期文化旅游提升工程实施方案》，提出以提高文化旅游发展质量和效益为中心，聚焦改善民生和扩大有效需求；2018年，文化部、国家旅游局组建文化和旅游部（以下简称文旅部），文旅融合发展已从社会事实上升为国家制度，"诗和远方"终于走到一起。2019年文旅部指出"文旅融合"发展的思路在于文化和旅游工作的理念、职能、产业、市场、服务和交流方面的充分融合。如今，在旅游中寻求文化享受已经成为旅游者的一种风尚，而图书馆作为一个城市的文化象征，地标性建筑，本身就是游客想去的旅游地，它记录城市发展的文明与印忆，承载文化的传播与传承。作为"社会的大学"的公共图书馆，在智慧建设与文旅融合的改革浪潮下，如何将图书馆社会教育这一重要职能发扬光大，成为当下图书馆人应该思考的问题。

## 一、图书馆社会教育职能与文旅融合发展的内在契合

社会教育，是指家庭和学校以外的文化教育机构实施的教育，它的实施对象

是整个社会，包括社会上一切愿意学习的人，以提高整个社会的文化水平为目标，它可以有效地弥补学校教育和家庭教育的不足，为那些想要学习的人提供机会和场所。开展社会教育是公共图书馆的重要职能，在不同时代有不同内涵。中华民族自古崇尚"读万卷书行万里路"，旅游本质上是文化体验、文化认知与文化分享的重要形式，而文化又需要通过旅游来创新、传承与传播，一个国家或社会旅游的兴盛发展，是其文化繁荣发展的重要标志之一。文化是旅游的灵魂，旅游是文化的载体，文化与旅游相融相合。

### （一）图书馆社会教育职能的大众性

图书馆作为社会职能部门，既受到社会的制约，又受到科学文化教育事业的影响，从而决定了图书馆与其他科学、文化教育机构既有区别又有联系。在图书馆建立的时候，其职能分为两类：基本职能和社会职能。社会职能就是为大众提供"社会教育"。从目前的社会教育研究来看，公共图书馆开展社会教育有四种不同的内涵。第一是从公共图书馆历史发展的角度来看，认为公共图书馆的"社会教育职能"是开启民智，提升民众素质之意。第二是从与学校教育相类比的角度来看，认为公共图书馆的"社会教育职能"为向公众提供平等免费的终身教育。第三是从智识自由和自由选择的角度来看，认为公共图书馆社会教育职能和其提倡的智识自由是相互矛盾的，存在着此消彼长的关系。第四是从公共图书馆开展文化服务的角度来看，认为公共图书馆的教育职能就是公共图书馆有效地参与社会文化活动，将"社会教育职能"的内涵扩展为图书馆履行自己的社会职责。

公共图书馆社会教育内涵丰富，其中最基本最朴素的职能是：进入公共图书馆不需要任何的门槛，只需要一颗求知好学的心，图书馆扩大了社会教育范围，平衡了学习社会公平性，为社会整体文化水平的提升提供坚强保障。当代图书馆馆藏范围包罗万象，它不仅满足了人们的求知欲，也帮助人们树立正确的世界观、人生观、价值观。只有建立最广泛的社会联系，自觉承担社会教育的职能，图书馆才能获得更多的社会支持，才能得到永续发展。

### （二）智慧图书馆信息共享空间的多样性

智慧图书馆可以带来更有效的服务管理、更具魅力的文化互联环境和更加多样的信息共享空间。

随着大数据时代的来临，智慧图书馆应运而生，利用软件与硬件相结合，为用户提供全方位的多功能操作体验。如用户使用手机共享智慧图书馆APP了解资讯、活动通知、线上选书、借阅操作，最终在共享智慧图书馆或者移动图书馆实现一键借阅。通过部署共享智慧图书馆，将图书馆延伸到用户经常活动区域，这样用户在生活小区、写字楼、学校旁就可以完成图书的借阅和归还。

上述场景也正在逐渐成为现实。如宁波市图书馆在2018年12月就把一座智能借阅柜搬进了轨道交通1号线和2号线的转乘站里。"天一约书"智能借阅柜对接第三方信用平台，市民和游客通过扫描二维码就能实现柜上图书的实时借还，无需押金，无需办卡。在放置的第一个月，智能借阅柜月借还量就达2500次，居全国智能柜单台借阅量榜首。

**（三）图书馆社会教育职能与文旅融合发展的一致性**

学者伍永仁早在1985年就提出了"组织读者旅游，搞活图书馆工作"的设想，这是将图书馆与旅游相融合思想的萌芽，在当时并没有受到人们的重视。1995年图书馆学家王世伟提出了要发挥图书馆旅游功能的一些构想。在当时还在为温饱而奔波的时代，想要以旅游带动图书馆的发展是不现实的。随着科技的进步和时代的发展，人们对于美好生活的向往也不仅仅局限于物质上，更多地开始追求精神以及心灵上的满足，旅游便成为人们放松身心、舒缓压力的选择之一。很多图书馆设计独特且有文化内涵，馆内空间静谧、宽敞，艺术气息浓厚，在一些图书馆内还设有咖啡厅、氧吧等，这使图书馆成为人们休闲品读的首选空间。近年来国内外不少公共图书馆利用其独特的建筑特色、典藏资源等优势，吸引了众多游客，也成为了一些城市的地标建筑。

如英国的大英图书馆，它是英国馆藏最丰富的图书馆之一，有超过1.5亿件藏品，收藏包括绘画，古代以及现代手稿和档案等，它还是伦敦的重要景点之一，吸引了众多的游客和读者。大英图书馆以大英博物馆为前身，注重将历史文化遗产和旅游相结合，在图书馆中莎士比亚、狄更斯、简·奥斯汀等文学巨匠以及福尔摩斯等文化元素均得到广泛应用，对全球的游客和读者都有着强大的感召力和吸引力。华盛顿的美国国会图书馆是美国的国家图书馆，每年有超过200万的游客前去参观，吸引人们前去参观的不仅仅是图书馆定期组织的各类主题展览，还有图书馆采用的文艺复兴时期的建筑风格。日本的茑屋书店是文化旅游的新地标，其创立于1983年，至今在日本有1500多家分店，茑屋书店以书为核心，餐饮、健身、美容、购物等都是书的延伸，围绕书开展多种经营，以用户的认知和满意度为唯一标准，不断发展创新，成为了日本人气最旺的书店。

　　我国也有许多这样的实践。以天津滨海图书馆的"网红图书馆"为例，其馆内独特的设计吸引了众多游客，展馆中庭是发光的球形"滨海之眼"报告厅，书架自中庭连接至天花板，仿佛一个"书山"。还有中国国家图书馆，主楼为双塔型高楼，通体以蓝色为基调，取其用水慎火之意，"回"字型阅览室简约壮观，而且还不定期举办传统文化讲座及展览，读者可以充分感受有层次感的建筑外观和浓厚的中华传统文化氛围。国家图书馆也会定期举办一些"国风"展览，比如2019年9月举办的"中华传统文化典籍保护传承大展"，展出了300多种珍贵典籍文献，这是新中国成立以来国内外典籍展览中数量、规模、等级最高的一次，首次展出了古籍普查新发现的一批重要古籍，引来许多专门前来观赏的中外游客。这些国内外成功的实践探索，助推着国家文化与旅游事业的双发展，为图书馆文旅融合发展提供了新的启示。

## 二、图书馆在文旅融合发展中发挥重要社会教育职能

　　图书馆以文化理念为核心，以深厚馆藏为依托，通过向游客和访客提供文旅服务，将文化和旅游相结合，让社会大众深入体验传统文化、民族历史以及地域风情等，更好地实现肩负的社会教育、文化传播以及文化素养培育的使命。

### （一）国际文化交流的使命

　　随着改革开放进一步深入，如今我国已经迈向了文化强国之路，图书馆已与世界图书馆事业发展进程相融合。随着中外交流的日益频繁，会展旅游逐渐成为我国"一带一路"倡议发展的重要举措，它极大地促进了国与国之间的相互交流。国家图书馆就先后举办了多次大型国际会议及学术论坛，如2017年5月"第25届亚洲及大洋洲地区国家图书馆馆长会议"，国际图书馆协会联合会主席多娜·席德作为特邀代表出席会议；2019年9月召开"图书馆·与时代同行"国际学术研讨会，会议以"图书馆·与时代同行"为主题，邀请了国内外图书馆界权威专家学者近300人参会，会议明确了"十四五"时期中国图书馆事业发展方向，进一步促进了国内外图书馆界交流与合作。这些颇具影响力的会议，很大程度上推动了图书馆作为会展旅游重要平台的发展，宣传了我国的文化，也促进了国际间的文化交流。

### （二）文旅融合发展的使命

　　"旅"是旅行，"游"是外出游览、观光、娱乐，旅游不但有"行"，且有游乐。我国幅员辽阔，56个民族14亿多人口，每个城市如果想要彰显本地的历史，

就需要结合多种形式带动新的旅游热点，而图书馆是联系"读"和"行"之间最好的桥梁。从古籍到现代著作应有尽有，游客可以到图书馆学习，了解旅游地的风土人情、习俗等。当然，为文旅融合事业作贡献可能不仅限于在图书馆，但图书馆在我国当代的文化旅游事业中，有着现实导向和目标导向。图书馆使文化资源得到充分保护，同时还让旅游发展在文化保护的基础上得到更好的发展，通过统筹文化和旅游的社会服务功能以及公共服务价值，使文化产业和旅游产业互相融合，得到共同发展。

在这些全新理念的指引下，图书馆成为文旅融合事业不可或缺的组成部分。

## 三、图书馆社会教育职能在文旅融合发展中的创新

文旅资源加快融合，给图书馆带来了前所未有的发展空间，挑战与机遇并存。

### （一）图书馆社会教育职能的不足

#### 1.服务理念有待提升

目前大多数公共图书馆仍只关注馆藏文献资源的管理和利用，文旅融合意识不强，对数字化发展趋势把握不够敏锐，不愿意尝试和探索文旅融合的新路径与新方法，以观望的态度对待服务创新，使得服务与社会教育职能不能得到充分的发挥。

#### 2.专业人才相对短缺

人才是影响公共图书馆功能发挥的又一关键因素。一般认为，在图书馆服务所发挥的作用中，建筑物占5%，信息资料占20%，图书馆员占75%。而当下图书馆缺少在研学旅游、文创产品开发等方面的高端策划人才，因而无法为相关活动提供专业的技术指导。

#### 3.读者需求难以满足

以往的读者来图书馆都是以借阅资料、查找文献为主，在文旅融合的发展形势下，图书馆在读者构成、服务内容手段上都发生了巨大的变化。年轻的读者更喜欢在互动与体验中学习，而现在多数的图书馆还无法提供这些服务和文化体验。

#### 4.发展资金相对短缺

图书馆作为公益事业单位，建设和改革的资金都来源于财政拨款，近年来虽然出台了许多相关政策，为图书馆与文旅融合提供了坚强支撑，但是大部分资金还只用于扩充馆藏量，专门用于会展旅游、文创产品开发等的资金非常有限。

### （二）创新型图书馆社会教育职能的理念

**1.图书馆社会教育职能融入文旅理念**

图书馆是公共服务场所，是人们文化旅游的场地。如奥地利国家图书馆、牛津大学博德利图书馆，中国的三联书店海边公益图书馆、上海嘉定区图书馆和天津滨海图书馆等都是游客的首选地。随着近年"智慧图书馆"概念应运而生，图书馆社会教育融入文旅的理念越来越被社会大众所认同和接受。2015年4月，全国首家真正意义上的智慧图书馆在深圳盐田区诞生。智慧图书馆把智能技术运用到图书馆建设中，是智能建筑与高度自动化管理的数字图书馆的有机结合和创新。通过物联网实现智慧化的服务和管理，此外云计算、智慧化的设施设备，颠覆了我们的传统认知，实现了图书馆从"知识的宝库"到"知识的喷泉"的转变，促进全民阅读，融入多种文化和旅游色彩，推动"以文促旅，以旅彰文，和合共生"。

**2.图书馆社会教育职能培育人才理念**

培育"智慧"群体是图书馆社会教育引育人才理念之本。首先注重图书馆自身群体培育，除引进图书馆专业对口人才外，大力引育四类人才，即熟知文旅产业特征并懂得融合发展的管理人才、喜爱文旅项目并可全身心投入的决策人才、懂得文化和旅游产业及市场需求的创意型人才以及了解数据分析和商业模式的创新型人才。其次强化阅读群体培育，通过智能化手段，多途径地发展电子书资源。通过现代科技和图书馆建设结合，加强智慧图书馆建设发展。

**3.图书馆社会教育职能提升服务理念**

首先开展精准化服务，通过读者荐书、问卷调查、网上投票、馆长信箱等方式，听取读者意见和建议，了解读者需求，针对不同读者群体提供不同形式的服务，提供专业化、个性化、精细化服务，有效扩大图书馆服务受众面。其次推进智能化服务，继续做好图书自助借还、手机续借、手机查询等便捷服务，引进自助办证机。同时，开展"走读"活动，将图书馆馆藏地方文献和文化旅游点有机结合，在"学中游""游中学"。举办好书推荐、"你选书我买单""图书漂流"、阅读分享会、阅读沙龙等多种线上线下的读者活动，加深图书馆与读者的联系，进一步营造图书馆智能服务氛围。

### （三）探索发挥图书馆社会教育职能的新路径

**1.打造本土文旅特色的地标书房**

在文旅融合时代，图书馆是融历史文化、建筑、藏品和人文精神为一体的文化景观。图书馆要寻找与当地形象相吻合、适应当地发展的途径与方式，实现区域文化和旅游的相互融合发展，形成多产业协同发展的新局面。以浙江省嵊州市图书馆为例，它创建了一批有着地方特色的主题城市书房：以越剧为核心的越剧艺术城"越艺馆"，以科技门类为主的科技创业发展中心"科创馆"；改造乡镇主题图书分馆，如以小吃文化为主导的黄泽分馆、以茶叶文化为主导的三界分馆；逐步提升改造农家书屋，未来的农家书屋是集阅读、休闲、文化于一体的多元项目，赋予乡村游更多的内涵，让书屋成为一个吃、住、行、思多维一体的'阅读＋'区域复合空间，满足更多当代人对乡村旅游的诉求。

2.探索"图书馆＋"多元服务模式

首先，构建"图书馆＋"的新模式。运用云计算等新技术，将自身资源与更多的民宿、书屋、旅游景点等进行有效融合，全面拓展图书馆的公众服务范围。目前，国内已经有很多将书吧与民宿相结合的成功案例，如浙江桐庐县的"图书馆＋民宿"，丽水市莲都区"民宿＋书屋"模式等，为中国特色的图书馆发展提供了新的思路和实践案例，也使地方特色旅游综合效益都得到了显著提升。图书馆在开展研学游活动时，由于不具备旅游服务资质，这就需要与旅行社合作，在一些富有历史文化和当地特色的景区开展相关的文化主题展览，既扩展了图书馆的服务广度，又是图书馆文旅融合的有效实践。

3.运用"互联网＋"搭建云上阅读平台

利用线上平台，联合推送数字资源。如宁波市图书馆正规划建设"云混合"平台，创造性地建设"图书馆＋物联网＋云计算＋大数据＋移动互联网＋智慧化设备"为一体的综合服务平台，使用户与图书馆之间的通信、用户与信息资源之间以及不同信息资源间的通信更加便捷有效。在2020年抗击新冠肺炎疫情中，智能化图书服务显示出了独特的优势。嵊州市图书馆联合"博看微书屋""书香中国"云阅读平台推送16万余种电子图书、5万余册有声图书、1万余种电子期刊。上线后一个月的数据统计显示，读者通过微信公众号累计浏览电子图书8000余次，阅读时长19760分钟，有声书籍播放320余次，播放时长52234分钟。

文旅融合数字化发展乃大势所趋，图书馆的社会教育与文旅融合发展，也是时代所向、人民所需。当前要紧紧抓住"智慧图书馆"发展的契机，让读者体验最新的阅读空间、阅读方式，充分享受图书馆社会教育与文旅融合改革发展的红利。

# 基于智库理念的公共图书馆决策信息服务

## ——以绍兴图书馆为例

黄　蓉　孙祝丽

　　智库也叫思想库、智囊团、脑库，主要指以公共政策为研究对象，以影响政府决策和改进政策制定为目标，独立于政府之外的第三方非营利性研究机构。随着社会的发展，智库在政府决策过程中的参谋作用日益突显。党的十八大以来，党中央高度重视中国特色新型智库建设，习近平总书记多次在重要会议讲话中提及智库建设的重要意义。同时，习总书记在党的十九大报告中强调，要加强中国特色新型智库建设，智库作为政府的"思想库"，已经成为实现国家治理能力现代化的重要机构，成为衡量国家软实力水平的重要指标[①]。

　　智库的可持续发展离不开信息资源的支持。随着智库理念的不断深化，以丰富的信息资源和专业化信息分析队伍参与智库建设全过程的公共图书馆愈发受到重视，这对公共图书馆来说既是全新的挑战，又是难得的发展机遇。目前，公共图书馆为政府决策提供信息服务已成为共识。公共图书馆为政府决策开展信息服务不仅有助于提高图书馆的社会地位，提升图书馆的形象，促进图书馆事业的发展，而且也有利于政府决策的科学化、民主化、法制化。

## 一、图书馆开展决策信息服务的职能与优势

　　国际图书馆协会与机构联合会（IFLA）对公共图书馆的职能、作用作了界定，认为公共图书馆是传播教育、文化和信息的一支有生力量，是促使人们寻找和平和精神幸福的基本资源。公共图书馆应发挥保存人类文化遗产、开展社会教育、

---

　　① 李安方,王晓娟,等.中国智库竞争力建设方略［M］.上海社会科学院出版社,2010:1.

传递科学情报、开发智力资源等四方面的作用。在我国，公共图书馆属于公益性文化机构，为政府、社会团体、企业、读者提供有效、快捷的参考咨询服务，特别是为政府提供决策信息服务。成为政府机构的思想库、智囊机构，是现代图书馆的一项重要使命，同时也是图书馆发挥自身价值、创造社会效益的重要途径。[①]

公共图书馆一直肩负为国家立法、政府决策提供信息咨询服务的职责。2018年1月实施的《公共图书馆法》第三十五条规定：政府设立的公共图书馆应当根据自身条件，为国家机关制定法律、法规、政策和开展有关问题研究，提供文献信息和相关咨询服务。《公共图书馆法》的颁布，为公共图书馆参与新型智库服务提供了法律保障和具体要求。

公共图书馆为政府提供决策信息服务，具有以下两方面的优势：

**（一）信息资源优势**

公共图书馆拥有其他智库机构不具备的信息资源优势：既有历史悠久的珍贵典籍、纸质文献，也有形式多样的数字资源等。这些丰富的信息资源为图书馆开展政府决策信息服务提供了有力保障，图书馆利用馆藏资源将信息资源高效组合，形成图书馆智库产品以扩大图书馆的影响力。随着公共图书馆网络化建设的推进和数字图书馆的发展，地区、城市乃至国家间的信息资源共享渐成规模，极大地扩充了图书馆的信息来源，从而为政府决策提供全面、完整、及时的信息。

**（二）人才资源优势**

公共图书馆参与新型智库建设的核心是组建高素质的人才队伍。近年来，图书馆逐渐建立了知识结构、专业结构合理的专业人员队伍，馆员整体文化水平显著上升，文献整理、加工、分析、挖掘、提炼的能力显著提高，具备了提供高层次信息服务的智力资源优势，有能力将分散在报刊、书籍、网络等各类信息资源进行整理、分析、提炼、整合，为党政机关提供具有前瞻性、科学性、时效性的信息服务，积极地为政府决策提供信息支撑，发挥参谋的作用。

## 二、我国图书馆界开展决策信息服务现状

从20世纪80年代中期开始，国家图书馆等图书馆开始开展决策信息服务工作，

---

[①] 王世伟.新时代中国特色图情智库新使命［J］.上海师范大学学报（哲学社会科学版），2018,47（3）:85–90.

目前，作为图书馆创新工作的决策信息服务已成为图书馆的常规工作，据统计在我国有超过六成的图书馆以不同的形式为两会提供信息服务，有超过八成的图书馆为地方党委、政府开展信息服务。

目前图书馆界开展决策信息服务，主要分三种形式：

**（一）为党政机关、相关部门提供纸质信息产品**

定期或不定期编辑、印发并送至相关领导及决策部门。信息产品的内容重点围绕当地党委、政府的中心工作，提供经济、社会发展趋势等，为党政部门提供决策参考，其形式与作用相当于参阅件。如：首都图书馆的《首图快递》、上海图书馆的《上图专递》、辽宁省图书馆的《领导决策参考》、山东省图书馆的《立法动态》、福建省图书馆的《决策信息参考》等，均从不同的角度为各级部门提供信息服务。而广东省立中山图书馆于1991年创办的《决策内参》系列内部刊物，开创了我国图书馆界开发利用海外华文文献为党政军高层决策机关提供智囊性服务先河。《决策内参》进入广东省政府"省、市长信息服务网络"，为全省100多个省市县政党委政府服务，成为广东省信息高速公路"全省统一大网络核心网络平台"的重要信息源之一。同时《决策内参》还被广东省机要局列入内参征订目录，与新华社、中新社、人民日报等共同成为其他省市、文化部、外交部驻外使节等高层领导订阅的参考读物。[①]

**（二）利用现代网络技术，建立"决策信息服务平台"**

公共图书馆通过各级政府局域网为政府机关提供决策信息服务。如2008年，国家图书馆创办的"国家图书馆立法决策服务平台"，为中央国家机关提供综合性立法决策参考信息服务。该平台除为中央国家机关提供图书数字文献基本服务外，重点是以国家图书馆丰富的数字资源和在信息服务方面的经验特长为依托，对各类信息进行加工、整理，为中央国家机关提供信息咨询和决策参考服务，同时还提供网络检索、全文传递等服务。

上海图书馆、浙江图书馆除向当地党委、政府提供纸质产品外，也分别建立"决策信息服务平台"，为当地党委、人大、政府、政协等部门提供专题信息和决策咨询服务。浙江图书馆的信息服务目前已进入省人大代表、政协委员的履职服

---

① 张恒.基于智库理念的公共图书馆转型与建设策略［J］.图书馆学刊,2016,38（02）:16–18.

务平台。20世纪末，上海图书馆与上海科技情报所进行合并，目前，上海图书馆提供的信息服务产品十分丰富，并实行有偿服务。[①]

### （三）专题信息服务

公共图书馆根据各地党委、政府特定时期的专题信息需求，为某一专项工作或项目研究提供查找资料、整理分析等服务。如国家图书馆的境外媒体信息监测、浙江图书馆及浙江全省各地市图书馆的两会专题信息服务等，均属于专题信息服务。

## 三、绍兴图书馆决策信息服务的实践

2001年以来，绍兴图书馆积极发挥信息资源优势，一直为绍兴市党政机关提供决策信息服务，发挥参谋助手作用。主要包含编辑信息专刊、开展专题信息、两会信息服务、舆情监测服务、组建绍兴市公共图书馆信息服务联盟等五大板块内容。

### （一）定期编辑出版信息类刊物

绍兴图书馆于2001年初创办了信息类刊物——《信息导读》，通过编辑刊物为政府提供信息服务，为市委、市政府提供决策参考。《信息导读》为半月刊，定期出版，分发对象为市委、市人大、市政府、市政协等四套班子及市级机关有关部门、各市（区、县）委、政府主要领导。2008年5月起，绍兴图书馆对《信息导读》进行了改版，将刊物改名为《信息与参考》，进一步明确刊物的性质和定位，栏目从原来的《外界看绍兴》《绍兴看外界》《探索与争鸣》三个栏目改为《聚焦绍兴》《国策要论》《社会热点》《权威视角》《他山之石》《文化视点》六个栏目。通过改版，刊物内容针对性更强。2011年，《信息与参考》再次进行了改版，除以上六个栏目外，每期确定一个重点，改版后刊物的重点内容更加突出。目前，已出版444期。该刊物出版以来，受到了市领导、相关职能部门以及图书馆界同行的肯定和好评。

### （二）开展专题信息服务

绍兴图书馆还注重做好专题性的信息服务工作。一是接受市领导、市委宣传部及市文广旅游局领导的专题资料收集、整理任务；二是根据市委、市政府的工

---

　　① 王冰洁,肖希明.公共图书馆提供政府决策信息服务探究——以南京图书馆为例［J］.图书馆工作与研究,2016（12）:93-98.

作重点，集中力量，及时编辑出版特刊，为各级部门提供专题信息，如为市政府办公室调研处编辑《数字政府建设》专报等；三是为市委改革办等有关部门开展课题项目专项研究提供资料查找、整理等服务；四是和市委办公室及市政府办公室信息处合作提供市外信息、专家观点摘编等；五是在绍兴政务网上开辟"绍兴图书馆政府服务栏目"，为政府机关提供图书馆服务，开展嵌入式决策服务。服务内容为数据库资源免登录查阅、《信息与参考》电子版、新书推荐、图书借阅排行榜、书目检索、网上图书续借、网上图书订购推荐以及为领导干部荐书送书服务等。

**（三）两会信息服务**

2008年起，绍兴图书馆开始在绍兴市"两会"召开期间，主动向两会代表、委员提供信息服务。主要服务形式有编制两会专刊；建设"绍兴市代表委员信息服务平台"；在两会现场设立"绍兴图书馆两会信息服务点"，为代表委员参政议政、提案议案提供便捷的文献信息咨询服务；设立绍兴图书馆"两会服务热线"，包括QQ实时咨询、表单咨询、电话咨询、邮件咨询等。2020年，绍兴图书馆"两会"信息服务工作在数字化服务方面进一步全面升级。根据绍兴市人大、政协的信息服务整体规划，改版升级原有平台，量身打造"绍兴图书馆人大代表信息服务平台"和"绍兴图书馆政协委员信息服务平台"，通过"云服务"，从会上延伸到会外，从线下延伸到线上，从会期延伸到日常，实现绍兴图书馆"两会"信息服务常态化。

**（四）舆情监测服务**

开展舆情监测服务需要海量的信息资源为保障，而信息资源优势恰恰是图书馆开展舆情信息服务的基本优势。2009年，绍兴图书馆建立"市外媒体报道绍兴新闻集成平台"媒体监测系统，平台信息汇集境内外媒体以及涉及绍兴市城市形象的突发事件，对绍兴市在城市建设、产业经济、文化名城、社会管理、政府职能与形象、司法与社会治安等方面的新闻报道和相关评论进行汇总，以便政府及各职能部门及时了解绍兴市社会发展的最新动态以及绍兴市在境内外媒体眼中的城市形象，为绍兴市党政机关及企事业单位科学决策提供舆情分析服务。

**（五）组建绍兴市公共图书馆信息服务联盟**

2016年，绍兴图书馆联合绍兴市6家区县市公共图书馆建立绍兴市公共图书馆信息服务联盟，以绍兴图书馆为中心馆，建立决策信息资源库，实现绍兴图书馆与各区县图书馆的资源共建共享、统筹协调发展，这也是浙江省地市级中第一家信息服务联盟。目前绍兴市6家区县市公共图书馆相继开展了两会信息服务，提升了公共图书馆的信息服务效能和社会影响力。

## 四、图书馆决策信息服务的几点思考

近几年，公共图书馆在为政府提供决策信息服务等方面做了一些工作，也取得了较好的成绩，但仍然面临信息服务产品单一、人手不足、与党政机关缺乏沟通机制等情况。为有效发挥图书馆在现代信息社会中对信息资源的收集、整理、分析作用，真正成为政府决策的思想库，成为党政机关和企事业单位的智囊机构，要着眼于长远和宏观分析，为政府决策提供有价值的思路，需要从以下几个方面进行不断学习和完善。

### （一）找准参与智库建设的角色定位

目前，不少公共图书馆都直接或间接参与了国家新型智库建设，比如国家图书馆、上海图书馆、南京图书馆、湖南图书馆、深圳图书馆等，这些馆从信息资源的收集整理到咨询，再到辅助培养智库人才以及塑造智库影响力等方面，都取得了一定成效。但受制于人才、经费和管理等现实困境，目前大多数公共图书馆的决策服务仅仅发挥了智库的初级功能。2015年12月，国家启动高端智库试点工作，涵盖了高校、党校、军队、科研院所、企事业、社会智库等，但无一家公共图书馆进入高端智库试点行列。公共图书馆该不该开展智库建设，能不能提供智库服务，提供什么样的服务一时成为争议的焦点。公共图书馆应找准定位，在国家大力推进新型智库建设的进程中，对自身条件进行充分估量，明确"能否建设""怎么建设"的问题，不要盲目跟进也不能消极对待，要科学规划，发挥自身优势，抓住机遇，从智库服务做起，以服务智库建设。[①]

首先，我们要客观认识到，当前大部分的公共图书馆尚不具备直接建设智库的条件和水平，但智库是未来发展的方向之一，尤其是省级大型公共图书馆，智库职能是必不可缺的，公共图书馆的优势是将文献信息资源和情报检索分析能力转化为智库服务的动力，要和其他智库机构功能有所区别。其次，公共图书馆积

---

① 丁祖峰.公共图书馆为政府新型智库建设提供决策信息服务的思考[J].新世纪图书馆，2016（12）:17-20.

极向智库职能延伸并不意味着走"高端"路线，与普通读者脱节。一个成功智库的影响力体现在两个方面，一是影响上层，二是影响公众。公共图书馆应利用自身的桥梁作用，缩小两者之间的差距，以减轻政策推动过程中的障碍。总的来说，公共图书馆是智库也是一个支撑智库的文献信息资源总库和智库成果交流共享的平台。

**（二）加强和政府之间的合作，建立服务反馈制度，准确把握政府的决策需求**

公共图书馆与政府部门之间缺乏沟通，导致所编资料缺乏针对性。如由于馆员对政府的信息需求不了解，对决策信息的需求把握不准，仅根据个人意愿对选定的主题进行信息的收集，导致提供的信息服务达不到最佳的效果。公共图书馆要加强与各级政府部门，特别是决策信息提供部门的联系，加强信息服务的宣传推荐工作。畅通信息渠道，建立起互信互动机制，形成良好的合作关系，提高决策信息服务的含金量，增加领导决策机构对公共图书馆的利用率。同时要收集反馈信息，只注重提供而不注意反馈是一种不完善的服务。反馈可以改进工作，了解新的需求，在总结经验的基础上求得更新的发展。没有政府部门良好的反馈和建议，公共图书馆的决策信息服务工作就难以提升与突破。

**（三）开展常态化的"两会"信息服务**

目前公共图书馆为"两会"提供信息服务多集中在会议期间，所开展的服务也多是"两会"专刊编辑、图书借阅、代检代查、专题咨询、议案提案材料补充等。公共图书馆"两会"信息服务要从阶段性向常态化发展，为两会代表、委员提供日常跟踪服务，为代表委员参政议政提供个性化服务；在各地人大、政协网络平台上开展嵌入式立法决策服务，有针对性地为代表委员形成高质量的提案提供参考信息服务；为各地人大、政协常委会专题调研会提供专题信息服务。

**（四）整合数字资源，构建决策信息服务平台**

数字资源是支撑智库研究的重要渠道。目前公共图书馆常见的数字资源有中国知识资源总库（CNKI）、万方数据平台、维普中文期刊服务平台、超星电子图书数据库等数据库，配备专业领域的文献数据库或决策类数据库的占比不高。公共图书馆的特色资源建设也主要以地方民俗文化为主。图书馆应根据决策信息服务工作的需要，逐步增加订购科研类及决策类数据库，加强自身特色资源建设，有意识地收集整理和加工在专业数据库、网页等平台的信息资源，并提供相关研究领域的专题资源，为用户提供嵌入式服务。同时在智库理念的指导下，完善图书情报机构的咨询服务模式，充分整合馆内外信息资源。构建决策信息服务平台，建立个性化的信息产品数据库，为领导决策提供全面、系统的信息，更好地发挥智库作用与价值。

### （五）打造深层次、高质量的信息产品

公共图书馆提供的信息咨询、决策参考等服务，具备了智库的前端功能。但客观来说，公共图书馆对信息资料的研究层次较浅，缺乏全面性、客观性、预判性，难以满足政府部门的决策需要。这类信息产品多停留在收集整理的初级加工阶段，信息来源渠道少，内容趋同、特色不足，研判类资料定论模糊，与智库提供的深层次、独家观点的研究产品相比，缺乏核心竞争力。公共图书馆要不断提高自身的研究能力，对原有的参考咨询产品进行升级和创新，把握用户需求，实现内容的深度化、信息的精准化。

### （六）培养高效的人才队伍

人才是第一要素，公共图书馆要推动新型智库建设，需要组建一支优质、高效的团队。信息服务人员不仅要有较强的信息获取能力，还应有较高的对信息判别、组织、加工能力，因此要重视对信息服务人员的培训工作，采用各种形式，不断更新知识和技术素养，推动馆员从参考咨询服务向"智库专家"转变。同时，做到"引进来"，聘请某些行业领域的专家学者加入到智库服务队伍中，充实图书馆智库团队。

政府决策需要图书馆高质量水平的信息服务，图书馆依托信息资源为政府提供决策信息服务是新的机遇与挑战。我国特色新型智库建设为公共图书馆创新发展决策信息服务提供了广阔新空间，图书馆应充分利用自身丰富资源优势，抓住智库大发展的机遇，顺势而上，创新服务理念和手段，将智库理念引入图书馆决策信息服务，通过多渠道提升决策信息服务水平，实现图书情报机构向智库研究机构的转型，为我国的图书馆情报事业发展作出新贡献。

# 绍兴县立图书馆与县修志委员会信函七通铨解

鲁先进

　　绍兴图书馆前身古越藏书楼是我国第一家具有近代公共图书馆特征的藏书楼，清光绪三十年（1904）向公众开放。民国初期，藏书楼几经关停。民国二十一年（1932）古越藏书楼改为公办，更名绍兴县立图书馆（下简称"县立图书馆"）。民国二十二年（1933）六月一日，县立图书馆宣告成立并向社会开放，管理人员三人。民国二十四年（1935）五月八日，绍兴县修志委员会（下简称"修志委"）在县政府支持下成立。民国三十年（1941）绍兴沦陷，修志工作遂罢。修志委铅印了《绍兴县志资料·第一辑》（十六册），留下了手稿《绍兴县志资料·第二辑》和大量的修志档案，这些资料现保存在绍兴图书馆。

　　修志委于民国二十四年（1935）六月一日至二十五日曾借址县立图书馆前楼为临时会所，后迁址开元寺。修志时曾聘用了大量采访员，与绍籍在外人士联系，留下了大量往来信札。我们在整理修志委档案时，发现除个别信札是散夹在会议记录、稿簿、图书外，基本是按去函、来函分类粘贴在空白纸上再行装订成册，并在封面上题以年份，有些册子还在首页作了姓氏目录。逐册检点，发现有七通与县立图书馆相关，分贴在第五册一通、第七册三通、第八册二通、第十四册一通，落款日期不统一，其中五通有月日，一通无日，一通年月日齐全。我们根据封面年份、信函内容等，确定信函日期在民国二十四年至民国二十六年。现按日期顺序转录于次，略加考释，以飨同好。

一

　　子余姻伯大人赐鉴：

　　昨奉尊札，备悉一是。拙作《洪杨轶闻》容稍加整理，即行缮就呈正。

藏书楼旧书目录系由仲安兄亲自查封，已查毕五册。奈第六册甫经开始，而仲安兄陡患伤寒，因以停辍。现下病虽痊愈，顾尚稍有待于调养。一俟复原，自当继续工作，迅为查竣也。承询并告，敬请钧安。

　　　　　　　　　　　　　　　　　　　　任先谦肃上，七月二十九日。

　　诸先生前均此。

　　宗先谦致王子余函，两页，收于第七册，民国二十四年（1935），绍兴县立图书馆红笺。宗氏初言自著《洪杨轶闻》需整理后送上，次叙《古越藏书楼书目》系由馆长孙增祺亲自核实，因查完第五册后患上伤寒，故完成尚需时间。

　　宗先谦，绍兴人。县立图书馆成立时，在上海从事图书馆工作的宗先谦被邀请到馆任职①。著有《民众图书馆图书分类法》《图书目录检索法》《明嘉靖间浙江的倭寇》。民国二十三年（1934）完成《绍兴县立图书馆通常类书目》并铅印成册。在《绍兴新闻》先后发表过《图书分类法中的布鲁舍尔分类法》《绍兴县立图书馆之回顾与展望》《图书馆事业之新希望》等文。

　　王子余（1874—1944），名世裕，绍兴人。周恩来姑父。历任会稽县学堂督办、浙江咨议局第一届议员、绍兴军政分府总务科长、嵊县知事、苏州高等审判厅书记长、中国银行绍兴支行经理、绍兴县商会第一任理事会主席等，创办过万卷书楼、越郡公学、绍兴白话报等。从中国银行退休后，致力于编修绍兴县志②。绍兴县修志委员会常委有七人，核心人物是王子余。修志资料经王子余传子王贶甫保存，最终捐给鲁迅图书馆（现绍兴图书馆）。

　　《洪杨轶闻》，描写太平军逸事，首篇"傅善祥"，收于《满清野史》第四编，阙名撰。又收于《清代轶闻》卷六，《清代轶闻》为裘毓麐所编，民国四年（1915）中华书局出版。裘氏自云是编系采录群书而成，可知《洪杨轶闻》也非出自其手。然宗先谦的《洪杨轶闻》在民国二十四年（1935）尚在整理中，是否同名异书，暂不确定。

　　《古越藏书楼书目》有三个版本。一是三十卷膳清稿本，疑为徐树兰先生本人及其族人所编，按经、史、子、集分为四部三十二类，一部一册，共四册，2017年，绍兴图书馆通过西泠印社春季拍卖会购得。二是三十五卷本，徐树兰亲手编

---

①　龚天力.从古越藏书楼到绍兴图书馆[M].杭州:浙江人民出版社,2002:18、18、223.

②　林吕建.浙江民国人物大辞典[M].杭州:浙江大学出版社,2013:22.

制，按经、史、子、集、时务分为五部，六册，惜无存本。三是二十卷本，即《古越藏书楼书目》通行本，清光绪三十年（1904）上海崇实书局石印，该目系徐树兰延请慈溪孝廉、绍兴府学堂教习冯一梅编纂而成，按学部、政部分类，八册。信中所涉书目为八册的通行本。

## 二

　　迳启者：

　　月前嘱对目录，刻始查竣。红圈中有墨点者，其书均缺。兹将原目录八册备函送还，即祈察收为荷。此事本可早日查竣，因增祺自前月中旬间忽患伤寒，停顿多日，尚乞勿责延误之罪为幸。此上绍兴县修志委员会。

孙增祺谨启，八月十三日。

　　孙增祺致修志委函，一页，收于第七册，民国二十四年（1935），绍兴县立图书馆蓝笺。孙氏对照《古越藏书楼书目》进行书实核对，将已缺图书用墨点标识，完成后送还修志委，并解释因患病而延迟了日期。

　　孙增祺，字仲安，浙江省立第五中学旧制师范本科（现绍兴一中）第一届毕业生（1915年7月）[①]。"图书馆编制三人，设馆长一名，馆长人选由当地政府部门'呈荐'。绍兴县立图书馆自1933年1月24日开始筹备，经过不到半年时间的努力，于当年6月1日宣告成立并向公众开放，县教育局前任第三课课长孙增祺（字仲安）任馆长。"[②]任期为"1933.1—1937.3"[③]。

## 三

　　子余姻伯赐鉴：

　　托事辱荷费神，无任感感。《水陆道里记》一书，查敝馆目录中，现在已无此书，知念谨复。拙著《沧桑劫后话红羊》并交来人奉上，至祈察收并盼赐覆。敬请钧安。

---

　　①　朱雯.生生不息——一百二十周年校庆校友录[M].绍兴:浙江越生文化创意有限公司,2017:99.

　　②　龚天力.从古越藏书楼到绍兴图书馆[M].杭州:浙江人民出版社,2002:18、18、223.

　　③　同②。

侄宗先谦叩，八月二十八日。

宗先谦致王子余函，一页，收于第七册，民国二十四年（1935），绍兴县立图书馆红笺。宗氏查县立图书馆藏书目录，没有发现修志委所需的《水陆道里记》，奉送自著《沧桑劫后话红羊》一书。

《水陆道里记》，全称《浙江全省舆图并水陆道里记》，清光绪二十年（1894）由浙江舆图总局编制完成。《古越藏书楼书目》载："浙江全省舆图附水陆道里记 二十册 子 宗源瀚 光绪二十年石印本。"说明此书古越藏书楼曾收藏过，但到县立图书馆时已经丢失。

《沧桑劫后话红羊》，未见此书。宗先谦除上文《洪杨轶闻》外，还写过《莲蓬党始末记》（《太平天国文献史料集》《太平天国遗事》均有收录）。莲蓬党为诸暨人何文庆（1812—1863）所创，清咸丰十一年（1861）五月，太平军侍王李世贤攻占金华，九月，何文庆率部加入太平军，并作为李的先锋，屡立战功，十三年，何文庆病逝，故《莲蓬党始末记》属太平天国史料。《沧桑劫后话红羊》似与太平天国有关，这在"红羊"两字上有所体现。南宋术士柴望在《丙丁龟鉴》提出丙午、丁未之年易生灾变，因丙、午、丁五行中属火，未对应生肖为"羊"，故称"红羊"劫。太平天国举事虽非丙午、丁未之年，但首领洪秀全、杨秀清二人姓氏洪杨谐音"红羊"，人亦以"红羊劫"称之。

## 四

迳启者：

接展公函，只悉一是。查政书二号系《通志》，但此书接收时，自一卷至一百八十七卷均缺。兹将《通典》礼类十八本、《续通典》礼类十二本及《养新录》六本一并送奉，即希察收为荷。此覆绍兴县修志委员会。

绍兴县立图书馆，十月一日。

县立图书馆致修志会函，一页，收于第八册，民国二十四年（1935），绍兴县立图书馆红笺，钤"绍兴县立图书馆"，阳文长方形朱印。县立图书馆根据修志委要求，调阅《通志》，发现接收古越藏书楼时，此书已残，缺卷一至卷一百八十七，非修志委所需，另将《通典》《续通典》两书中的礼类以及《养新录》三书送上。

《通志》，南宋郑樵撰。纪传体通史，所记上古时期到唐朝，包括本纪、世家、列传、二十略、四夷传、年谱、载记等七部。二十略又包括氏族略、六书略、七音略、天文略、地理略、都邑略、礼略、谥略等。全书二百卷，其中卷四十二至四十五为礼略，根据信函内容，估计修志会要查的是礼略，而县立图书馆所藏《通志》中的礼略缺。

《通典》，唐杜佑撰。我国第一部体例完备的政书，记述唐天宝以前历代经济、政治、礼法、兵刑等典章制度，分为九类：食货、选举、职官、礼、乐、兵、刑、州郡、边防。全书二百卷，其中卷四十一至一百四十为礼典。

《续通典》，清嵇璜、刘墉等奉敕撰，纪昀等校订。记载唐肃宗至德元年（756）至明崇祯十七年（1644）的典章政制，体例仿《通典》，共一百五十卷，其中卷四十五至八十四为礼典。

《十驾斋养新录》，清钱大昕撰，二十卷。考证札记之文，涉及经学、小学、史学、官制、地理、姓氏、典籍、词章、术数、儒术等诸多领域。

查《古越藏书楼书目》，上述图书均有："通典二百卷　唐杜佑　武英殿本""通志二百卷　宋郑樵　武英殿本""钦定续通典一百五十卷　乾隆三十二年奉敕撰　光绪十二年浙江书局本""十驾斋养新录二十卷余录三卷　钱大昕潜研堂本　学海堂本止养新录三卷余录一卷"。绍兴图书馆现藏《续通典》《十驾斋养新录》，版本与上述相异，又无古越藏书楼藏书印，故均非古越藏书楼旧藏。

# 五

奉示敬悉。兹遵将《钤山堂集》（共十本）检送，希察收。至《辍耕录》一书，查遍敝馆目录，终未发见，并希台洽。此上绍兴县修志委员会。

绍兴县立图书馆，十月廿式日。

县立图书馆致修志会函，一页，收于第八册，民国二十四年（1935），红笺，钤"＊绍兴县立图书馆＊ s.s.p.l"，阳文圆形紫印。修志委需《钤山堂集》和《辍耕录》两书，县立图书馆查后无《辍耕集》，送上《钤山堂集》。

《钤山堂集》，明严嵩撰。《古越藏书楼书目》有载："钤山堂集四十卷附录一卷　明严嵩　明刻本"。绍兴图书馆藏有山阴沈钧业抄本《钤山堂诗选二卷》。

《辍耕录》，元陶宗仪撰。《古越藏书楼书目》无。绍兴图书馆藏有清刻本《辍耕录》三十卷，缺卷一至卷三，无藏书印。

# 六

公函　字第　号

为移送葛壮节公遗盔遗甲烦为保管事

　　迳启者：

　　葛壮节公遗盔遗甲为公孙葛安甫先生静澜函送本会讬为保管。唯本会系临时机关，难以久守，特行送存贵馆珍重保存。葛公战时所衣之甲，全身血染，已殓入棺中。葛公更有战时所用之刀，年久遗失，良为可惜。至葛公墓图及遗像，曾送浙江文献展览会展览，已先送贵馆保存。谅荷台洽，嵩此奉布并烦赐覆为荷。此致绍兴县立图书馆

　　　　　　　　　　　　　　　　　　　　　　　　　　——敬启

　　附遗盔一顶，外盛木筐。

　　遗甲一件，外盛纸盒。

　　修志委致县立图书馆函，一页，收于第五册，无日期，红格稿纸。修志委曾将送展浙江文献展览会的葛云飞墓图遗像送存县立图书馆，此番又送上托为保管的遗盔遗甲。

　　此函无落款、日期。所在第五册，封面年份标为"1936年"。浙江文献展览会的展览期为"1936年11月1日至15日"，根据信中内容，这次送存的遗盔遗甲当迟于展览会，也就是1936年11月15日之后。本文第七通为县立图书馆复修志委函，落款日期为"1937年5月20日"，此等重要物件，县立图书馆即时回复，再根据第五册此函前一封王子余给沈均业的信，落款日期为"二六.五.一九"，故我们推断，此函日期似为"1937年5月19日至20日"。

　　葛云飞（1789—1841），字鹏起，清代绍兴府山阴县天乐乡（今属杭州市萧山区）人。定海三总兵之一，我国近代史上著名的抗英民族英雄。殉国后谥"壮节"。

　　葛静澜，字安甫，葛云飞之孙。绍兴图书馆藏有其寄修志委函中所夹名片一张，右上题"前浙江省米业公会联合会主席委员、浙江杭州市商会监察委会、浙江省民食委员会常务委员"。

　　修志委在修志期间，一直关心着文物的保护，其中包括葛云飞遗物保护。从绍兴图书馆所存信函来看，涉葛云飞遗物的信函达十余通。

# 七

　　顷准贵会第四九号公函，送下葛壮节公遗盔遗甲各一件，嘱为保管等由；准经点收无误，当为制橱陈列，珍重保存，并供参观，以引起民众爱国观念。至葛公墓图及遗像，当文献展览会结束时，曾连同其他先贤名胜古迹等照片，留交本馆保存，嗣即由财委会饬人来馆提取，故是项照片，本馆现已无存，准函前由，相应函复；即希查照为荷。此致修志委员会。

　　　　　　　　　　　　绍兴县立图书馆启，中华民国廿六年五月贰拾日。

　　县立图书馆致修志会函，二页，收于第十四册，民国二十六年（1937），绍兴县立图书馆红笺，钤"绍兴县立图书馆"，阳文长方形朱印。县立图书馆收到修志会送存的遗盔遗甲，计划制橱陈列供公众参观，并解释先前浙江文献展览会展览后送来的物品，已由绍兴县财委会派人提取，已不复在馆。

　　王子余为浙江文献展览会绍兴地区的副主任（主任为县长贺扬灵），具体负责本地文献、文物的收集，据《文澜学报》第二卷（浙江省文献展览会专号）记载，绍兴县立图书馆提供过《二十四孝笺》（稿本，钱塘唐咏裳著）作展品。唐氏侨寓越中，捐赠给古越藏书楼的文献颇多。

　　按上所述，此所存七通，可以理出三事：一是县立图书馆接收古越藏书楼时，曾按《古越藏书楼书目》通行本进行图书核实，其中加墨点之书没有找到；二是县立图书馆管理人员宗先谦撰写过太平天国史料，然未能见到《洪杨轶闻》《沧桑劫后话红羊》；三是提供了抗英民族英雄葛云飞的遗物保存史料。

# 绍兴图书馆藏元刻四种述略

唐　微

　　绍兴地处浙东，素负人文渊薮之誉，乡邦著述宏富，私家藏书众多，拥有卷帙浩繁的古代文献典籍。近代西学东渐，绍兴得风气之先，乡绅徐树兰先生于清光绪二十六年（1900）集议筹建的古越藏书楼，它既是中国近代第一所具有公共图书馆性质的私家藏书楼，也是绍兴图书馆的前身。在近一百二十年的历史长河中，绍兴图书馆跨越了清末、民国和新中国三个历史时期，历经古越藏书楼、绍兴县立图书馆、绍兴县鲁迅图书馆、绍兴市鲁迅图书馆和绍兴图书馆五个发展阶段。

　　绍兴图书馆古籍资源丰富，古越藏书楼旧藏是其主要来源。徐树兰先生建楼之初，便"将家藏经史大部及一切有用之书，悉数捐入"，"所有近来译本新书，以及图画、标本、雅驯报章，亦复捐资购备"，藏书计有"七万余千卷"，同时特别推出"存书之例"，号召社会有识人士捐书。民国时期，藏书楼由私立转公办，改组为"绍兴县立图书馆"。据民国二十五年（1936）统计，藏书为79000册，其中通常类图书逾5000册。日军侵占绍兴期间，藏书曾异地迁徙，历尽艰辛，又遭兵燹之厄，损失惨重，数量锐减。抗战胜利后，为充实馆藏，图书馆有过几次大规模的募捐活动，用筹得的善款从沪杭两地购得图书700余种，略增馆藏。新中国成立后，社会各界对图书馆的捐书助资更是绵延不绝，极大丰富了馆藏。

　　涓滴细流，可成江海。百年积累，终成规模。纵观绍兴图书馆藏品，元刊明椠，官刻私镌，活字套版，稿抄批校，流传有绪，诸体皆备，系历代乡贤及几代馆人苦心收集累积保存下来的珍贵典藏。藏品荟萃了徐氏古越藏书楼、董氏取斯堂、周氏诒经堂、胡氏听雨楼、马氏含经室、沈氏起先楼、陶氏天放楼、施氏乐寿堂、寿氏三味书屋等清代至民国古越诸多藏家精华，具有较高的文物价值和学术价值，无论数量抑或品质，在浙江省地市级图书馆中，皆属上乘。

据古籍普查数据统计，绍兴图书馆现藏古籍29996种、148838册（含民国线装书）。馆藏古籍不乏珍贵古籍，也颇有特色可言。迄今为止，共有23部馆藏珍品入选《国家珍贵古籍名录》，44部藏品入选《浙江省珍贵古籍名录》。本文介绍的"元刻四种"，是绍兴图书馆入选首批《国家珍贵古籍名录》中的四种藏品，也是绍兴地区公藏单位中存世最早的四种珍籍，全部入收于《中国古籍善本书目》，堪称绍兴图书馆镇馆之宝。

## 一、《乐府诗集》（国家珍贵古籍名录号：01201）

《乐府诗集》一百卷目录二卷，宋郭茂倩编次，元至正元年（1341）集庆路儒学刻本。存三卷：卷三十二至三十四。

乐府，是我国西汉时期开始设立的掌管音乐的官方机构，负责制定乐谱、搜集歌辞和训练乐员。后人以乐府官署所采制的诗歌称之为"乐府"。到了唐宋时期，一些可以入乐的诗歌和仿乐府古题的作品也统称"乐府"，诗的范围既有朝廷所用的乐章，也包括产生并流行于民间的歌谣和文人用乐府旧题所创作的诗歌。宋代郭茂倩编辑的《乐府诗集》是现存成书最早、收集最为完备的一部乐府诗总集。他将自汉至唐五代时期的乐府民歌、文人作品和先秦歌谣汇集一起，按其曲调分类，编成百卷巨帙，为后世保留了大量古代优秀的诗歌作品。如《孔雀东南飞》《木兰诗》《敕勒歌》等，这几首大家耳熟能详的经典诗篇，都选自该书。

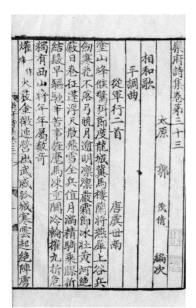

乐府诗集 （宋）郭茂倩编次
元至正元年集庆路儒学刻本

《乐府诗集》最早的版本是北宋末南宋初的浙江刻本，该版现藏国家图书馆，上海图书馆和南京图书馆也藏有残册。到了元代，该书最有名的版本就是元至正元年（1341）集庆路儒学刻本，也就是绍兴图书馆藏的这个版本。元代以武功统一天下，刻书之盛远不及宋代，出版数量及质量亦不及宋代。元代中央刻书机构有兴文署、广成局、国子监，可考者不过数种。然而同时各路儒学及书院刻书却很兴盛，究其原因，是因为这些儒学堂自有学田，学粮富足，具备经济条件，又是人才集聚之地，所以相对刻书较多。这部集庆路儒学刻本即为其中代表。集庆路是南京在元朝时期的名称，治所在上元县和江宁县（均位于南京主城），集庆寓意"汇集喜庆"，当时儒学属于官家，所以这个也是官刻本。此书钤有"汲古阁""毛子晋"等印，这是明末清初常熟知名大藏家毛晋的藏印，汲古阁为其藏书楼。毛晋在中国藏书史和版刻史上是个举足轻重的人物。被后世誉为"典籍印刷之忠臣"。据清郑德懋《汲古阁主人小传》称，毛晋在世的四十年间刻书约六百种，上板十万余块，汲古阁所印之书，尤以版刻精良而蜚声海内外。而《乐府诗集》这部书的流转过程，也跟毛晋的渊源颇深。《乐府诗集》元刻板片一直刷印到明代，其间经过多次修补，以致书板断脱，不可卒读。明崇祯十二年（1639），毛晋凭私交从钱谦益处借得宋本，校以自己所藏的明修本，重新雕刻，是为明汲古阁本。此本先后经两次校订，第一次校订约成于康熙初年，由毛晋完成，称"汲晋本"。之后毛晋儿子，同为藏书刻书家的毛扆又对它进行了更为细致的第二次校订，称"汲扆本"，故现存世汲古阁本，早印本传世较少，而后印本则文字更佳，影响也更大。之后清代坊间汲古阁本的翻刻不断。清同治十三年（1874），湖北官书局崇文书局以"汲扆本"为底本对该书进行了重刻，民国元年（1912）该书局又有旧板重刊。可以说，毛氏汲古阁是《乐府诗集》整个版刻递传环节至为重要的一环，后世诸本皆赖之流传，而馆藏的这部元刻本虽为残佚，但曾经毛氏旧藏，殊为可贵。

## 二、《魁本大字诸儒笺解古文真宝》（国家珍贵古籍名录号：01215）

《魁本大字诸儒笺解古文真宝》前集十卷后集十卷，元黄坚辑，元刻本。存十卷：前集卷六至十；后集卷一至五。

《古文真宝》是元代黄坚编纂的一部历代诗文选集，也是一部通俗儒学读物，相当于清代的《古文观止》。此书约编成于元初，元明时期风行一时，对中、日、韩三国均有广泛影响，明末以后几近佚失。此版本为该书现存年代最早之版本，也是海内外孤本。

是书的内容编排很有意思，并不像后世通行本以诗歌和古文作前、后集区分，而是以有韵、无韵为分集的原则，也意味着书名中的"古文"二字含义，与后人通常理解的与时文对立的文章体"古文"有很大区别，从这个角度来说，元刻本《古文真宝》为我们提供了一个认识元代以前文学观念的重要材料。

此书半叶十一行，行二十一字，小注双行字同。大黑口，版心双黑鱼尾，四

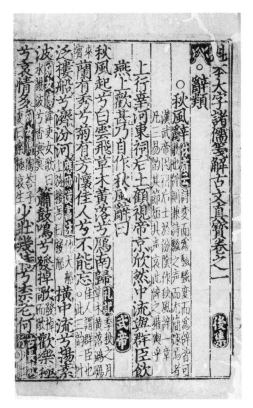

魁本大字诸儒笺解古文真宝
（元）黄坚辑　元刻本

周双边。用纸是黄而薄的竹纸。字体较颜体略瘦，接近唐书法家柳公权的字体。该书没有明确的刊刻地记载，但通过纸张、字体以及印刷风格，可推知该书具有福建本的刻书特征。

值得一提的是该书的避讳，我们在此书的"后集"中可以发现有"恒""桓""匡"等字存在末笔避讳，显然是避宋讳。而同样是宋讳，前集卷中又有"玄"字未讳，可见书中的避讳并不严格。通过这些避讳，大致可以了解该书的底本很有可能根据的是宋刻本，或者是离南宋不远的元初刻本。有学者根据通行本卷首所列郑士文的序，推断元刻《古文真宝》刊刻年代的下限为元至正二十六年（1366），而此书的刻书年代也许要早于这个年份，也就是1366年之前的本子。

其次，该书又保留了大量的简体字，比如说"无""灵"等等，异体字、简体字的大量使用是鉴定元代刻本的一个重要特征。另外，我们仔细观察，还能在书的正文处发现片假名的朱笔小字批注，从中可以推知此书曾经流落到日本，或者曾经由日本人收藏，这部书在整个流转迁徙过程中，经历了怎样一番故事？其余二册是否还存世？这些疑惑我们暂时不得而知，留待有一天谜底能大白于天下。

### 三、《国朝文类》（国家珍贵古籍名录号：01235）

《国朝文类》七十卷，元苏天爵辑，元刻本。存三卷：卷五十七至五十九。

该书亦名《元文类》，是一部元代的诗文总集。苏天爵，字伯修，号滋溪先生，河北正定人，是元代享有盛名的历史学家，在元代文学史上据有一席之地。此书是其仿效南朝梁萧统的《文选》，收录元初至延祐间158位作者的861篇诗文，无论收入人数、代表性，还是收入的诗文数量、典型意义等，都是第一位的。不仅如此，从本朝人选本朝文的意义来说，这部书是苏天爵积二十年之功搜访编辑，在没有前人文集做参考的情况下凭借己力而完成，完全是一项开创性工作，更显难能可贵。该书反映了元代文学的面貌，对后世产生过深远影响。曾任江浙儒学副提举的同时代人陈旅评价这部书曾说"百年文物之英尽在是矣"。清代的史学家章学诚也认为这部书可以与姚铉《唐文粹》、吕祖谦《宋文鉴》相媲美。

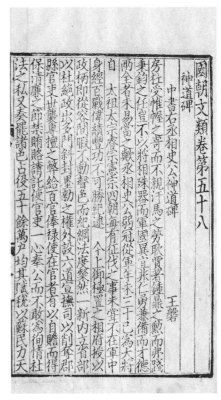

国朝文类　（元）苏天爵辑　元刻本

《国朝文类》最早的本子就是元刻本，此书元刻本存世的有三种，一为元至元至正年间西湖书院刻本，此版较常见，国家图书馆、上海图书馆、浙江图书馆等均有藏。二为元建阳刘君佐翠岩精舍刻本，现藏重庆图书馆。三即绍兴图书馆藏的这部元刻。比较三种元刻风格，颇具差异。相比较前两种元刻，馆藏此部元刻开本更为疏朗，写刻更为清丽，而此版存世也更为稀见。到了明代，该书又出现了明嘉靖十六年（1537）晋藩刻本，明末则有修德堂刻本。至清代，该书有清光绪十五年（1889）江苏书局刻本。

## 四、《增广注释音辩唐柳先生集》（国家珍贵古籍名录号：01052）

《增广注释音辩唐柳先生集》四十三卷别集二卷外集二卷年谱一卷附录一卷，唐柳宗元撰、宋童宗说注释、宋张敦颐音辩、宋潘纬音义，元末明初刻本。缺四卷：卷二十三至二十六。

《唐柳先生集》是一部唐代文学家柳宗元的诗文全集，该集的旧注者有童宗说的《注释》、张敦颐的《音辩》、潘纬的《音义》，本各别行，原本今俱不存，今传者多集旧注以附正文。《唐柳先生集》一书现有宋刻本存世，傅增湘先生的《藏园题跋》中即收录了该书的宋本。该书的宋刻本可考者共六种：一是训诂本，宋淳熙间韩醇校注；二是增广注释音辩本，辑童宗说、张敦颐、潘纬三家音注为一帙，初刻于南宋绍熙年间，后经元明辗转翻刻；三是五百家注音辩本，

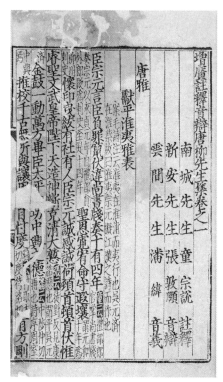

增广注释音辩唐柳先生集
（唐）柳宗元撰　元末明初刻本

庆元间魏仲举辑诸家注；四是嘉定间郑定重校添注本，据五百家注音辩本翻刻并增以添注及重校；五曰世彩堂本，南宋末叶廖莹中集注；六曰增广百家详补注本。而绍兴图书馆藏的这部元末明初本，即据上述第二种翻刻，根据其版刻风格，推断其为元末明初本。

该书半叶十三行，行二十三字，小字双行同，细黑口，双鱼尾，四周双边。卷首刊有宋乾道三年（1167）陆之渊《柳文音义序》，其次刘禹锡《唐柳先生文集序》，次目录。卷一首行题书名，以下三行题"南城先生童宗说注释、新安先生张敦颐音辩、云间先生潘纬音义"，行间所注各以"童云""张云""潘云""东坡云""晏本"等以示区别。

值得一提的是，该书已于二十世纪八十年代完成修复，当时承担该书修复的是绍兴民间古书业修复师应颐康先生。应颐康（1909—1988），绍兴平水人，民国十三年（1924）赴杭州抱经堂书局学业，师从店主朱遂翔。民国期间曾在绍兴雅雨堂书店、曹炳章医师处修复古籍，新中国成立后任职于绍兴文物商店、绍兴古旧书店，退休后于1980年起为绍兴图书馆修复古籍，1983年应先生曾担任浙江图书馆承办的一年制全国古籍修复培训班（俗称"南方班"）教员，为当时刚刚复苏的南方旧书业培养了第一代古籍保护修复人才。该书是应先生古籍修复技艺的代表作，也可视为南派古籍修复技艺的代表。全书运用"金镶玉"装帧手法，保持古籍原貌，"修旧如旧"，古风犹存，又自制织锦函套作外部护身。是书曾参加2007年国家图书馆举办的第一期"国家珍贵古籍特展"。

# 绍兴人对中国图书馆事业发展的影响

李文学　张东雄

明代文学家袁宏道曾说"绍兴士比鲫鱼多"，绍兴也曾被毛泽东誉为"鉴湖越台名士乡"，绍兴名人辈出、究其原因，与其发达的著书、刻书、藏书大有关系，读书与藏书相互促进，造就了大批藏书家，同时客观上促进了我国图书分类学、目录学等学科的发展。

## 一、推进了中国图书分类法的发展

我国图书分类法历史悠久，西汉刘歆编制《七略》形成七分法系统，这是中国第一部综合性图书分类目录，也是我国第一部完整的图书分类法，确立了较为完全的著录方法。此后出现六分法、四分法、四部分类法等，经、史、子、集四部分类法则主导和影响着中国古代图书分类，但历代绍兴藏书家根据自身情况不断发展和创新更加实用的分类方法。

明代山阴藏书家祁承㸁（1563—1628），嗜书成癖终成目录学家。每至一地必访求图书，聚书达十余万卷，在山阴梅里建澹生堂，并以《澹生堂藏书约》示子孙。著有《澹生堂集》《两浙著作考》《国朝征信丛录》《澹生堂藏书目》等。首创"因""益""互""通"图书分类、著录原则和互著别裁法，提出了比较系统的理论和方法。其中的《藏书训》，叙述了自后周开始至明代历朝主要私人藏书家的故事，为藏书史研究的重要参考史料之一。

明末清初藏书家祁理孙（1625—1675），少时既研经史之学，旁及诸子百家，在祖、父两代基础上，建有"奕庆楼"，扩充藏书并将家藏书籍编撰为《奕庆藏书楼书目》四卷，共六册，著录图书1598种，42636卷，分经、史、子、集、丛而汇成五大部三十八类，将戏曲书籍录入子部"乐府家"，首将丛部升为和经、史、子、集并列的一级类目。他把综合性丛书分入丛书部，专门丛书分入各类，取消总集类目。著录详细，除录书名、卷数、著者、版本外，加著者姓名、籍贯。该目以收集诗文集为其特色，计有"名剧汇"72册，收杂剧270种。

徐树兰（1838—1902），其所创古越藏书楼在中国图书馆史上有着多方面的特殊意义。其指导思想非常明确，将馆藏图书向民众传播，培育新式人才，其分类打破了延续数千年"四库分类法"的束缚，分为学、政二部，开拓分类新途径，为我国近现代图书分类的发展提供了经验。

## 二、推进了中国目录学的发展

绍兴自大禹"禹穴藏书"引司马迁"上会稽，探禹穴"，开启了藏书事业的步伐，目录学亦随之发展起来，仅著名绍兴籍目录学家就有四十余人。

刘宋代晋后，宋文帝任命谢灵运（385—433）为秘书监，并于刘宋元嘉八年（431）率人整理秘阁图书，补足旧文，在殷淳等目录学家的协助下编撰《秘阁四部目录》，收录图书14582卷，另佛经438卷，1645帙，比东晋李充所编《晋元帝四部书目》更为宏富，所采用的"秘阁四部法"巩固了四部分类法的应用。

南宋高似孙（1158—1231），一生著述甚丰，经、史、子、集均有涉及，其尤重文献编目、辑录、考辨。晚年为嵊县县令时著《剡录》为绍兴地区第一部方志，也是现存最早的一部目录地方志；所著《史略》是现存唯一史籍专科目录，在目录学方面有着重要价值，开启后世著述引用书目之先河。

清会稽人章学诚（1738—1801）。授国子监典籍而不仕，后专门从事史学研究，并提出"经世致用""六经皆史"等著名论断，建立了方志理论体系，创立了方志学。所著《校雠通义》代表古代目录学最高成就，他提出以"辨章学术，考镜源流"为核心的目录学思想，提出"互著""别裁""索引"等研究目录的方法，对后世有极大的影响。

清会稽人姚振宗（1842—1906），被誉为"目录之学，卓然大宗"。清同治六年（1867）秋，其父在扬州建师石山房收藏各种古籍，令他厘订书目。后购得绍兴偏门外快阁旧址，并于其中读书、著述，泛览诸家书目，融目录学、校勘学、考据学于一体。著《隋书经籍志考证》，补后汉、三国艺文志，撰《湖北通志·艺文志》，别编《汲古阁刊书目录》，汇编《快阁师石山房丛书》。至清光绪八年（1882）已收藏六万余卷，中多善本，尤以宋元古本为世罕见。

诸暨人郑鹤声（1901—1989），山东大学历史系"八大教授"之一，在中西文化冲撞的时代背景下，重新审订、申明中国文献学的世界地位与价值。所著《中国文献学概要》是中国文献学的开山之作，"在中国现代第一次使用'文献学'的名称来概括一门学问"，第一次总结了古典文献学的研究对象、范围、内容、方法、作用，初步奠定了古典文献学的研究体系；他的另一部《中国史部目录学》到二十世纪九十年代仍是该领域唯一的专著。

新昌人吕绍虞（1907—1979），民国二十一年（1932）撰写的《中国教育书目汇编》被何多源《中文工具书指南》推为"研究中国教育者工具书之一"。1937年出版的《中文标题总录》为我国最早主题词表，《中国图书馆大事记》至今仍为海内外学者所引载。后致力于中国目录学研究，先后著有《普通目录学》和《中国目录学史稿》等专著，尤以《中国目录学史稿》影响最大，被誉为"解放后第一本"目录学专著。

凡藏书必研究目录学，绍兴学者的目录学著作不在少数，如徐维则的《东西学书录》是研究中西文化交流史的重要工具书，鲁迅也藏有三十二种目录学著作，浙江大学终身教授陈桥驿的《绍兴地方文献考录》《吴越文化论丛》都是极其珍贵的乡邦文献目录著作，篇幅所限不再一一赘述。

### 三、推动了图书馆学人才的培养

图书馆事业的发展离不开图书馆学专业人才，在人才培养方面吕绍虞、来新夏等先生尤其值得铭记。

吕绍虞（1907—1979），绍兴新昌人，曾入武昌文华图书馆学专科学校深造，民国二十二年（1933）毕业后返上海大夏大学任图书馆主任兼讲师，民国二十五年（1936）继任上海鸿英图书馆主任兼大夏大学讲师，民国二十九年（1940）任浙江英士大学图书馆主任。抗日战争胜利后，任南京前国立中央图书馆编纂兼编目组主任。1950年被聘为文华图书馆学专科学校教授、目录学教研组组长兼图书馆主任。1953年文华图书馆学专科学校并入武汉大学，吕绍虞亦随之调入武汉大学任图书馆学系教授，兼目录学教研室主任，直至1975年底退休，数十年间为我国培养了大批图书馆学专业人才。先生毕生从事图书馆教育、图书馆学与目录学研究，著述颇丰，共发表论文146篇，编译出版著作39种（两种未刊），与钱亚新先生并称为"是图书馆学领域非常多产的研究者"。

　　来新夏（1923—2014），浙江萧山（原属绍兴）人，我国著名的历史学家、文献学家、图书馆学家。历任南开大学历史学教授、校务委员、图书馆馆长、出版社社长兼总编辑、图书馆学情报学系主任等职。1979年创办南开大学分校图书馆学专业，1983年秋筹办图书馆学系，并于1984年秋公开招生，开始培养图书情报专业学生。来新夏先生在古代图书馆事业史、藏书史、目录学史方面研究成果斐然。编有《中国古代图书事业史概要》《图书馆学情报学档案学简明辞典》《中国古代图书事业史》《古典目录学浅说》《中国近代图书事业史》《社会科学文献检索与利用》《清代目录提要》《中国藏书文化漫论》等；其中《中国藏书文化漫论》从藏书文化的基本理论、基础、人文主义精神等方面阐述和总结了历代藏书家与藏书文化形成的规律性和普遍性。

　　目前，仍有大量绍籍人活跃在全国各图书馆战线上，比如云南省图书馆原馆长王水乔、上海图书馆原副馆长周德明、浙江大学宁波理工学院图书馆馆长赵继海等，他们不遗余力培养人才、提携干部，推动着图书馆各项工作快速发展。

## 四、推动了文献编撰整理的发展

　　绍兴私人藏书家收集、编辑和刊刻古籍，不仅保护了典籍，还为编纂大型丛书提供了珍贵的历史文献资料，对浙东学派的形成也起到重要作用，在我国藏书史上占有重要地位。

　　绍兴人与文澜阁《四库全书》。据娄仲安《绍兴先贤与〈四库全书〉》统计，《四库全书》收录绍兴先贤著述61人127种，收录占全书3400余种的3.7%；《四库全书存目丛书》收录157人233种，存目233种占全书6700余种的3.48%，《四库全书》与《四库全书存目丛书》所录种数均超过了全书的三十分之一。此外，《四库全书》的诞生，不得不提萧山人朱筠，朱筠向乾隆帝上疏开馆，正是在他的推动下才使乾隆帝作出开馆修书的决定。太平天国大军入浙，文澜阁遭战火毁损，库书散落民间，而后来进行第一次抢救回购补抄的是祖籍绍兴府山阴县柯桥福年村的"八千卷楼"主人丁申、丁丙兄弟，另外担任"乙卯补抄"和"癸亥补抄"总校一职的徐仲荪也是绍兴人，担任监理的堵福诜是徐仲荪的学生，更是和秋瑾同住绍兴和畅堂。不久《四库全书》却因日寇侵华不得不迁转西南贵阳、遵义、湄潭、重庆，主持《四库全书》成功西迁与保存的浙江大学校长竺可桢也是绍兴上虞东关人。2015年文澜阁《四库全书》影印出版时，又是出生于绍兴嵊州的绿城集团创始人、董事长宋卫平慷慨出资 3000 万元，才得以化身多部传承后世。可以说一部文澜阁《四库全书》的涅槃史就是绍兴人对藏书事业不舍的执著史。

黄宗羲与《明史》。浙东学派开山祖师黄宗羲博学之识亦离不开"续钞堂""天一阁"等藏书楼，这也是他众多著述的重要源泉，尽管他拒绝编修《明史》，但支持学生万斯同参史局。"公虽不赴征书，而史局大案必咨于公"，他对史馆遇到的疑难问题悉加指点，且派其子黄百家带家藏赴史馆修史。所著《明儒学案》《明文案》《明文海》《行朝录》《思旧录》《海外恸哭记》《大事记》和《三史钞》等皆送明史馆作参考。

山阴平步青"唯以读书为事，早岁历馆藏书"，其"安越堂"刊刻了章学诚《实斋记抄》，祁彪佳《寓山注》等越中珍稀文集。会稽章寿康"式训堂"刻印的《式训堂丛书》收录了邵晋涵《南江札记》、黄宗羲《金石要例》等乡邦文献。赵之谦"二金蝶斋丛书"收录了杨宾《柳边经略》和自著《英吉利广东入城始末》等八种珍贵越中地方典籍。徐友兰"铸学斋"刊刻的《绍兴先正遗书》录有越中十一位方家的十三种著述。山阴东浦人沈复粲倾所藏与同里乡邻杜煦、杜丙杰、杜春生三兄弟辑刊《蕺山刘子全书》四十卷、《刘子书补遗》二十四卷，对整理越地乡邦文献贡献很大。

在中国图书文化传承和图书馆事业发展史上，绍兴人以其高品位的藏书和高水平的学术创造留下了不可磨灭的功绩，形成的独特文化模式和学术风格，值得我们后人学习和研究。

# "图书馆+课本"阅读体验课程的实践与思考

## ——以绍兴图书馆"走读人文绍兴"系列活动为例

孙祝丽　黄　蓉　宋　嵩

## 一、引言

随着我国基础教育改革的不断深入，以研究性学习为核心的实景式、体验式教育方式逐步为家校接纳和欢迎。从国内外阅读推广大趋势来看，阅读体验教育正在全面升温，而"跟着课本游"便是典型的阅读体验教育方式之一。公共图书馆应结合自身条件充分发挥优势，与学校、科普单位进行资源整合，或牵头组织或主动融入教育机构、学校组织的研学旅行当中[①]。利用教材组织和实施相关阅读体验课程，以读促研，以研促学是公共图书馆辅助各研学机构开展研学游的有效举措，也是贯彻实施"传统文化进校园"的有益补充。从实施过程来看，"跟着课本游"便是一次完整的"学习——旅行体验——研究——再学习"的阅读训练，是一种结合阅读、旅游、研究、实践，以实现锻炼和提升学生阅读实践力的教育设计。从介入方式来看，公共图书馆能为"跟着课本游"阅读体验课程提供的不只是传统的图书推荐，还有融知识性、思想性、趣味性、普及性于一体的课程性知识服务。从实施结果来看，阅读体验课程不仅能完善和提升学员资料搜集、整理、分析能力，还贡献了丰富的课题参考资料，如果这些课题资料成果再衍升，可以是一部优秀的图书馆文创产品。由此，"跟着课本游"阅读体验课程对于公共图书馆而言，不应只是一场或几场阅读推广活动，更应是一门系统性、长期性实践课程。本文通过统计和分析"跟着课本游"实施之基础——中小学语文教材中

---

① 曾敬.图书馆研学旅行服务研究[J].图书馆建设,2019(04):131–136.

景点出现的数量和频次，以浙江地区公共图书馆研学实施情况为调研对象，依托本地区资源优势，聚焦"跟着课本游"阅读体验课程开发中的要点和难点，提出开发阅读体验课程实施的建议。

## 二、"图书馆＋课本"阅读指导课程调研情况

### （一）小学语文教材调研

"跟着课本游"顾名思义是以课本为蓝本开展的研学旅行，我国中小学课本中出现的景点带给了中小学生们无限的遐想和憧憬，为公共图书馆实施"阅读＋体验"的介入提供可能性。下面通过对2013—2019年一至六年级小学语文课本（人教版）出现的景点进行统计（见表1），探讨调研"图书馆＋课本"阅读指导。

表1　2013—2019年人教版一至六年级小学语文课本景点分布统计

| 年　级 | 课　文 | 地　点 | 景　点 |
|---|---|---|---|
| 一上 | 入学教育 | 北京 | 天安门、长城 |
| | 小小竹排画中游 | 长江中下游平原 | |
| 一下 | 吃水不忘挖井人 | 江西 | 瑞金红井 |
| | 我多想去看看 | 北京 | 天安门 |
| 二上 | 黄山奇石 | 安徽 | 黄山 |
| | 日月潭 | 台湾 | 日月潭 |
| | 葡萄沟 | 新疆 | 吐鲁番 |
| | 朱德的扁担 | 江西 | 井冈山 |
| | 难忘的泼水节 | 云南 | 西双版纳 |
| 二下 | 邓爷爷植树 | 北京 | 天坛公园 |
| | 识字1 | 多地 | 长江、黄河、珠峰 |
| | 古诗二首 | 浙江 | 西湖 |
| 三上 | 爬天都峰 | 安徽 | 黄山 |
| | 孔子拜师 | 山东 | 曲阜 |
| | 赵州桥 | 河北 | 赵县 |
| | 香港，璀璨的明珠 | 香港 | 香港 |
| 三下 | 珍珠泉 | 山东 | 济南珍珠泉 |

| 年　级 | 课　文 | 地　点 | 景　点 |
|---|---|---|---|
| 四上 | 观潮 | 浙江 | 钱塘江 |
| | 雅鲁藏布江大峡谷 | 西藏 | 雅鲁藏布江 |
| | 鸟的天堂 | 广东 | 新会市南部天马村 |
| | 古诗两首 | 江西 | 庐山西林寺 |
| | | 浙江 | 绍兴农村 |
| | 长城 | 北京 | 八达岭长城 |
| | 颐和园 | 北京 | 颐和园 |
| | 秦兵马俑 | 陕西 | 西安兵马俑 |
| | 古诗两首 | 湖北 | 武汉黄鹤楼 |
| | 选学1.延安，我把你追寻 | 陕西 | 延安 |
| | 选学2.五彩池 | 四川 | 松潘市五彩池 |
| | 选学3.迷人的张家界 | 湖南 | 张家界 |
| 四下 | 古诗词三首 | 安徽 | 宣州敬亭山 |
| | | 湖南 | 洞庭湖 |
| | 桂林山水 | 广西 | 桂林 |
| | 记金华的双龙洞 | 浙江 | 金华双龙洞 |
| | 七月天山 | 新疆 | 天山 |
| | 牧场之国 | 荷兰 | 牧场 |
| | 古诗三首 | 浙江 | 湖州西塞山 |
| | 文成公主进藏 | 西藏 | 拉萨 |
| | 选学1.趵突泉 | 山东 | 济南趵突泉 |
| | 选学8.武夷山和阿里山的传说 | 福建 | 武夷山 |
| | | 台湾 | 阿里山 |
| 五上 | 古诗词三首 | 河北 | 山海关 |
| | 圆明园的毁灭 | 北京 | 圆明园 |
| | 狼牙山五壮士 | 河北 | 易县狼牙山 |
| | 最后一分钟 | 香港 | 香港 |
| | 七律·长征 | 湖南等 | 长征路 |
| | 开国大典 | 北京 | 天安门 |
| | 选学1.黄果树听瀑布 | 贵州 | 黄果树瀑布 |

续表

| 年　级 | 课　文 | 地　点 | 景　点 |
|---|---|---|---|
| 五下 | 草原 | 内蒙古 | 呼伦贝尔大草原 |
| | 丝绸之路 | 陕西 | 西安 |
| | 白杨 | 新疆 | 巴州戈壁 |
| | 把铁路修到拉萨去 | 西藏 | 拉萨 |
| | 祖父的园子 | 黑龙江 | 哈尔滨呼兰区 |
| 五下 | 景阳冈 | 山东 | 阳谷县龙山文化城 |
| | 自己的花是给别人看的 | 德国 | 街道边的花 |
| | 威尼斯小艇 | 意大利 | 威尼斯 |
| | 与象共舞 | 泰国 | 芭提雅大象 |
| | 多彩的非洲 | 非洲 | 自然景观、艺术 |
| | 选学1.拉萨古城 | 西藏 | 拉萨 |
| | 选学8.维也纳生活圆舞曲 | 奥地利 | 维也纳 |
| 六上 | 选学1.林海 | 黑龙江 | 大兴安岭 |
| 六下 | 北京的春节 | 北京 | 春节民俗 |
| | 藏戏 | 西藏 | 拉萨 |
| | 各具特色的民居 | 福建 | 厦门 |
| | | 云南 | 西双版纳 |
| | 和田的维吾尔 | 新疆 | 和田 |

**表2　2013—2019年人教版一至六年级小学语文课本景点统计**

| 景点 | 次数 | 具体景点 |
|---|---|---|
| 北京 | 8 | 天安门、长城、天坛公园、八达岭长城、颐和园、圆明园、春节民俗 |
| 浙江 | 6 | 西湖、钱塘江、金华双龙洞、绍兴乡村和鲁迅故里 |
| 西藏 | 5 | 雅鲁藏布江、拉萨 |

　　根据表2，小学语文课本中提及次数最多的是北京，其次是浙江。而浙江最多的是绍兴。中小学语文教材中鲁迅的文章多达16篇，其中11篇与绍兴有关，绍兴是入选课文最多的一个城市。由此，2003年绍兴率先推出了"跟着课本游绍兴"研学品牌和系列游线，成为中国研学旅行的探路人和先行者。检索绍兴图书馆馆

藏，围绕"绍兴"的主题图书共2470册，有关"绍兴旅游"有17种，涉及指南、交通、微博、微电影及营销战略等等。从绍兴人文积淀、研学市场开发以及本馆馆藏基础来看，围绕"跟着课本游绍兴"开发阅读体验课程，绍兴图书馆有先天优势。

### （二）浙江地区公共图书馆研学活动情况调研

为了解"跟着课本游"阅读体验课程开展情况，笔者于2020年1月，搜集浙江地区12家公共馆在网络公开发表的信息（包括网站、微信公众号等媒介），统计和分析各馆关于组织和实施研学旅行活动开展情况。浙江地区公共馆在文旅融合改革实践中一直走在全国先例，先后创立"图书馆+民宿""图书馆+书屋"多个独具特色的文旅融合模范样本。在研学游组织实施方面，杭州图书馆、湖州市图书馆、宁波市图书馆、绍兴图书馆等多家公共图书馆开展了各具特色的研学活动，如绍兴图书馆于2016年起创办"走读人文绍兴"研学活动品牌，"走读人文绍兴"案例研究获得阶段性成果[①]；杭州图书馆于2017年举办"访竺可桢，拜谒王阳明——走读浙江研学旅行"；湖州市图书馆于2019年举办"一本书走进五千年良渚王国"良渚文化研学活动；余杭图书馆于2019年举办以阅读和了解动物为切入点的"行走的阅读——遇见鸩鸟，开启红色研学之旅活动"[②]；宁波市图书馆2019年举办"走出图书馆，探寻越文化"阅读研学活动。公共图书馆开展的行读活动围绕特定主题有阶段地开展和实施，以突出人文历史或自然环境，但目前未形成系列课程，基本只停留在组织一场或几场阅读推广活动，未形成系列课程，不足以创建品牌效益，实现图书馆价值提升。

### （三）文献调研

笔者通过检索CNKI数据库，以"图书馆 研学"为主题词，共检索文献34篇。图书馆学界对研学旅行问题的探讨在近一年内的研究成果较为丰富。赵娜通过结合齐河县图书馆工作经验总结提出开发文创旅游产品是县域公共图书馆文创

---

① 陈琦.图书馆+旅游:绍兴图书馆"走读人文绍兴"案例研究［J］.图书馆研究与工作,2019（09）:13-15.

② 余杭图书馆.行走的阅读——遇见鸩鸟,开启红色研学之旅活动报名［EB/OL］.［2019-08-27］.https://z.hangzhou.com.cn/2019/hsjywspzj/content/content_7255046.html.

工作的一个发力点①。目前，已有部分高校图书馆组织相关行走游学阅读推广活动并取得相应成果。如广西师范大学图书馆的"读行山水"活动②，上海交通大学图书馆自2016年以来开展的以"交圕·行阅"为主题的行走式阅读研学活动③，沈阳师范大学图书馆开展的"游学阅读"活动都是成功案例，为公共图书馆开发研学课程提供了借鉴④。

另外再以"读行阅读""行走阅读"等为主题词检索，仅搜索到少量相关文献，可见"跟着课本游"的阅读体验课程在公共图书馆阅读推广工作中尚属新模式。以为促进书本知识和生活经验的深度融合，就需要公共文化机构在活动设计、呈现方式、内容挖掘、与学校教育有机结合等方面进行探索创新⑤。

### 三、"图书馆＋课本"阅读体验课程实践要点及难点

任何形式或内容的"跟着课本游"研学旅行，"阅读＋学习"的行为和需求始终贯穿于研学。读万卷书，行万里路。图书馆通过背景知识提前介入、布置阅读体验课程，通过研学刺激阅读成果，实现知识点之间的关联和对比。最后持续跟进、督促、鼓励学生完成阅读体验课程中的学习内容，那么"跟着课本游"阅读体验课程就会更加深入，更加丰富多彩。

#### （一）实践要点

实现阅读体验课程与学校课程有机融合，既要结合学生身心特点、接受能力和实际需要，又要注重知识性、科学性和趣味性，最终使学生在课程中辨别、探究、思考、归纳、总结、吸收，养成阅读能力和良好习惯。

1.有针对性。2017年5月，国家旅游局发布《研学旅行服务规范》，研学旅行

① 赵娜.县级公共图书馆开发文化创意产品的建议[J].图书馆学刊.2019,41（07）:31-34.

② 王一真."读行阅读"：图书馆体验阅读模式再构建——以广西师范大学图书馆"读行山水"活动为例[J].河北科技图苑,2019,32（04）:71-74.

③ 陈晶晶.行阅九州，爱国研学——"交圕·行阅"主题行走式阅读研学活动[EB/OL]. [2018-04-28].http://www.lib.sjtu.edu.cn/flcontent/detail.shtml?id=6289&lang=zh_cn.

④ 付瑶,杜洋."游学阅读"：图书馆体验式阅读模式再造——以沈阳师范大学"I-Share暑期游学阅读"活动为例[J].图书情报工作,2017,61（6）:21-25.

⑤ 李国新,李阳.文化和旅游公共服务融合发展的思考[J].图书馆杂志,2019,38（10）: 29-33.

产品应针对不同学段特点和教育目标，设计研学旅行产品。产品不同，参与的群体就会不同，所以要分学段，根据特点和教育目标选择阅读体验方向。

2.有借鉴性。图书馆开发阅读体验课程要注重接合我国中小学课程，具有实操性、借鉴性和普适性。比如在阅读推广活动上要更具明确目的和评价标准，课程的内容、课程实施的流程、考核评价标准都要充分调研，精心设计。

3.有公益性。图书馆是公益性事业单位，不能从事盈利性经营创收。阅读体验课程的开展和实施要遵循公益性原则，课程的组织、实施、推广所产生的费用需要政府财政支持和引导。

**（二）实践难点**

1.认同感。"研学游"大有所为，可目前公益性的图书馆机构和人员参与研学游阅读课程开发的积极性并不太高。阅读体验课程并非只是一场或几场阅读推广活动，若以常态化、持续性姿态呈现，公共图书馆需要打破资源、场地和人员壁垒，甚至包括政策方面的限制。

2.实践性。"跟着课本游"既然属于体验类实践活动课程，就应该体现课程性。把课本中学到的知识运用到真实的场景，在实践中实现学生不经意的成长，秉承潜移默化的阅读浸润实现阅读能力指导是公共图书馆一以贯之的重要工作。

3.专业性。学识广博的专业性导师是阅读体验课程的核心资源。课程的讲解、实施以及后勤保障都需要一名优秀的专业导师。图书馆是否拥有优质的导师团队直接影响着阅读体验课程的效应和体验。

## 四、"图书馆+课本"阅读体验课程的实践与思考

"阅读+研学"行读课程是图书馆实践文旅融合的新途径、新思路。围绕"阅读+研学"行读课程开发和设计，绍兴图书馆自2016年开始组织策划"走读人文绍兴"系列活动。通过探访绍兴的历史文化名胜，以边走读边品悟的读书方式，让专家走出讲堂，让读者在行走中"读"绍兴的悠久历史、璀璨文化及优美的自然景观。至2020年6月，"走读人文绍兴"已开展十期，先后走访了古越藏书楼、鉴湖、沈园、青藤书屋、云门寺、龙山、阳明洞天、三山别业等绍兴名胜古迹，真正让读者在游中读、读中悟，了解绍兴历史，走近绍兴文化。2019年，绍兴图书馆共举办868场阅读推广活动，参与人数达25.9万人次。平均每天至少两场活动，平均每场活动有近300人参加。结合十期"阅读+研学"模式下的"走读人文绍兴"

活动的经验，笔者认为应从以下几方面进行思考。

**（一）制定标准，分阶段推动阅读体验课程**

开发阅读体验课程要根据学员实际情况和本馆馆情制定，特别是要针对学员年龄设定分级目标，并联合文化和旅游部、教育部等部门共同制定"图书馆标准"。"图书馆标准"对于公共图书馆在开展、实施、评价阅读体验课程各个环节都将起决定性作用。建议公共图书馆针对不同问题和实际情况，克服场地、人员、经费等困难或障碍，分阶段推动，实现实效性和系统性进展。

**（二）丰富馆藏，奠定阅读体验课程根基**

1.挖掘利用已有馆藏

以绍兴为例，"跟着课本游"涉及鲁迅故里——周恩来故居——秋瑾故居——大禹陵——书圣故里等多个景点。而相关阅读体验课程则涉及儒学佛道、诗歌书法、陶瓷茶艺、戏曲民俗、神话传说等各方面阅读内容的融合。那么，从课本游扩展到区域游则变得顺其自然，在"走读人文绍兴"系列活动基础上，开发由鲁迅到绍兴，由绍兴到"浙东唐诗之路—大运河之旅""越地文化研学游""阳明心学研学游""运河水城研学游"等，实现由点到面，由面到片的阅读体验课程内容多样化、多元化。

2.重塑阅读活动品牌

古藏书楼，历史源远流长、人文景观内涵丰富。开发以吴越文化为核心的探秘研学之旅的阅读体验课程，可带动传统文化的普及和推广。此线路可以杭州为中心，向北经湖州至嘉兴，再向南由杭州湾至宁波，由宁波至绍兴再回到杭州。这条线路上，代表性的藏书楼有杭州文澜阁、南浔嘉业堂、湖州曝书亭、海盐西涧草堂、海宁衍芬草堂、宁波天一阁、余姚五桂楼、绍兴古越藏书楼，等等[1]。2016年9月25日，绍兴图书馆"走读人文绍兴"举办了第一期活动——探寻古越藏书楼，通过重走古藏书楼重塑图书馆功能，打破读者认为图书馆只是借还书场所的功能认知，重塑图书馆新型活动品牌营销和推广根基。

**（三）建立图书馆阅读联盟或协会，确立成效评价机制**

2018年7月，浙江省教育厅、浙江省旅游局（今浙江省文化和旅游厅）等部

---

[1]　吴振华,袁书琪,牛志宁.地理实践力在地理研学旅行课程中的培育和应用[J].课程·教材·教法,2019,39（03）:102—107.

门发布《关于推进中小学生研学旅行的实施意见》，提出关于研学活动服务评价的平台建设的具体内容①。《意见》提出建设高效便捷的研学活动服务和评价体系，建议借鉴温州市鹿城区"学生社会大课堂"智能微信平台的研学服务和评价运作模式，要求各地教育部门和学校通过智能平台及时掌握相关研学活动生成的信息，分析评价学生研学旅行开展情况和成效。图书馆需要成立一个专门的研究协会或阅读联盟对课程开发进行管理、监督和指导，组织人员开展对研学旅行的研究，搭建公共图书馆课程开发、市场共拓、品牌共创、价值共享、协作发展的共建共享平台，推动图书馆、学校、政府等各主体各司其职，各专其业，在学校、市场、政府部门之间架起一座桥梁。

**（四）加强阅读体验课程导师培育**

习近平总书记在2018年7月3日至4日的全国组织工作会议上作重要讲话，要加快实施人才强国战略，确立人才引领发展的战略地位，努力建设一支矢志爱国、勇于创新的优秀人才队伍。"既懂行、又会讲"的阅读指导专业人才一直是公共图书馆优秀人才培育的方向和目标。鉴于绍兴图书馆"走读人文绍兴"品牌活动实践，引进和培养一批"以研促学""由专到通"的高素质综合型人才，树立"以人为本"的服务理念和自身人才体系建设，这是实现图书馆教书育人、阅读传播、文化传承功能的基石。

## 五、结语

精准对接"研学游"市场，有效结合学科特点、课程体系及地域特色，逐步开发多层次、系统化的公共图书馆阅读体验课程，推进研学与阅读有机结合，是公共图书馆介入"研学游"的有益探索。"跟着课本游"阅读体验课程可以让学员接触更真实的课本、更丰富的实物资料，促使学员获得更直观、全面、深刻、系统的阅读体验。对于促进图书馆保存的文献资料的传播、传承，提升读者信息文化素养都有极大的作用。

---

① 浙江省教育厅.浙江省教育厅浙江省旅游局等10部门关于推进中小学生研学旅行的实施意见［EB/OL］.［2018-04-28］. http://jyt.zj.gov.cn/art/2018/7/12/art_1532973_27485282.html.

# "树兰书院"少儿国学系列活动案例探析

陈哲予

## 一、活动背景

2017年1月,中共中央办公厅、国务院办公厅印发了《关于实施中华优秀传统文化传承发展工程的意见》,这是我国首次以中央文件形式推动延续中华文脉,传承中华文化基因的文件。习近平总书记更是在多个场合为优秀传统文化"代言"。现阶段,党和国家已把弘扬传统文化提高到了国家战略层面,国学经典阅读推广在当前社会有着巨大发展空间。

在此大背景下,国学经典阅读推广模式的探究与实践在各类文化单位机构和各级文化阵地中日益开展。公共图书馆作为我国公共文化服务体系中策划、组织、实施阅读推广工作的一线阵地,也被赋予了义不容辞的责任和义务。

古越藏书楼是我国第一家具有近代公共图书馆特征的藏书楼,是绍兴图书馆的前身。徐树兰先生即为藏书楼的创始者。近年来,绍兴图书馆作为绍兴市级公共图书馆,一直致力于宣传中华优秀传统文化,提倡国学经典推广。为纪念绍兴图书馆前身古越藏书楼的创始人徐树兰先生,继承百年绍兴图书馆"存古开新,平等共享;惜书敬人,尽职奉献"的精神,绍兴图书馆集多方力量,联合绍兴文理学院、绍兴龙华佛学图书馆共同创办了具有地域特色的国学经典阅读推广品牌——"树兰书院"。

## 二、活动主题

绍兴图书馆"树兰书院"以"承传统文化,接绍兴地气,融时代精神,做博雅少年"为主旨,从学习语言文化、养成行为规范、涵养静定心性、引介传统文化中的高雅艺术、提升传统文化的审美等方面，为绍兴市6至8周岁的学龄儿童提供为期两年的，全免费、公益化、系统性的中国传统文化教育和国学经典教学培训，以弘扬优秀传统文化和越地文化，树立小读者文化传承的意识；充分发挥绍兴图书馆的社会教育职能，多层次提高少年儿童的文化素养，使中国传统文化变得可亲又可爱。

## 三、活动内容

2017年初，绍兴图书馆联合绍兴文理学院、绍兴龙华佛学图书馆等多方力量，制定了绍兴图书馆"树兰书院"少儿国学公益培训方案，并出台了可行性的培训招生简章、学员守则、学员学习承诺书及学员考核制度等。面向绍兴市招募6至8周岁的小读者四十位，为其提供两年的全免费、公益化、系统性的中国传统文化教育和国学经典教学，每年约45课次，分春、夏、秋三个时间段进行。2019年暑假，因学院发展需要，"树兰书院"少儿国学公益培训活动改名为"国学诵读班"，并在此基础上新增"国学公开课""国学体验课"，这三大活动体系，打造了"树兰书院"少儿国学系列活动。

### （一）"树兰书院"诵读班开展情况

1.开班及国学经典诵读春夏秋

2017年4月23日世界读书日当天，绍兴图书馆"树兰书院"揭牌暨少儿国学公益培训开班仪式在绍兴图书馆二楼报告厅隆重举行。绍兴市文广局副局长胡华钢主持开班仪式，约150位各界来宾出席仪式。这样全免费、公益化、系统性的中国传统文化教育和国学经典教学培训，在绍兴尚属首次。"树兰书院"揭牌仪式后，到场嘉宾们为"树兰书院"首期学员代表赠书。学员代表和家长签署少儿国学培训学习承诺书，承诺全程参与学习，遵守书院的规章制度。首批录取的学员们在老师带领下对孔子像行拜师礼。开班仪式后，"树兰书院"特聘讲师、绍兴文理学院副教授许大平为学员们上了第一堂国学课。2018年底第一届"树兰书院"少儿国学诵读班的学员们顺利完成了两年的诵读学习。2018年绍兴图书馆被授予"中华优秀传统文化实践基地"称号。2019年2月，"树兰书院"少儿国学诵读班迎来第二届学员。自2017年授牌至2020年，书院共计线下授课160余次，线上授课120余次。

"树兰书院"国学诵读班教室设立在绍兴图书馆一楼少儿活动室。在许大平老师的指导下，书院选取国学专家王财贵教授编写的《中文经典诵读系列》丛书为教材，内容包括《学庸论语》《孝弟三百千》《诗经》《弟子规》《孟子》等国学经典。还组织学员不定期开展诵诗会、古诗配画等相关活动，拓展学员国学知识，培养学员的静定心态，涵养心性，提高专注力。

书院每年共开设春季、暑期、秋季三期培训，每年合计授课45课次。自开班以来，每周六的早晨，许大平老师带领学员瞻仰孔老夫子的画像，并向圣人行拜师礼，随后一楼的少儿活动室里都会响起琅琅诵读声。尽管有的孩子还没认识多少字，但也兴致勃勃地跟着老师一起诵读。书院40名学员不仅能坚持每周来馆上课，更能坚持每晚半小时的经典诵读。学员们在学知识的同时体验到国学乐趣。

2.多种形式的国学活动及学习成果展示

"树兰书院"除日常的国学经典诵读外，还引导学员认识中国传统文化中优雅的生活方式，获取更多文化资源的滋养，从而提升自身文化素养。

书院组织多种形式的国学体验活动，多次举行各种形式的汇报演出，为学员们提供了展示才艺的机会。孩子们通过"国学经典吟诵""古诗吟唱""古乐演奏""经典故事演绎""诗词名曲演唱"等形式向老师和家长展示学习成果。在多形式的国学活动中学员们共同体会中华优秀传统文化的无穷魅力。

为探索完善教学方式，开阔学员们视野，汲取越地文化优秀传统的营养，培养学员们热爱国学经典的情怀，使中国传统文化变得可爱又可亲，让孩子们爱上国学，并坚持学习，"树兰书院"还探索了"周末书院共学，每日在家亲子共学，定期外出游学"的教学方式，把国学经典诵读与实践相结合，组织以越州名人为专题的游学活动，感悟国学的博大精深，加深对国学经典的敬意。如：组织诵读班学员开展兰亭游学活动，体验"曲水流觞"，饮酒行令、雅歌投壶之礼，感受大书法家王羲之的起笔落笔之间的不同情感，了解中华汉字的源远流长；组织开展上虞中华孝德园游学，感受了虞舜、曹娥等上虞特有的孝文化，令学员对生养之恩，感之于情，行之于礼；组织开展王阳明故居游学，领略一代伟人不平凡的一生，解读"知行合一"的真谛。

**（二）"树兰书院"组织架构及教学理念**

书院创办至今探索出一条简单的、可复制的书院、家庭与图书馆共建的国学学习模式，书院老师起引导作用，把教育自主权充分交给家长和孩子，发挥他们本身的积极性、主动性，这样每个家庭每个孩子才能真正从国学中受益，享受获得感和幸福感。

为充分发挥"图书馆+家庭"联动机制的作用,"树兰书院"办学初始,成立了家长委员会。图书馆负责日常教学秩序维护,建立了微信群,定期发布各阶段学习信息、开班游学汇报演出等活动消息。家长委员会负责日常性事务,包括学员每日诵读情况反馈、游学及汇报演出等集体活动的组织策划。图书馆与家庭相互监督、共同进步,并成立了以家长委员会为主要成员的考核小组,对期末学员操行品德进行合理打分,并在学年结束进行评优。家长委员会成为家长与图书馆、家长与老师、家长与家长之间相互沟通的纽带,同时也加强了家长、老师和孩子们之间的群体交流和合作。

诵读经典,贵在坚持,这也是"树兰书院"创办的教学理念之一。在书院我们倡导"每天半小时"在家亲子共读经典,针对学员家长建立了微信群,由许大平老师每天在群里给学员布置作业,比如每日坚持半个小时的诵读,每个孩子和父母要在微信群里"打卡",互相鼓励督促,从而推动国学真正融入到日常生活中。

**(三)"树兰书院"公开课、体验课开展情况**

"树兰书院"国学公开课邀请学校老师,利用电视图书馆、网上各种视频资源,定期为学员及家长播放国学视频课程、讲解《学庸论语》《唐诗宋词》《阳明心学》《二十四节气》《有趣的汉字》等与国学相关知识,并形成系列活动。随着近几年"国学热"的兴起,国学受到家长们的热烈追捧,书院还不定期举办针对家长的国学讲座,邀请资深教授、国学专家,为家长传授国学知识,如中国人民大学国学院黄朴民教授的《国学的前生今世》、绍兴文理学院许大平老师的《国学学习漫谈》等。"树兰书院"国学体验课则是开设以互动性为主的国学课程,其内容涵盖汉服讲解、古代礼仪、传统书画、传统乐器、茶艺等活动,开设书法、折纸、古籍修复、拓印、面塑、太极拳等体验课程,提高学员的审美和艺术鉴赏能力。每逢传统节日,书院还会举办如端午包粽子、中秋做月饼等活动,让更多的小读者,学经典、习礼仪,达到文礼双修的目的。

**(四)"树兰书院"云上国学谱新篇**

在疫情防控大背景下,各地公共文化服务"线上开花"。"树兰书院"顺应形势,实行云上教学,国学诵读班线上复课。

"树兰书院"全面落实立德树人的根本任务,切实履行好书院的教学责任,制定了"三严"要求:一是严落责任。线上复课和疫情防控"两手抓,都要赢",明确图书馆、授课老师、家长委员会三方责任，确保"云上"国学有序开展。二是严格管理。加强对学员线上课堂的管理，完善学员线上课堂考勤制，建立了图书馆、授课老师、家长委员会三级管理责任制，规范三级打卡目标，即每日诵读打卡、每周线上授课打卡、每月汇报进度打卡。三是严保质量。为保障国学课的教学质量，图书馆根据教学任务与授课老师多方沟通，精心设计，规划适合线上教学的国学课程，授课老师线上教学，线上答疑，指导家长如何更好地完成国学诵读课程，及时跟踪学员学习效果，确保2020学年教学计划按时完成。

## 四、结语

公共图书馆作为前沿文化阵地平台，需要担负起守护、传播和弘扬中华优秀传统文化的职责。"树兰书院"少儿国学系列活动的开展目的在于引导社会各界共同关注国学经典，推广国学经典，促进图书馆资源的利用率，拓展图书馆社会教育职能，进而推动中华优秀传统文化的传承与弘扬。

# 以博雅读书为核心的大学生品质阅读推广实践

## ——以浙江工业大学之江学院为例

周群芳　倪　皓　张增祥

浙江工业大学之江学院，紧紧围绕党和国家"立德树人"的教育目标，坚持"以文化人"为导向，针对大学生碎片化阅读、浅阅读现状，将阅读推广的重点放在引导大学生静心品读经典著作的工作上。多年来，经过不断探索和实践，走出了一条阅读空间建设特色化、阅读指导工作专业化、阅读推广活动品牌化、阅读活动开放化、阅读文化多元化的大学生品质阅读、经典阅读指导之路。

## 一、品质阅读推广主要特色

为推进大学生的高品质阅读，浙江工业大学之江学院自2016年起推行了现代书院制，成立了尚德书院，以全方位育人为目标，构建了由博雅心情、博雅实践、博雅读书、博雅修身、博雅讲坛、博雅视野等模块组成的育人平台。大学生阅读推广活动完全嵌入尚德书院，同时将已经运营多年的"之江读书节""爱上图书馆"等阅读推广活动与"博雅读书"融为一体，以推进大学生高品质阅读。

### （一）阅读推广活动品质化、规范化

"之江读书节""爱上图书馆"开展的各项阅读推广活动，以有主题、有深度、有品质、有影响、有成效为导向，围绕"把学生培养成具有广博知识和优雅气质的有文化、有品位、有思想、有追求的人"这一总体目标，由图书馆牵头制订工作计划和活动方案，由学院团委、各二级学院、学生社团、志愿者协同组织实施。尚德书院"博雅读书"的推出和运营，是"之江读书节""爱上图书馆"读书活动的延续和拓展，将图书馆的阅读推广活动，从原来阶段性大型主题活动，变成了常态化的读书活动。

高品质阅读活动的重心是高质量阅读、深度阅读，因此"博雅读书"模块基于现代书院制，融合全校原有的读书活动，构建了一套完善的阅读指导体系。书院规定学生要在参加读书活动并完成读书报告后，才能获得相应博雅学分。阅读指导体系的运行除了制度保障外，阅读导师发挥了重要的作用，导师结合自身的阅读经历和人生体验，通过导读、荐读、分层阅读等，引导学生树立正确的人生观和价值观，激发学生的阅读兴趣和拓宽学生的阅读视野。为此，学院成立了阅读导师团队工作室，负责阅读指导管理工作和导师队伍建设工作。

目前，品质化、规范化运行的"之江读书节""爱上图书馆""博雅读书"三大阅读主题活动已成为学院校园文化建设闪亮的名片。

**（二）阅读推广活动品牌化、系列化**

"之江读书节""爱上图书馆"经过十多年的发展，形成了有广泛影响力的校园文化品牌。经过多年的探索和积累，之江学院大学生阅读指导体系日臻完善，形成了阅读与空间、阅读与文化、阅读与影视、阅读与行走、阅读与成才、阅读与美学等活动模块，而且外延在不断拓展，为学生打造了丰富多彩的阅读选择。

以品质阅读为核心的校园阅读文化品牌逐步凝练，学院培育了"经典诗文诵读""字里行间""走读"等知名的阅读文化品牌。这些活动都以品质阅读为主线，以系列主题读书活动的形式开展，比如"浙东唐诗之路"系列主题活动，包括摄影作品展、书法体验会、读书分享会等。

**（三）阅读推广活动合作、开放与共赢**

之江学院图书馆的所有空间和活动资源，全部面向社会开放。借助图书馆特色化的阅读空间，以"博雅读书"为载体，探索阅读活动逐步走向开放，积极与地方宣传部、社会科学联合会、文化联合会、新华书店、公共图书馆、民间读书会等加强合作，将阅读活动延伸到全方位的文化传播，促进了图书馆内外资源的良性互动，取得了多方共赢的效果。

目前，图书馆已累计接待市民3万余人次，图书馆与绍兴市图书馆、柯桥区图书馆、柯桥区非遗中心等机构联合开展阅读推广活动，使各方的资源得到最大限度的利用。图书馆与柯桥区"笛扬读书会"等民间读书团体合作开展读书活动，让市民走进校园，分享读书体会。之江学院图书馆通过开放和加深与地方的合作，助力地方全民阅读工作的有效推进。

## 二、大学生品质阅读推广主要路径

### （一）以经典图书导读为阅读推广的核心

将阅读推广的重点放在引导大学生静心品读经典著作上，学校具体举措有：编印《大学生必读百部经典书目》，随新生入学通知书派发，勉励新生要立志"读破万卷书"，并在开学典礼上向每个班级赠送图书。举办经典诗文诵读大赛，通过初赛、复赛、决赛，吸引一批批的大学生参加。建设阅读"第三空间"，将图书馆打造成能满足多样化、个性化需求的阅读空间，专设经典图书阅读空间，在二级学院公共空间配置经典图书，让阅读变得随时随地。依托"博雅读书"，开展经典图书导读活动，招募阅读导师参与阅读指导工作，形成百余人的导师团队，构建师生共读的良好阅读生态。运用微信等新媒体，开设百部经典图书推介、新书推介、优秀读书笔记展示、有声书推介等栏目，多途径、多形式向读者推送阅读资讯。

### （二）围绕阅读推广开展丰富多彩的活动

开展诸如"兰亭的故事""浙东唐诗之路"等颇具地方文化特色的系列主题活动，包括展览、体验、走读等，让大学生带着书本在活动中体会文化的深度、历史的厚度、经典的纯度；开展"字里行间"真人图书馆活动，以遇见、告别、行走等为主题，让大学生在分享中体会读书的快乐、行走的乐趣；开展书法、篆刻、品茶、插花等体验活动，将阅读和体验相结合，让大学生有更深刻的阅读体会；开展影视作品欣赏活动，推出名著影视作品、科幻作品、《我们的四十年》纪录片、廉政文化等影视作品展播和赏析活动；开展主题征文活动，"家文化""我与图书馆"等都受到了大学生的大力追捧；不定期推出主题书展，引导大学生关心时事、热爱生活，如"一带一路""纪念马克思""廉政文化""知性女生""一花一世界"等主题；通过"你选书、我买单""免收超期费"等形式，激励和吸引大学生爱上阅读、爱上图书馆。

### （三）通过"博雅读书"育人平台推进人人阅读

自2016年"博雅读书"育人平台运行以来，坚持"品读、悦读、博雅、致远"阅读推广理念，通过营造阅读氛围、开展阅读活动等手段，让每一位大学生在导师的引导下完成精读和品读。书院平台运行越来越完善，已取得如下成绩：截至2021年10月，书院共举办读书沙龙1000多场次，参与阅读辅导的教师有200多名，参加读书沙龙学生累积达3万人次；举行大型读书报告会20多场次，邀请知名作家做读书辅导报告，参与学生达6000余人次。书院评比学生优秀读书笔记，在微信平台上发布，并且定期在图书馆内展出，通过展览、发布、编印成册等形式扩大影响力和传播力，激励学生积极分享阅读的心得和智慧。经过五年的运行，"博雅读书"形成了一套人人阅读的运行机制。

## 三、示范作用和推广价值

以嵌入现代书院制的"博雅读书"为核心的高品质阅读推广活动，以推动经典图书阅读和深阅读为核心使命，始终坚持以学生的参与度和获得感为评价标准。开展符合大学生心理生理需求阅读文化活动。通过专业化、系统化、制度化的阅读指导和阅读推广，大大激发了学生的读书热情。尚德书院"博雅读书"的读书活动得到了中国教育报、浙江教育报、绍兴晚报等十余家媒体的关注，在2019年喜获浙江省图书馆学会第二届优秀服务品牌"最佳影响奖"，2020年喜获绍兴市德育成果二等奖。

阅读推广活动还产生了积极的示范作用和广泛的社会影响，对其他院校图书馆有很好的启发作用，先后有十多家省内外高校图书馆的同行前来参观、交流。

## 四、结语

通过广泛、深入的阅读汲取知识和力量，是一个优秀的大学生重要成长途径之一，仅依靠"博雅读书"来完成大学的阅读量，显然是不够的。如何将大学生阅读经典变成自觉行为，如何将阅读推广深入有成效地开展下去，如何运用新媒体开展阅读推广工作等问题，需要我们进一步去实践与探索。

学术研究

# 伤心千古《兰亭序》

## ——兰亭宴集的本来面目

吴大新

周汝昌先生曾说:"中华文化有三大国宝,《兰亭序》《文心雕龙》《红楼梦》,皆属极品,后人永难企及——更不要说超过了。"① 《兰亭序》,自唐太宗以来就已定于一尊。不过,纵观一千多年来的"兰亭学",包括二十世纪六十年代的"兰亭论辩",前人多讲其书法,至于兰亭宴集的真相、"永和九年"的历史,很少有人深入研究。即便涉及,主要还是着眼于魏晋风度、清谈饮酒等文化史的角度,极少从政治、经济乃至当时最热的桓温北伐去加以考察。本文试图打破传统思维定式,追寻兰亭宴集的本来面目。

## 一、《晋书》述《兰亭序》之疑

《晋书》成于唐贞观二十二年(648),唐太宗亲撰《王羲之传论》,极力推崇王右军书法,故《晋书·王羲之传》通篇突出书圣的形象。其中,述《兰亭序》云:

羲之雅好服食养性,不乐在京师,初渡浙江,便有终焉之志。会稽有佳山水,名士多居之,谢安未仕时亦居焉。孙绰、李充、许询、支遁等皆以文义冠世,并筑室东土,与羲之同好。尝与同志宴集于会稽山阴之兰亭,羲之自为之序以申其志,曰:

永和九年,岁在癸丑,暮春之初,会于会稽山阴之兰亭,修禊事也。群贤毕至,少长咸集。此地有崇山峻岭,茂林修竹,又有清流激湍,映带左右,引以为流觞曲水,列坐其次。虽无丝竹管弦之盛,一觞一咏,亦足以畅叙幽

---

① 周汝昌.红楼无限情[M].北京:北京十月文艺出版社,2005.

情。是日也，天朗气清，惠风和畅，仰观宇宙之大，俯察品类之盛，所以游目骋怀，足以极视听之娱，信可乐也。夫人之相与，俯仰一世，或取诸怀抱，悟言一室之内，或因寄所托，放浪形骸之外。虽趣舍万殊，静躁不同，当其欣于所遇，暂得于己，快然自足，不知老之将至。及其所之既倦，情随事迁，感慨系之矣。向之所欣，俯仰之间，已为陈迹，犹不能不以之兴怀。况修短随化，终期于尽。古人云，死生亦大矣，岂不痛哉！每览昔人兴感之由，若合一契，未尝不临文嗟悼，不能喻之于怀。固知一死生为虚诞，齐彭殇为妄作，后之视今，亦犹今之视昔，悲夫！故列叙时人，录其所述，虽世殊事异，所以兴怀，其致一也。后之览者，亦将有感于斯文。

或以潘岳《金谷诗序》方其文，羲之比于石崇，闻而甚喜。

对此，南宋［嘉泰］《会稽志》提出一个重大疑问：

《晋书》列传云羲之初渡浙江有终焉志，会稽佳山水，名士多居之，尝与同志燕集山阴之兰亭，为之序，以申其志。信如列传，则兰亭之游，乃右军隐居之日也！

案《通鉴》云：永和四年，殷浩以江州刺史王羲之为护军；八年，王羲之遗殷浩书谏北伐；十年，以前会稽太守王述为扬州刺史。又《晋书》列传：羲之自护军、右将军，会稽内史实代王述。及述移扬州，临发一别而去。后王述检察会稽郡，疲于简对，称疾去郡于墓前自誓，时永和十一年之三月也。以此推之，岁在癸丑为永和九年，其时为会稽内史无可疑者。[①]

"信如列传，则兰亭之游，乃右军隐居之日也！"《晋书》的写法，确实给人以深刻的印象：兰亭之会，似是王右军隐退之后的山水之乐。可是，《兰亭序》首句十分明确："永和九年"，即353年。其时王羲之在右将军、会稽内史任上，而退隐则在永和十一年（355）。

《晋书》成后几十年，唐开元（713—741）间，循州刺史王师乾（王羲之从十一世孙）在《王右军祠堂碑》中，则进一步将"兰亭之游，乃右军隐居之日"的推论坐实了：

（右军）穷游名山，遍历沧海。捐龟组，裓龙章，练金膏，屑琼蕊，浚曲水，茂兰亭。开礼贤之馆，引贞肥之客，于是谢安、孙绰、李充、许询、支

---

① 施宿,等.［嘉泰］会稽志:卷第九"兰渚"条［M］.影印本.［出版地不详］,1926.

遁、许迈之俦，若非□首谢时，即是文章冠代，何尝不攀胜慕德，夕处朝游。公自为之序，以申其志也。①

唐朝人不敢异议，宋朝人出来质疑。陆游之友杜伯高《题兰亭序》云："君勿笑，新亭相对泣，却胜兰亭暮春集。"上述［嘉泰］《会稽志》的疑问，据南宋桑世昌《兰亭考》卷八所载，其实来自与桑世昌同时代的台州知州李兼。因《兰亭序》作于会稽，《会稽志》特予刊录，说明会稽人士包括为之作序的陆游是赞同的。可惜，后世未予重视。

由于时代背景的错乱，直接导致人们对兰亭宴集的性质、《兰亭序》文章的格调乃至对王右军的人品产生种种误解。如揭傒斯（1274—1344）《四清图》云："一清曰，王右军。平生富事业，独以能书闻；遂令吴越士，至今学者犹纷纷。吁嗟乎，王右军！"元代浦江建溪（今浙江诸暨马剑镇）人戴良《修禊集后记》一文中则批评说：

> 自晋以来，序修禊者多矣。其为古今所共取，莫若王右军。然右军之言，亦不过区区生死之间，惜时序之迭迁，叹斯人之易老，于以致其感慨之情耳。至于圣贤之大道，则固未之有及也。唯其莫及于道也，遂致晋之士习，卒以不振，清虚胜而礼法衰，旷达兴而名检废。……原其故，右军岂得辞其责哉？②

于是，元代又提出另一个疑问，既然《通鉴》记载"永和四年，殷浩以江州刺史王羲之为护军；八年，王羲之遗殷浩书谏北伐"，为何永和九年王右军如此轻松，"与同志宴集于会稽山阴之兰亭，羲之自为之序以申其志"？

元代著名学者吴师道（1283—1344）《题兰亭图》云：

> 京洛铜驼草莽深，
> 春风修竹满山阴。
> 右军忧国心如许，
> 也伴兰亭醉客吟？③

而曾任绍兴府推官的贡师泰则释之曰："王右军之于兰亭，非真欲纵情丘壑泉石而已也。夫示闲暇于抢攘之际，寓逸豫于艰难之时，其于人心世道亦岂无潜孚而

---

① 孔延之.会稽掇英总集［M］.邹志方，点校.北京：人民出版社，2006.
② 戴良.九灵山房集：卷五［M］.四库全书本.北京：商务印书馆，1935.
③ 陈邦彦.御定历代题画诗类：卷三十二［M］.长春：吉林出版集团，2005.

默感者乎？"

"吴师道之问"，后来仅得到清金石学家阮元（1764—1849）和纳西族诗人兼音乐家牛焘（1795—1860）的回应。牛焘《题兰亭曲水胡图贤诗序后》云：

> 群贤四十二，兰亭宴曲水。
>
> 赋诗永言怀，恣意尚诘诡。
>
> 慷慨王右军，中流挽骇驶。
>
> 临深抒寄托，无人会厥旨！ ①

到了当代，《兰亭序》虽然进入了高中课本，但是人们对它的解读又回到了唐代。介绍《兰亭序》，中国散文史研究权威郭预衡先生颇有代表性：

> 晋穆帝永和九年（353）农历三月三日，王羲之和他的朋友谢安、孙绰等四十一人在兰亭聚会，饮酒赋诗，事后汇编成集，"羲之自为序以申其志"，写下了这篇古今传诵的《兰亭集序》。东晋时代，崇尚玄学，清谈之风，盛极一时。当时名士多居于"有佳山水"的会稽，而这次兰亭宴集便是东晋清谈家最大的一次集会。王羲之所作的这篇序，是申述"同志"之"志"的宣言。作者描绘了聚会的欢欣，也反映出人生无常的消极情绪。②

结论是：兰亭宴集是东晋清谈家最大的一次聚会。《兰亭序》是清谈家们感叹人生无常的一份宣言书。之所以有如此误处，主要是两方面原因。一是"修禊"的消亡。宋朝之后，三月上巳不再是一个节日。曲水流觞走进了象牙塔，只限于文人，这就给《兰亭序》的解读带来了困难。二是受鲁迅《魏晋风度与文章和酒及药的关系》的影响。人们看王羲之，大多套魏晋风度，用玄学清谈等标签一贴了之，致使人们看兰亭宴集，也就成了名士风度的表演，文人雅集的经典。

## 二、兰亭宴集"修禊事"考释

《兰亭序》言：兰亭宴集，"修禊事也"。人们往往把禊事等同于"曲水流觞"，十分风雅、非常浪漫，果真如此吗？为什么《兰亭序》却悲叹起死生呢？

1.修禊的性质：消灾除厄

中国古代节日繁多，推其原始要终，大抵单月复日均为"恶日"：一月一日、

---

① 赵藩.丽郡诗征［M］.北京:中华书局,2009.

② 熊宪光,郭预衡.汉魏六朝散文选注［M］.长沙:岳麓书社,1998.

三月三日、五月五日、七月七日、九月九日。既然是恶日，就要除恶气，曰"祓除"。《说文》云："祓，除恶祭也。"这是中国原始宗教的办法。唐德宗曾说："汉崇上巳，晋纪重阳。"①自汉至晋，三月三日、九月九日是两大节日，三月三日是临水，九月九日是登高。

"自求百福，在洛之涘。"②临水修禊就是一种祓除之法。所以，修禊又曰"祓禊""禊祭""禊祠"。《晋书·束皙传》载："（晋）武帝尝问挚虞三日曲水之义，虞对曰：汉章帝时，平原徐肇以三月初生三女，至三日俱亡，邻人以为怪，乃招携之水滨洗祓，遂因水以泛觞，其义起此。帝曰：必如所谈，便非好事。"因此，正如晋武帝所言，修禊原本"便非好事"，是用水祓除邪恶之气，由"大忌"而为"大洁"，由"大洁"而为"大吉"。严格说，修禊要由巫咸之徒来导演，禳除祈福。

祓除之法，简单说，用水洗濯，用酒解神。用水洗濯不是洗澡沐浴，而是洗手或濯足；然后，"洒玄醪于中河"，把酒洒在河中，献给鬼神，如苏东坡"一樽还酹江月"之类，这叫"解神"（还愿谢神），所以修禊事又叫"解禊事"。之所以要去水边，是因古代民间信仰，"天官赐福，地官赦罪，水官解厄"③，厄，即困厄，人遇艰难困苦谓"厄运"。水有润下之性、通济之力。三月三日临水，功在解厄。

2.禊事的形式：约定俗成

临水修禊是古老节日——上巳节，魏晋时固定为三月三日，所以《兰亭序》谓"暮春之初"。上巳节是全民性节日，官民士庶都重视，"二汉相沿，皆为盛集"。④从后汉到唐朝的诗赋中，仍然可以读到其盛况："上巳之辰，无大无小（左思）"；"都人野老，云集雾会"（梁简文帝）。"士女姘填，车服烛路。统时在船中曝所市药，诸贵人车乘来者如云"（《晋书·夏统传》）。《兰亭序》说"群贤毕至，少长咸集"，也是此意。因此，修禊事决非文人的专利。

修禊事又曰"行禊礼"，礼制大体如下：

第一，东流水上，桃花水下。上巳节不在家里过，而要去水边，所以《兰亭序》又叫《临河序》。水需要是东流水，岸上要载桃花。之所以要在东流水上，是

① 刘昫,等.旧唐书:德宗本纪[M].点校本.北京:中华书局,1975.
② 徐坚.初学记[M].重印本.北京:中华书局,1980.
③ 张国祥.万历续道藏:太上三元妙经[M].影印本.天津:天津古籍出版社,1987.
④ 房玄龄,等.晋书:束皙传[M].点校本.北京:中华书局,1974.

因为东流水是一去不复回的水。人们洗去的宿垢、晦气、不祥之气、邪恶之气都"付之东流"了。为什么又要在桃花水下呢？桃与"逃"谐音。《春秋左传正义·昭二年 尽四年》疏引服虔语云："桃，所以逃凶也。"今之成语"逃之夭夭"，就来自《诗经》中的"桃之夭夭"。《兰亭序》云："引以为流觞曲水。"绍兴的地势，东高西低、南高北低，几乎没有一条自然向东的河流，只好从南北流向的兰渚江引出一条东西向的水流。至于桃花则在兰亭一带，[嘉泰]《会稽志》记载："弥望连岗接岭，皆桃李。"

第二，或振纤手，或濯素足。任何节日，都有一个净化仪式。上巳节的净化仪式，就是用水净化。禊者，洁也。用西晋成公绥《洛禊赋》的话来说，叫"或振纤手，或濯素足"。一般说来，上流社会只是用水洗纤手而已，不是电视剧《汉武帝》中那样用水去洒别人身子。

第三，曲水缓流，浮枣浮卵。光是东流水还不行，要选在河流的弯曲之处，所以叫"曲水"。为何要曲呢？因为人们要在水上漂浮食物，必须有去有回。至于食物，有人用素卵（煮熟的鸡蛋），有人用红枣。先在上游放下，随其漂流，待漂到岸边，漂到谁面前，谁即取而食之。

第四，百戏俱临，鼓吹大作。上巳节有各种表演，诗称"百戏俱临水"。有一班童子小官人唱歌，又要奏音乐，所以十分热闹。《兰亭序》说"虽无丝竹管弦之盛"，那是情况特殊。我们从《晋书·夏统传》中可以读到，上巳节可谓丝竹并奏，歌舞并起。《乐府诗集》卷八十《祓禊曲》云："汉宫三月上巳，张乐于流水"，"晋宋已后皆因之，至唐传以为曲"。其一云："昨见春条绿，那知秋叶黄。蝉声犹未断，寒雁已成行。"这是一种生命迁逝的悲声。

第五，欢乐游春，高谈饮宴。东晋的时候，贵族饮宴常常选在"亭"，东晋的亭不是现今的亭，是半敞开式的屋子（如新亭有屋七间），亭使人联想到过客。文献记载，三月三日宴集，地点选在亭的，著名者有三：建康的新亭、吴中的金昌亭、山阴的兰亭。其中，《金昌亭诗序》《兰亭诗序》都保存至今。

3.曲水流觞，贵族高潮

老百姓的曲水宴，是曲水流枣、曲水流蛋，最后吃酒，但贵族们则把曲水与设宴喝酒合在一起了，并且加了赋诗，变成了曲水流觞。曲水流觞始于何时？西汉孔臧《杨柳赋》似有影子："朋友同好，几筵列行。论道饮燕，流川浮觞。肴核纷杂，赋诗断章。合陈厥志，考以先王。赏恭罚慢，事有纪纲。洗觯酌樽，兕觥并扬。饮不至醉，乐不及荒。"但真正仪式化的曲水流觞，可能系三国建安七子首创。曹丕《与吴质书》云："三月三日，丕白。……每至觞酌流行，丝竹并奏，酒酣耳热，仰而赋诗。"[①]这是曹子桓在追忆往日与吴质等人过上巳节的情形。觞酌流行，就是曲水流觞；仰而赋诗，就是"一觞一咏"。兰亭宴集，除了洗手濯足、洒酒解神的宗教性仪式，其曲水流觞，大体情形如下：

第一，春服着鲜衣。《后汉书·仪志》："是月上巳，官民皆洁于东流水上，曰洗濯祓除去宿垢疢，为大洁。洁者，言阳气布畅，万物讫出，始洁之矣。"暮春三月，万物新生鲜洁，仰观俯察，"适我无非新"，故晋人过上巳节，一定要穿新衣服。男子穿朱衣，士兵穿绯衣，童子是"春服既成"，也就是穿青衣。后人画的曲水流觞图，个个宽衣博带，这是想当然，并不符合历史。《晋书·五行志》："晋末皆冠小而衣裳博大，风流相放，舆台成俗。"宽衣博带是晋末的衣着，王羲之则在东晋中期。

第二，少长咸来集。《兰亭序》云："少长咸集。"这里的"少"，在修禊环节上还有一项任务，曰"童子悲歌"。东晋人释修禊，常引《论语》"暮春者，春服既成，冠者五六人，童子六七人，浴乎沂，风乎舞雩，咏而归"这一段，"童子六七人"颇可注意。《南齐书·礼志》："今之女巫，并不习歌舞，方就教试，恐不应速。依晋朝之议，使童子，或时取舍之宜也。"可见，晋朝修禊已不使用女巫而改用"童子"了。兰亭宴集时，王献之只有10岁，盖使命唱歌也。

第三，依次坐水旁。兰亭宴集，从礼制上说属于六朝五礼中"嘉礼"之一的"飨燕之礼"，亲四方宾客之礼。《兰亭序》云："列坐其次。""列"是依次排列，贵族等级森严，排座各有次序。坐西向东的位置取尊，其次坐北向南，再次坐南向北，最卑坐东向西，童子则"隅坐"。"坐"是铺上席，脱去鞋子跪坐（两膝着地，脚背朝下，臀部落在脚踵上。如两腿平伸，则为"箕踞"）。"其次"的意思，谓曲水两旁。《左传·僖公十九年》"次睢"下孔颖达疏："次，谓水旁也。"

第四，曲水流羽觞。觞从上游放下，随水漂流，漂到谁面前，谁就取而饮之。觞，一种酒器，亦称"羽觞"，即在觞上插一羽毛，以求快进，促人速饮。一般用漆器。网上图片中有陶制羽觞，殊不知，这是随葬的冥器。

第五，仰而各赋诗。取而饮之后，当赋诗一首。作诗者要即兴而作，当然也

① 严可均.全上古三代秦汉三国六朝文：三国文［M］.北京：中华书局，1965.

容许走来走去慢慢吟成，但决非似今"兰亭雅集"上老早想好、背熟了。沈约《俗说》："陶夔为王孝伯参军，三日曲水集，陶在前行坐，有一参军督护在坐。陶于坐作诗，随得五三句，后坐参军督护随写取。诗成，陶犹更思补缀，后坐写其诗者先呈，陶诗经日方成。王怪，收陶参军。乃复写人诗？陶愧愕不知所以。王后知陶非滥，遂弹去写诗者。"

第六，无诗罚三斗。魏晋风度讲率真，诗作不出就作不出，根本无伤大雅，但要罚酒三斗。这个"斗"不是量米的斗，而是"斗卮"的斗。"罚酒三斗"，也称"金谷酒数"，相沿成例。《世说新语·排调》："郝隆为桓公南蛮参军，三月三日会，作诗，不能者罚酒三升。"晋代尚无烧酒，酒精度低，山涛八斗不醉，故罚三斗不会大醉。五斗米道禁酒，右军曾多次要求朝延下达禁酒令，因而可以断定：右军不好酒，《兰亭序》也不可能是醉书。

第七，集诗而作序。即兴作诗，援笔而书，当众诵读，随后由童子汇集。诗集成后一般由主人作序，东晋时敦煌太守李玄盛（351—417）就如此。《晋书·李玄盛传》："玄盛上巳日宴于曲水，命群僚赋诗，而亲为之序。"兰亭集有两个序，一为孙绰所作，二为右军所作，人谓孙绰所作是"跋"，恐是今人套古人。我认为最大的可能是：孙绰先作了序，王羲之看了老生常谈的话，很不满意，因而亲为之序。

综上所述，（1）东晋的修禊是全民性节日，并非文人雅士特有的活动。（2）东晋人修禊的性质是被除不祥，正如俞平伯所说："上巳祓禊只是一种禳灾的法术，而不是风流旖旎的韵事。"[1]（3）作为一个节日，先是"净化"仪式——洗濯解神，然后是"解放"——曲水流觞。悲乐交替，悲欣交集，一如陆机所言："置酒高堂，悲歌临觞……乐以会兴，悲以别章。"如此，王羲之兰亭宴集的基本面貌也慢慢清晰了。

顺便一提，曲水流觞或可作为非遗加以保护。但是后世所画的兰亭修禊图大多不靠谱。北宋李公麟较早入画兰亭觞咏图，宋濂《兰亭觞咏图记》中列坐两岸等处或有一定参考价值：

> 自兰亭至石桥，溪水诘曲，流如龙奔。溪右二十人，溪左二十有二人。
> 其中，冠者十有二人，巾者三十人。衣皆褒加绅，各地坐，籍以方裀或熊虎

---

① 俞平伯.与绍原论祓［M］//李大宽.人生不过如此.长沙:湖南文艺出版社,1993.

皮，研、纸、墨、笔各具。有诗者各系人傍……

## 三、兰亭宴集的性质初探

魏晋贵族的"宴集"，文献记载很多。在人际交往中，宴集有融通之效，推杯换盏间的热烈气氛，既有助于释放郁闷，也能缓和矛盾，甚或化解僵局，正如唐人李远所云："人事三杯酒，流年一局棋。"

右将军王羲之举行如此盛大的修禊，究竟要祓除什么不祥呢？修禊前后他们在一起干什么呢？笔者认为，永和九年（353）"群贤毕至"会稽，在被除永和八年（352）的"安西败丧"，修禊前后则在热烈讨论北伐和朝中将相和同事宜。兰亭真相，可以从以下五个方面揭开：

1. 永和九年，东晋北伐正处于关键时刻

东晋偏安，到永和八年，形成了燕、赵、晋三国对峙的局面，东晋开始了悲壮的北伐。永和八年正月，殷浩上疏北伐，"诏许之"。谢尚（安西将军）和荀羡（北中郎将）统领部队，渡过淮河，欲恢复旧京洛阳。《晋书·穆帝纪》："永和八年夏四月，安西将军谢尚帅姚襄与张遇战于许昌之诫桥，王师败绩"。"尚大败，死者万五千人。"当时东晋全部军事力量也就是十万左右，晋国人口也不过600多万。所以谢尚"付廷尉"，降号为建威将军。《晋书·穆帝纪》又载，"九月，中军将军殷浩帅众北伐"。这样，从永和八年始，整个东晋进入了全面战争状态，殷浩甚至下令解散太学，罢遣生徒。兰亭会的时候，殷浩的北伐将士已屯据于泗口，敌我双方处于胶着状态。面对敌强我弱、叛将四起的局面，人情震骇，朝野鼎沸，王羲之也坐不住了！

《资治通鉴》永和八年条：

殷浩之北伐也，中军将军王羲之以书止之，不听。既而无功，复谋再举。羲之遗浩书曰："今以区区江左，天下寒心，固已久矣。力争武功，非所当作。自顷处内外之任者，未有深谋远虑，而疲竭根本，各从所志，竟无一功可论，遂令天下将有土崩之执。任其事者，岂得辞四海之责哉！今军破于外，资竭于内，保淮之志，非所复及，莫若还保长江，督将各复旧镇。自长江以外，羁縻而已。引咎责躬，更为善治，省其赋役，与民更始，庶可以救倒悬之急也！使君起于布衣，任天下之重，当董统之任，而败丧至此，恐阖朝群贤未有与人分其谤者。若犹以前事为未工，故复求之于分外，宇宙虽广，自容何所！此愚智所不解也。"又与会稽王昱笺曰："为人臣者谁不愿尊其主比隆前世！况遇难得之运哉！顾力有所不及，岂可不权轻重而处之也！今虽有可喜之会，内求诸己，而所忧乃重于所喜。功未可期，遗黎歼尽，劳役无时，征求日重，以区区吴、越经纬天下十分之九，不亡何待！而不度德量力，不弊不已，此封内所痛心叹悼而莫敢吐诚者也。往者不可谏，来者犹可追。愿殿下更垂三思……"不从。

读到这里，我们不禁要问，为什么王羲之偏偏要在永和九年的上巳节如此盛集修禊事？王羲之说，"知安西败丧，公私怆悒，不能须臾去怀"。"安西"就是指安西将军谢尚。王羲之接着又浩叹："天下将有土崩之势，何能不痛心悲慨也！"因此，笔者推断：永和九年兰亭修禊，祓除不祥，就是祓除永和八年的"安西败丧"之气。《兰亭序》说"虽无丝竹管弦之盛"，在此战争状态、有此败丧消息，有甚雅兴?！

永和八年，安西败丧，祓之凶，国之殇。"如此江山残照下，奈何心事菊花边？"但是，就在这么一个危急存亡之时，身为右将军的王羲之，居然领着一班"文人雅士"在行"千古雅事"！这就是一千多年来人们对《兰亭序》的解读。唯有清代浙江巡抚阮元稍有看破，其《王右军兰亭诗序帖二跋》云：

永和八年秋，殷浩北伐无功，再举进屯泗口。羲之移浩书……浩不能从，遂有九年秋七月之败。《兰亭序》作于浩屯泗口之后，败走谯城之前，其忧国之心含于文字之内，非徒悲陈迹也。[1]

2.永和九年，东晋政局处于将相不和的内耗状态

东晋永和期间，一方以中枢司马昱、殷浩，以另一方为方镇桓温。晋穆帝年幼，皇太后"抱帝临轩"，司马昱、殷浩清谈虚胜，当时最有军事实力的征西大将军桓温都督长江上游八州，有雄才大略，但朝廷忌之。

军事上，东晋的两大兵团各自为政："西府"兵团五万军队由桓温掌控，"北府"兵团五万军队由"中央"掌控，分别由谢尚统领豫州军、荀羡督统徐州军。殷、桓之争由此而起。《资治通鉴·晋纪》记载如下：

——永和四年，"温既灭蜀，威名大振，朝廷惮之。会稽王昱以扬州刺史殷浩有盛名，朝野推服，乃引为心膂，与参综朝权，欲以抗温，由是与温寝相疑贰。浩

---

① 阮元.揅经室集［M］.邓经元,点校.北京:中华书局,1993.

以征北长史荀羡、前江州刺史王羲之夙有令名，擢羡为吴国内史，羲之为护军将军，以为羽翼"。

——永和五年，后赵石虎死，桓温立即上疏，"请出师经略中原，事久不报"。

——永和六年，桓温再次上表，并且"拜表辄行，帅众四五万顺流而下，军次武昌"，大有"清君侧"之意。朝廷大惧，殷浩提出辞职，右将军王羲之"苦求宣城"。后在王羲之堂兄王彪之的斡旋下，桓温才罢。

——永和七年，朝廷任命殷浩为中军将军，总统北伐事宜。桓温知朝廷仗殷浩以抗己，甚忿之。"羲之以为内外协和，然后国家可安，劝浩及羡不宜与温构隙，浩不从"。于是坚辞护军将军，出任右将军、会稽内史。

——永和八年初，殷浩被迫宣告北伐。九月，殷浩本人正式出师。指挥谢尚的诚桥之战，大败。桓温统领的"西府军团"坐视不管，拥兵自重。

到了永和九年，桓温与殷浩的矛盾已公开化、白热化，朝野上下议论纷纷。

东晋是门阀政治，贵族与皇帝共治。"王与马，共天下"。王羲之作为东晋第一大族的代表性人物、殷浩与桓温都可接受的人物，力主将相和同。在上引致殷浩的信中，王羲之劝谏他不要与桓温"力争武功"，"宜更虚己求贤，当与有识共之"。《晋书·殷浩传》："王羲之密说浩、羡，令与桓温和同，不宜内构嫌隙，浩不从"。明代张溥辑《晋王右军集》云："殷洪源与桓温不协，王逸少移书苦谏，欲画廉蔺于屏风。"王羲之画廉颇、蔺相如将相和的故事，其苦心孤诣，可叹可鉴。

3.群贤毕至，出席兰亭会的并非一般文人雅士

《兰亭序》云："群贤毕至。""群贤"二字，在唐宋以前是指有职有权、有德有才的人，不是名士高士，更不是闲人散人。《晋书·阮孚传》："江左危弱，实资群贤，共康世务。"王羲之劝殷浩的信就说得更明白："当与群贤分任。"因此，我们要从当时的语境下来理解"群贤"二字，断断不能滥言什么"名士"。

出席兰亭宴集的，共计42人，北宋《天章寺碑》有录。笔者考查了每一个人，其中26人可考，其余大体可推定是哪里人。

第一，42人中，绝大部分有军方背景。王羲之的妻弟郗昙，时任北伐前线大将荀羡的军司（即军师，第二把手。后荀羡卒，昙即接任北中郎将）。王彬之是殷浩的部将，半年后在前线阵亡，王丰之则是盟国前凉派驻东晋的武官（使节），还有一批署衔的参军（参军，参军事也，东晋的参军常受命领兵打仗）。这些军中人

物，绝非文人墨客。

第二，42人中，绝大部分来自会稽之外。除王羲之的几个儿子和属官外，其他人都是外地赶来的，包括谢安的弟弟谢万（时为当朝宰相、抚军将军司马昱的从事中郎），徐州刺史荀羡的西曹华平，镇军将军司马晞的副官卞迪、虞悦等等。前述李玄盛上巳日命群僚赋诗，参加者都是其下属，而兰亭会则不然，参加人员包括朝廷要员（如吏部郎王蕴之）、皇室成员的属官等。

第三，42人中，基本包含了当时的豪门贵族，而且阵线分明。从名单看，琅琊王氏、太原王氏、颍川庾氏、谯国桓氏、彭城曹氏、泰山羊氏、陈郡谢氏袁氏、东海徐氏等都有代表；会稽孔、虞、魏、谢四大家族的头面人物也有。特别值得关注的是，桓伟是桓温的儿子，王彬之是殷浩的前线将领，他们代表着殷、桓两大阵线。

后人常以"王羲之和他的好友谢安、孙绰……"叙述兰亭故事。其实大谬！孙绰只是王羲之右将军府的一个属官（长史），而且是右军政敌——王述的亲家，此人"才高性鄙"，从王羲之破口大骂"孙家儿"来看，根本谈不上是"好友"。至于谢安，其时才30多岁并处于不能做官的"禁锢"状态，要再过几十年后才成为"风流宰相"。陈郡谢氏当时是殷、桓之间的重要平衡力量，因为三大方镇（荆、徐、豫）当中，荆州归桓温，徐州由殷浩嫡系荀羡督统，而豫州则属谢尚。永和八年谢尚虽归殷浩指挥，但稍早则由桓温遥控。在王羲之眼里，谢安还是个后生。谢安是为谢氏家族利益来参加兰亭会的，堂兄谢尚正在前线苦战，生死存亡关头，谢安到此寻求机缘。

4.兰亭宴集上作的诗透露了兰亭会的主旨

晋人喜述老庄，兰亭诗也不例外。但是，逐读兰亭诗，总感到诗人们似乎十分压抑和忧郁，曲水流觞之后才舒了一口气，曰"畅神"，曰"豁忧"，曰"散怀"。现在由上可知，压在他们心头的，是北伐，是将相不和。

同时令人奇怪的是，东晋诗人述老庄，大多是讲"逍遥游"，兰亭会一反常态，转而讲"齐物论"。为什么呢？就是强调万物齐一，彼我一致，引申开来，就是调和殷、桓。

如庾蕴言："仰想虚舟说，俯叹世上宾。朝荣虽云乐，夕弊理自因。"这首诗，郭沫若说很玄、很消极。其实，脱离当时的背景来解，都是无根之谈。"虚舟"出典于《庄子·山木》："方舟而济于河，有虚船来触舟，虽有偏心之人不怒。"意谓空船来撞，即使心地狭隘急躁的人也不会生气。本诗并非无的放矢，就是谏殷浩："方舟与虚船相过无害，何必相煎如此？不明朝生暮死之理，可叹可叹！"

孙统言："茫茫大造，万化齐轨。阆悟玄同，竞标异旨。平勃运谋，黄绮隐几。凡我仰希，期山期水。"茫茫天地间，万物齐一。但人们不悟齐同之理，竞相标榜自己。陈平、周勃求和同，终灭吕氏；夏黄公、绮里季以师道隐几（倚着几案），教辅刘邦的太子。像我这类人，还是希望徜徉于山水之间。孙统玄之又玄中，引陈平、周勃将相和的典故，就点出了兰亭会的主题，故深得王羲之的赞许。刘孝标注引的《临河序》就把孙统作为"首唱"。

5. 感慨兴怀，《兰亭序》本身也点出了羲之的心思

世人多言羲之书法笔笔有来历，《兰亭序》句句是否有来历则无人深究。"夫人之相与"以下167个字，最难读懂，但恰恰是这一段，王羲之将兰亭宴集与时政联系起来了，表达了他的忧虑和呼吁：

> 夫人之相与，俯仰一世，或取诸怀抱，悟言一室之内，或因寄所托，放浪形骸之外。虽趣舍万殊，静躁不同，当其欣于所遇，暂得于己，快然自足，不知老之将至。及其所之既倦，情随事迁，感慨系之矣。向之所欣，俯仰之间，已为陈迹，犹不能不以之兴怀，况修短随化，终期于尽！

> 古人云：死生亦大矣，岂不痛哉！每揽昔人兴感之由，若合一契。未尝不临文嗟悼，不能喻之于怀。固知一死生为虚诞，齐彭殇为妄作；后之视今，亦犹今之视昔。悲乎！

"趣舍万殊，静躁不同"，系从潘岳《秋兴赋》中化出。《秋兴赋》云："登春台之熙熙兮，珥金貂之炯炯。苟趣舍之殊途兮，庸讵识其躁静。闻至人之休风兮，齐天地于一指。彼知安而忘危兮，故出生而入死。"

潘岳是与陆机齐名的文学家，《秋兴赋》是东晋贵族必诵之文。王羲之借潘文以讽谏，参加兰亭会的人士是听得懂的。

文中"固知"体现两个道理：其一为虚诞、妄作之理，直接取自刘琨将军的遗言："昔在少壮，未尝检括。远慕老庄之齐物，近嘉阮生之放旷……国破家亡，亲友凋残……然后知聃周之为虚诞，嗣宗之为妄作也。"这是在提醒"国破家亡，亲友凋残"之危！其二"固知"之理为"后之视今，犹今之视昔"，这里指的是京房谏汉元帝：周幽王、周厉王亡国，齐桓公、秦二世嘲笑他们，结果身死国灭，但汉元帝不知，所以京房告诫他："臣恐后之视今，亦犹今之视昔也。"这是

在警示人们，牢记历史教训，不能重蹈覆辙！

"死生亦大矣"是一个"极言"。我们读王羲之的《增运帖》就知道了羲之：

> 吾于时地甚疏卑，致言诚不易。然以在大臣之末，要为居时任，岂可坐视危难？今便极言于相，并与殷、谢书，皆封示卿，勿广宣之。诸人皆谓尽当今事宜，直恐不能行耳。足下亦不可思致若言耶？人之至诚，故当有所面。不尔，坐待死亡耳！①

"极言于相，并与殷、谢书"，就是前述王羲之向司马昱、殷浩、谢尚写信直谏。"诸人皆谓尽当今事宜"，透露了兰亭会上大多数人赞成由殷浩主帅北伐，而王羲之是坚决反对的，因为殷浩能动员的只是"区区吴越之力"，不"度德"（与温和同），不"量力"，非败不可！"勿广宣之"，看来王羲之有所顾忌。

那么，王羲之的兰亭会有没有成功呢？求和同的目的有没有达到呢？没有。半年之后，殷浩全面北伐，结果内部叛乱，敌方反击，损失惨重，大败而归。桓温愤而上疏，历数殷浩之罪状，殷浩被废为庶人，软禁于信安（今金华）。

东晋政治的特点，历史学家田余庆先生在其《东晋门阀政治》一书中有精深的研究：一是皇权与士族共治，所谓"王与马，共天下"，琅琊王氏在政治上具有很大的话语权。二是士族专兵，世家大族都很注重兵权。三是士族与士族、士族与皇室的争斗，无不表现为某种程度之争。

纵观王羲之一生，其先后担任九个职位：秘书郎→会稽王友→征西将军参军兼临川太守→征西将军长史→宁远将军、江州刺史→护军将军→右将军→右将军、会稽内史。

永和九年的王羲之，是一位在朝野很有影响力的人物。一是宰辅司马昱的表兄，二是中央军统帅殷浩的亲信，三是为桓温敬重的第二代琅琊王氏的代表性人物。

王羲之本人，人称"王右军"。此"右军"不是《晋书》所称的"右军将军"，而是"右将军"。右军将军与右将军皆主禁兵，但有很大区别：右军将军官四品，右将军官三品，为"大臣"之列；右军将军领京师皇城西门之禁卫队，右将军则可带兵出征或外放领一"方镇"之军队。永晋时，会稽亦为八大方镇之一，会稽内史所挂的军职统领浙东五郡军队，曰"都督浙江东五郡诸军事"。所以，永

---

① 张溥.晋王右军集［M］.重刻本.信述堂,清光绪间.

和九年的王羲之，不仅治理会稽国的民政，其"右将军"衔还统帅"浙江东五郡诸军事"。

## 四、结论

程颢《禊饮诗序》云："上巳禊饮，风流远矣，而兰亭之会最为后人所称慕者何哉？盖其游多豪逸之才，而右军之书复为好事者所重耳！"[①]长期以来，提到兰亭宴集，文人雅士津津乐道所谓的"曲水流觞"，正人君子者则批评其格调不高。至于《兰亭序》，人们多慕其书法，很少有人深入晋史去考证《兰亭序》背后历史和具体人物，因而也无法实现与王羲之的"心通意会"。施蛰存曾提到，读了一辈子《兰亭序》，还是读不懂，1990年他写了一篇《批兰亭序》，给出十二字评语："七拼八凑、语无伦次、不知所云。"郭沫若先生认为《兰亭序》悲得太没道理，因而怀疑是智永和尚的伪托。之所以出现这样的现象，原因有三：一是《晋书》误导的结果。二是上巳节消亡的结果。三是受鲁迅先生《魏晋风度与文章和酒及药的关系》的影响。但是，归根到底，乃唐太宗个人偏好所误。

本文认为，要真正读懂《兰亭序》，应破除兰亭宴集美景良辰、文人雅集或魏晋风度、清谈盛会的定位。为此，必须回到战乱弥漫的"永和九年"。对此笔者作出了新的解读：东晋时修禊的性质是祓除不祥，而不是风流旖旎的韵事；王羲之永和九年群贤毕至"修禊事"，旨在祓除永和八年（352）的"安西败丧"；兰亭宴集的真实目的，是王羲之为了劝谏当局求和同、缓北伐。

---

① 程颢,程颐.二程文集[M].影印本.台北:台湾商务印书馆,1983.

# 阳明心学与枫桥经验

## ——发挥以阳明心学为代表的优秀传统文化在基层社会治理中的作用

金华锋　屠斯宇　沈露斌

进入新时代，面对国内外更加复杂的新问题，我们该从哪里寻找基层社会治理的经验和智慧呢？放眼全球，并没有比我国更好的基层社会治理经验和智慧，特别是近年来欧美发达国家的社会动荡，更加坚定了我们从中国优秀传统文化中汲取文化精髓的信念和决心。在中华文明的历史长河中，王阳明承孔孟思想，融儒、释、道三家之精华，成为我国哲学史上陆王心学的集大成者，独创了阳明心学，其主要思想是"心即理""致良知""知行合一"，其独创的阳明心学体现了中华优秀传统文化的核心理念，具有极高的时代价值和现实意义。

阳明心学的核心要义"心即理、致良知、知行合一"，它是一个为追求真理而不断求证、求真、求正的完整体系，是一个不断完善自身价值观、人生观、世界观的体系。阳明心学认为万物一体、心外无物、心即理，每个人都应该在"知行合一"上下功夫，早日达到"致良知"的人生目标。王阳明认为，内心的认知发展极其重要，并起决定性作用，事要有所成，必先修其心，这与马克思主义哲学的"内因起决定性作用"有很多相通之处。

治国必先治吏，治吏重在治心，即"致良知"。"枫桥经验"基层治理的核心是"心"。"阳明心学"的"心"是"良知"，而且是建立在"心即理"基础上的"良知"，"枫桥经验"的"心"是共产党人的"初心"暨"全心全意为人民服务"的宗旨。"枫桥经验"从"发动和依靠群众，坚持矛盾不上交，就地解决。实现捕人少，治安好"发展到如今"党政动手，依靠群众，预防纠纷，化解矛盾，维护稳定，促进发展"的枫桥新经验，这与"阳明心学"所传达的"心"不谋而合。阳明心学与枫桥经验之间的关系具体而言可以从以下三个方面来说明。

## 一、基层治理需用心"致良知"

王阳明"致良知"哲学思想的具体实践是基层社会治理，更是政治思想重要因素的组成部分。"良知"是挽救世道人心的一剂良方。实现"致良知"是在推进中国基层社会治理过程中最为重要的前提。王阳明一生经历坎坷，曾历任龙场驿丞、庐陵县知县、南赣巡抚、江西巡抚、两广总督等地方行政职务，积累了极其丰富的基层社会治理经验，形成了一整套基层社会治理的经验。

在任南赣巡抚期间，他用高超的行政能力和军事指挥能力平定了困扰赣闽粤桂四省的匪患，还把行之有效的基层社会治理措施落到了实处。他既留意到战后社会秩序动荡的现实紧迫问题，更能着眼长远，通过增置县治（巡检司）来加强基层社会治理控制，推行"十家牌法"和《南赣乡约》以整合基层社会，建立社学，移风易俗，为南赣地区实现社会长治久安，打下了坚实的基础。

浙江诸暨"枫桥经验"的要旨就是妥善处理基层社会治安综合治理的问题。其主要内容是：小事不出村，大事不出镇，矛盾不上交，就地化解，实现捕人少，治安好的目标。其核心含义是：为群众着想，相信群众，发动群众，依靠群众。其核心价值追求是：以人民为中心，发展为了人民，发展依靠人民，发展成果由人民共享。这与王阳明"致良知""知行合一""亲近民众"的思想，以教化、德治及唤醒良知和"破心中的贼"为目的的《南赣乡约》治理基层社会自治的方式如出一辙。甚至可以说"枫桥经验"就是新形势下的"南赣乡约"。

20世纪60年代初，"枫桥经验"由促进我国乡村社会治理结构体系建设向城镇、社区治理体系建设延伸，不断被赋予了新内涵，也拓展了社区治理功能。枫桥在辖区各居委会、村，甚至一些重点企业都建立了相应的调解组织。近年来，枫桥成功调节处理社会民间经济纠纷1000多起，成功率达97.2%，其中八成的纠纷在居委会（村）一级就得到了妥善解决。

"枫桥经验"之所以能够历久弥新，最重要的原因在于其在新形势下与"以民为本""亲民"的传统思想相契合："以人民为中心的发展思想，意味着发展为了人民，发展依靠人民，发展成果由人民共享，而这正是"枫桥经验"的核心要义和价值追求。以人民为中心要求坚持人民主体地位，而发动和依靠群众，坚持矛盾不上交，就地解决问题，正是"枫桥经验"最突出的特点；以人民为中心要求把党的群众路线贯彻到治国理政全部活动这之中，而运用党的群众路线正确处理人民内部矛盾，正是"枫桥经验"的实质和主线；以人民为中心要求把人民对美好生活的向往作为奋斗目标，而运用法治思维和法治方式解决涉及群众切身利益的矛盾和问题，努力让人民群众在每一个案件中感受到公平正义，不断满足人民日益增长的美好生活需要，正是"枫桥经验"的根本出发点和落脚点。"①

"以人民为中心"是共产党人的初心，更是共产党人最大的"致良知"。"共产党人的初心，不是孤立的、神秘的、先验的抽象物，而是现实的、具体的党员社会政治实践关系的总和，是党性原则的集中概括和总结，也是每一位党员的行为本能和逻辑直觉，即中国共产党人的良知。坚守这样的初心与良知，本身就是彰显坚持科学理论的信心、坚定理想信念的决心、踏实为民服务的决心、秉持高尚道德的良心、恪守组织纪律的敬畏心、传扬优良作风的恒心和追求卓越才智的匠心，就是彰显和修养党性，就是致共产党人的良知。"②

"枫桥经验"之所以能够有持续的生命力，还在于其与现代治理理念相契合。传统治理理念强调的是自上而下的强制、命令，但现代治理理念强调多元主体的共同参与和管理，强调政府与社会之间的互动。"枫桥经验"蕴含着丰富的现代基层社会治理因素，"发动和依靠人民群众"就是其核心内涵之一。在这方面"阳明心学"与"枫桥经验"之间有许多相似之处，比如王阳明的《南赣乡约》，同枫桥现在的乡规民约、三治融合发展相似；王阳明在赣南施行的"十家牌法"，和枫桥现在的网格化管理工作有很大的相似之处，目的都是为人民服务的"良知"。

从"依靠人民群众进行说理斗争制服四类分子，做到不捕人"到"小事不出村，大事不出镇，矛盾不上交"，不同时期的"枫桥经验"最根本的一点就是用心做好群众工作，且一定要做到人民群众的"心坎"上，使群众从"偏知"回归到"正知（良知）"。不同时期，不同对象，不同矛盾需要采取不同的有效方法，使其渐渐回归良知，这正是"枫桥经验"能不断推陈出新的根本原因。

新时代"枫桥经验"创新发展的精神根脉是用心"致良知"。首先必须把"致良知"摆在重要位置。缺失"良知"的基层治理不管拥有如何周密完备的综合治

① 周望.新时代如何坚持和发展"枫桥经验"［N］.法制网,2018.01.25.
② 薛伟江.在党性洗礼中坚守初心［N］.光明日报,2019.02.28（05）.

理体系，也不可能从源头上减少矛盾纠纷。只有人人"致良知"，才能唤醒人的道德自觉，从而知善知恶、存善去恶。阳明心学"致良知"的精髓是中华优秀传统文化的典型代表。如果每个人都"致良知"，潜移默化、它都可以使人们达到良知自知、认同、自律的状态，最终形成良好的道德品质。

## 二、基层治理需践行"知行合一"

"良知"人人皆有，但"致良知"并不是人人时时都能做到的。王阳明悟到了实现"致良知"最好的方法——"知行合一"，并且终生践行和宣讲其思想，进而实现自己少年时期立下的"立德、立功、立言"的圣人理想。"知行合一"思想的提出，是王阳明在针对两种不同社会发展现实时提出的。

其一基于学界缺乏务实的学风，他指出"世之学者，如入百戏之场，欢谑跳踉，骋奇斗巧，献笑争妍者，四面而竞出，前瞻后盼，应接不遑，而耳目眩瞀，精神恍惑，日夜遨游淹息其间，如病狂丧心之人，莫自知其家业之所归"[①]。

其二他针对当时所处的政治现状有感而发。他在巡抚南赣和平叛宁王之乱的过程中，感受到了一些宦官、藩王贵戚、官僚地主等满口仁义道德，背地里却不忠、不孝、不仁、不义，打着"天下为公"的旗号，却做不法勾当。明朝中后期农民起义事件明显增加，王阳明提出的"一念发动即是行"，要求人们彻底除去不善的想法，从而起到维护社会稳定的作用。道德修养的两个重要方面是"为善"和"去恶"，"一念发动即是行"的立言宗旨，主要是针对"去恶"而言，即所谓的"去心中贼"，从这个角度来分析，对于矫治"一念发动虽是不善，然却未曾行，便不去禁止"有正面意义。关于"为善"，如果不能把"善"付诸于"行"中，则又是他非常批判的"知而不行，只是未知"。

王阳明是"知行合一"的倡导者，更是"知行合一"的力行者。王阳明推行基层社会治理实践和《南赣乡约》的主要内容，是他"知行合一"思想的具体体现。对于自己理想社会的"知"付诸于"行"中，他希望在推行乡约的基础上实现自己心目中的理想社会。王阳明在巡抚南赣的过程中主张建县治，推行十家牌法，举乡约，兴社学，在实践中力图将自己的政治理想变为现实。

"枫桥经验"在实践与提炼中，其"知行合一"思想早已在潜移默化地践行

---

① 王守仁.答顾东桥书［M］//王阳明全集.北京:线装书局,2014:79.

着。"枫桥经验"正是从群众中来到群众中去，尊重群众，依靠群众，走群众路线。像枫桥镇枫源村的"三上三下三开"等诸多做法，都是来自基层又为基层服务的。基层社会治理工作以人民诉求为出发点，把汇聚民智民力、赢得民心民意作为重要着力点，通过打造共建共治共享的基层社会治理结构，使人民群众的获得感、幸福感、安全感更加充实、更有保障、更可持续。

当下诸暨涌现出许多公益社会组织、专业调解委员会。这些社会主体的参与，有效弥补了政府在基层社会治理中的不足。"枫桥经验"进行基层社会治理的具体举措，既满足了人民群众对安全、公平、正义等的更高发展需求，又把"服务"理念牢牢根植于基层社会治理之中。

在新时代，中国共产党人提高党性修养，达到知行合一，最简洁易行的办法，就是做到不忘初心。初心与党性，互为印证，密不可分。不忘初心，难在"不忘"两个字上。"不忘"意味着每时每刻的提醒，一分一秒也不容丧失。这种警示，意味时刻保持警觉和敬畏，做到慎独、慎初、慎微，培养和树立起信仰意识、公仆意识、自省意识、敬畏意识、法治意识和民主意识，守底线，知进退，才能完成好共产党人的历史使命①。"致"共产党人的良知必须依靠"知行合一"，就是在具体的现实工作和生活中贯彻以人为本的实践，坚持"一切为民"的原则，在自己细微的一举一动、一言一行中彰显党性，把党的各项工作安排和措施贯彻落实到基层和群众中，使之成为广大党员的自觉行为。

### 三、基层治理需立足"心即理"

王阳明少年立志成为圣人，历经"五溺"后入仕为官，坎坷一生，直到生命即将走完三分之二时才在"蛮荒之地"贵州龙场悟到"心即理"。清华大学国学院院长陈来教授这样定义："可以毫不夸张地说，'心即是理'或'心外无物'是阳明伦理学的第一原理，集中体现了心学自孟子以来的伦理哲学。"②阳明心学五百年来，一直被误读、抨击和打压的主要原因就在对"心"的误解。就算在举国上下大力弘扬阳明文化的当下，很多人也不是静下心去学习和领悟阳明心学的精髓。

阳明心学的"心"是什么呢？按陈来教授的观点："'心即理'的命题在阳明

---

① 薛伟江.在党性洗礼中坚守初心［N］.光明日报,2019.02.28（05）.

② 陈来.有无之境——王阳明哲学的精神［M］.北京:三联书店,2009:22、38.

哲学以及心学中真正的意义要远超出它在形式方面的不严谨性，就是说，这个问题在心学传统中集中体现了对道德主体（及主体自律）的肯定。"①通俗点说，阳明心学的"心"就应该是事物的核心（精神），或者叫道德主体。"知行合一"和"致良知"都应该是为这个"心"服务的。因此，基层治理需要清楚自己工作的"心"是什么。

阳明心学是圣人寻找"心"的结果，他提出了"心即理""心外无理""心外无物""万物一体""人者天地之心，心者万物之主"的观点。结合王阳明的人生经历就不难理解为什么他可以悟得这样的观点。王阳明早年出入"佛老"，释道文化对他的影响极深，故其深谙儒、释、道三家文化之精髓。明正德五年（1510），王阳明贬谪期满，从贵州龙场赴任庐陵知县，任上"为政不事威刑，唯以开导人心为本"。王阳明"卧治"六月，为百姓办了三件实事：一是免去了多年以来增加的摊派，严惩横征暴敛；二是修筑防火工程，庐陵县城的火灾锐减；三是利用公务之余讲学以教化民众，修复"申明亭"和"善亭"以扬善惩恶。庐陵任上历时近半年，没有大兴土木，没有抢政绩，而是从民众的切身利益出发切实解决民生问题和教导民众。半年后，当王阳明离任时，庐陵百姓含泪送别。此外，王阳明在巡抚南赣汀漳时，减免赋税、赈济灾民、宽抚流贼等皆是其基层社会治理思想的集中体现。

古今圣人，对于"理"和"心"的理解，谱写出了"异曲同工之妙"。1963年11月20日，毛泽东同志批示"要各地仿效，经过试点，推广去做"，这就有了"枫桥经验"。2003年11月25日，时任浙江省委书记的习近平同志在纪念毛泽东同志批示"枫桥经验"四十周年大会指出，要把学习推广新时期"枫桥经验"作为加强社会治安综合治理的总抓手，以基层安全文明创建系列活动为载体，使"枫桥经验"在全省城乡基层单位全面推开，并贯穿社会治安综合治理的各项工作之中，有效维护全省社会稳定。2013年末，习近平同志再次做出重要指示，要求各级党委和政府要充分认识"枫桥经验"的重大意义，发扬优良作风，适应时代要求，创新群众工作方法，善于运用法治思维和法治方式解决涉及群众切身利益的矛盾和问题，把"枫桥经验"坚持好、发展好，把党的群众路线坚持好、贯彻好。

"枫桥经验"历经两代领袖的多次批示，成了预防、化解矛盾和基层社会治理

① 同①。

的常胜法宝，更是共产党人实践执政为民的重要窗口。面对不同时期的社会问题，"枫桥经验"的工作方法和工作重点可以调整，但是"枫桥经验"的"心"不能变。这不能变的"心"就是"全心全意为人民服务"，这是我们党的立党之本。每一位执政的共产党人从本质上来说是人民的一分子，全心全意为人民服务，最终受益的是每一个人，这就是"理"。

## 四、结论

"阳明心学"与"枫桥经验"在基层治理上都有成功的经验，笔者不认同"枫桥经验"来自"阳明心学"的观点，但是笔者认为两者之间有三个共同点：都是在中华优秀传统文化的基础上发展起来的管理智慧，都是找到了基层治理中"一切为民"的核心思想，都是达到了坦坦荡荡、无私无我的心灵境界。阳明先生离开人世留下的最后一句话是"此心光明，亦复何言"。共产党人在基层治理时同样需要这份通透。"枫桥经验"只有把党的群众路线坚持好、贯彻好，才能走得更远更强，我们的人民才会更加幸福。

# 从祠、堂、楼三记谈范仲淹的清廉思想及实践

董利荣

范仲淹是北宋杰出的思想家、政治家、军事家、文学家，其一生著文作诗无数，但是以记为题的散文有六篇，即《桐庐郡严先生祠堂记》《会稽清白堂记》《岳阳楼记》及《南京书院题名记》《邠州建学记》《天竺山日观大师塔记》。

此六记之中，以祠、堂、楼为记文主角的《桐庐郡严先生祠堂记》《会稽清白堂记》《岳阳楼记》，其记文思路可谓一脉相承，此三记充分体现了范仲淹的清廉思想，彰显了他的廉政誓言。

## 一、"三记"的写作背景与内容

《桐庐郡严先生祠堂记》（收入《古文观止》，题为《严先生祠堂记》），作于范仲淹第二次被贬出知睦州（今浙江建德市、桐庐县、淳安县一带）时，即宋仁宗景祐元年（1034）。睦州当时别名桐庐郡，辖淳化（今浙江淳安）、遂安（今浙江淳安）、建德（今浙江建德）、寿昌（今浙江建德）、桐庐（今浙江桐庐）、分水（今浙江桐庐）六县。

范公出知睦州时，尽管州治在建德梅城，但他一直喜欢用桐庐一名，先后写下《出守桐庐道中十绝》《赴桐庐郡淮上遇风三首》《潇洒桐庐郡十绝》《桐庐郡斋书事》《桐庐郡严先生祠堂记》等多篇以"桐庐"或"桐庐郡"为题的诗文。《桐庐郡严先生祠堂记》，是范仲淹首次以州府名义，在桐庐县境内富春山麓严子陵钓台修建严先生祠堂后，为"激贪立儒"而撰写的记文。

全文如下：

### 桐庐郡严先生祠堂记

先生，汉光武之故人也。相尚以道。及帝握《赤符》，乘六龙，得圣人之

时，臣妾亿兆，天下孰加焉？唯先生以节高之。既而动星象，归江湖，得圣人之清，泥涂轩冕，天下孰加焉？唯光武以礼下之。

在《蛊》之上九，众方有为，而独"不事王侯，高尚其事"，先生以之。在《屯》之初九，阳德方亨，而能"以贵下贱，大得民也"，光武以之。盖先生之心，出乎日月之上；光武之量，包乎天地之外。微先生，不能成光武之大；微光武，岂能遂先生之高哉？而使贪夫廉，懦夫立，是大有功于名教也。

某来守是邦，始构堂而奠焉，乃复其为后者四家，以奉祠事。又从而歌曰："云山苍苍，江水泱泱；先生之风，山高水长！"

此记题为严先生祠堂，称赞的却是严子陵"不事王侯，高尚其事"的气节风骨。目的是"使贪夫廉，懦夫立，是有大功于名教也"。范仲淹希望通过此记，为自己、也为大家树立一位清廉的偶像。

《会稽清白堂记》（亦作《清白堂记》）写于范仲淹出知越州（今绍兴）的第三年，即宋仁宗康定元年（1040）。当时范公在州府发现一口废井，请人清理后，发现井水清白而甘甜，于是给它取名"清白泉"，将泉边凉堂取名为清白堂，又修筑一座清白亭。因范仲淹"爱其清白而有德义，可为官师之规"，于是写下此记——

### 会稽清白堂记

会稽府署，据卧龙山之南足，北上有蓬莱阁，阁之西有凉堂，堂之西有岩焉。岩之下有地方数丈，密蔓深丛，莽然就荒。一日命役徒而辟之，中获废井。即呼工出其泥滓，观其好恶，曰嘉泉。择高年吏问废之由，不知也。乃扃而澄之。

三日而后，汲视其泉，清而白色，味之甚甘。渊然丈余，引不可竭。当大暑时，饮之若饵白雪，咀轻冰，凛如也；当严冬时，若遇爱日，得阳春，温如也。其或雨作云蒸，醇醇而浑；盖山泽通气，应于名源矣。又引嘉宾，以建溪、日注、卧龙、云门之茗试之，则甘液华滋，说人襟灵。

观夫大易之象，初则井道未通，泥而不食，弗治也；终则井道大成，收而勿幕，有功也。其斯之谓乎？又曰井德之地，盖言所守不迁矣；井以辨义，盖言所施不私矣。圣人画井之象，以明君子之道焉。予爱其清白而有德义，可为官师之规，因署其堂曰清白堂，又构亭于其侧，曰清白亭。庶几居斯堂，登斯亭，而无忝其名哉！宝元二年　月　日记。

显而易见，《会稽清白堂记》是最直白、直观地表达范仲淹清廉思想的一篇记文。

《岳阳楼记》写于宋仁宗庆历六年（1046），此时范仲淹知邓州，他应岳阳知州滕子京所求而撰此文。此时的范仲淹，已经经历仕途四上四下的坎坷，丰富的人生经历和政治经验，让他完成了千古第一美文，给后世留下了一笔重要的文化财富和政治财富。

### 岳阳楼记

庆历四年春，滕子京谪守巴陵郡。越明年，政通人和，百废俱兴。乃重修岳阳楼，增其旧制，刻唐贤今人诗赋于其上。属予作文以记之。

予观夫巴陵胜状，在洞庭一湖。衔远山，吞长江，浩浩汤汤，横无际涯；朝晖夕阴，气象万千。此则岳阳楼之大观也，前人之述备矣。然则北通巫峡，南极潇湘，迁客骚人，多会于此，览物之情，得无异乎？

若夫淫雨霏霏，连月不开，阴风怒号，浊浪排空；日星隐曜，山岳潜形；商旅不行，樯倾楫摧；薄暮冥冥，虎啸猿啼。登斯楼也，则有去国怀乡，忧谗畏讥，满目萧然，感极而悲者矣。

至若春和景明，波澜不惊，上下天光，一碧万顷；沙鸥翔集，锦鳞游泳；岸芷汀兰，郁郁青青。而或长烟一空，皓月千里，浮光跃金，静影沉璧，渔歌互答，此乐何极！登斯楼也，则有心旷神怡，宠辱偕忘，把酒临风，其喜洋洋者矣。

嗟夫！予尝求古仁人之心，或异二者之为，何哉？不以物喜，不以己悲；居庙堂之高则忧其民；处江湖之远则忧其君。是进亦忧，退亦忧。然则何时而乐耶？其必曰"先天下之忧而忧，后天下之乐而乐"乎。噫！微斯人，吾谁与归？

时六年九月十五日。

范仲淹通过《岳阳楼记》，抒发自己"宠辱偕忘"的坦然和"不以物喜，不以己悲"的淡然，表达自己"先忧后乐"的人生态度。可以说，此记是范仲淹清廉思想的完善和升华。

## 二、"三记"体现的范仲淹清廉思想的主要内涵

透过《桐庐郡严先生祠堂记》《会稽清白堂记》《岳阳楼记》，笔者发现有一条

主线贯穿其中，那就是范仲淹的清廉思想。当然，每一篇所表达的含义各有侧重。

《桐庐郡严先生祠堂记》主要是称赞严子陵蔑视权贵的高风亮节。东汉高士严子陵是汉武帝刘秀的同窗好友，他辅佐刘秀称帝后，寻隐桐庐富春江畔富春山麓，垂钓耕作，自得其乐。范仲淹出知睦州时，认为严子陵不事王侯、蔑视权贵的品行值得推崇，他写信给朋友说："既抵桐庐郡，郡有严陵钓台，思其人，咏其风，毅然知肥遁之可尚矣。能使贪夫廉，懦夫立，是大有功于名教也。"（《与邵疏先生书》）于是他派从事（州府协助知州的官职）章岷前往严子陵钓台修建严先生祠堂，并绘晚唐诗人方干像配祀。范仲淹还写了《桐庐郡严先生祠堂记》，盛赞"先生之风，山高水长"！从此之后，"往来桐江船，必拜严子祠"。

《会稽清白堂记》借泉明理，借井喻德，倡导"清白而有德义"的官师之规。清白做人，清白为官，这是范仲淹对他人的倡导，希望天下官员都能够恪守"君子之道"。

如果说《桐庐郡严先生祠堂记》所反映的清廉思想的重点是蔑视高官厚禄的话，那么，《会稽清白堂记》反映的重点就是倡导清白的官师之规。从蔑视高官厚禄到倡导清白之风，范仲淹的清廉思想得到了提升。而《岳阳楼记》中"不以物喜，不以己悲"的人生境界和先忧后乐的担当精神，则是其清廉思想的进一步升华，是廉正与勤政的高度统一。对此梁衡先生有过精彩的阐释："物，指外部世界，不为利动；己，指内心世界，不为私惑。就是说：有信仰，有目标，有精神追求，有道德操守。"诚哉斯言！范仲淹完全达到了物我两忘的境界。正因为如此，范仲淹才能做到"居庙堂之高则忧其民，处江湖之远则忧其君"。在他心中，百姓与国家社稷的利益永远是第一位的。至此，"先天下之忧而忧，后天下之乐而乐"的千古名言从他笔端流出，也就顺理成章了。

## 三、范仲淹一生践行清正廉洁、勤政为民

范仲淹不是仅仅在这三篇记中表达了他的清廉思想，更重要的是，在他一生的仕途经历中，始终将这种清廉思想贯穿其中，真正做到了"立德、立功、立言"。考察范仲淹的一生，他在践行清廉思想上主要体现在以下三个方面：

第一，崇贤尚德、注重教育、教化

范仲淹十分重视传统文化的传承，以此教育、教化百姓。他在睦州修祠作记，弘扬严子陵的高风亮节，便是范仲淹崇贤尚德、注重教育教化的最为典型的例子。

另外，他还在桐庐二访方干故里，称赞其"幽兰在深处，终日自清芬"的品格；思念杜牧（"令人思杜牧"）的政德文才。在越州，寻访先祖范蠡遗迹并写诗称赞"千载家风"（《题翠峰院》：翠峰高与白云闲，吾祖曾居水石间。千载家风应未坠，子孙还解爱青山）。又寻访贺知章故居天长观，"度材而新之"，"以广游人之观采"。

范仲淹还是一位杰出的教育家，十分重视教育。每到一地任职，他都创办书院。在睦州建龙山书院，在越州建稽山书院，均请李觏（1009—1059，字泰伯，号盱江先生，北宋哲学家、思想家、教育家）前来担任"讲贯"（此指讲习之人，即教师。范仲淹在睦州致信李觏曰："此中佳山水，府学中有三十余人，缺讲贯，与监郡诸官议，无如请先生之来。"）

同时，范仲淹还十分重视对官员和百姓的风气教化。针对睦州"二浙之俗，躁而无刚"的特点，他注重以仁义礼训教化人们，"吞夺之害，稍稍而息"。范仲淹修祠作记、构亭撰文，及大量的触景吟诗，目的都是为了感化、教化世人。

第二，清正廉明、以身作则。

范仲淹不仅注重教化他人，更严以律己。"庶几无忝其名哉"和"微斯人，吾谁与归"，都是范仲淹的自律誓言。更可贵的是，他也是一生清廉的表率。欧阳修称赞他"公少有大节，于富贵、贫贱、毁誉、欢戚，不一动其心，而慨然有志于天下"。范仲淹任职每一地，都清廉正气。"公为人外和内刚，乐善泛爱。"这是欧阳修对他为人的评价。富弼同样说："公天性喜施与，人有急必济之，不计家用有无。"在越州时，范公以自己的俸禄救济贫苦官员。晚年更是在祖籍地苏州置办义庄。

范仲淹的清廉还突出表现在家教方面，他对四个儿子的教育十分严厉，即使对侄儿，也严格要求。"既显，门中如贱贫时，家人不识富贵之乐。"（富弼）正因如此，范仲淹的四个儿子也都很有成就，二子纯仁官至宰相。并且他们将这一清廉家风代代相传，数百年不衰。

第三，先忧后乐，勤政为民。

"先天下之忧而忧，后天下之乐而乐"的从政宣言和为政准则，不仅仅是停留在范仲淹的文字中，范仲淹一生都在践行这一准则。他最大的政德就是"为官一任，造福一方"，希望百姓都能安居乐业，为此他勇于担当，敢于尽职。范仲淹十分关注民生，用他自己的话说"敢不尽心，以求疾苦""求民疾于一方"。多地治理水患，更是在杭州遭遇大饥荒时实施"荒政三策"，使杭州百姓顺利渡过灾情。

一个人在一地为官，受到百姓的欢迎与爱戴或许并不稀奇。而范仲淹每任一地，都受到百姓的称颂和怀念，"其为政所至，民多立祠画像"（欧阳修语），实在难能可贵。据统计，全国共有9省建有16座范仲淹纪念馆或祠堂。如范仲淹在浙江先后任职过的睦州州府所在地梅城建有思范坊和范文正公祠；桐庐县建有范仲淹纪念馆，且在平阳山上树有范公铜像及牌坊、碑廊、凉亭等；绍兴在府山公园内重修清白堂、清白亭，并立碑铭刻《清白堂记》；杭州在孤山上建有范公亭。这些都是为了弘扬范仲淹的清廉思想和勤政功德，激励人们以"第一流人物"范仲淹为楷模，努力做一个清白之人。

总之，《桐庐郡严先生祠堂记》《会稽清白堂记》和《岳阳楼记》写于范仲淹为官任职的不同时期、不同地点，但其清廉思想却是一脉相承的，而且其内涵层层递进，不断深化。范仲淹的廉政实践，并没有因为其仕途变迁、年龄变化而有所减退，反而是一以贯之，不断进取，永葆清廉本色。希望此"三记"能够给我们更多的启迪，希望清廉一生的范仲淹，能够成为人们尤其是党员领导干部的楷模。

# 绍兴历史文化遗产的当代价值与转换方式

何信恩

历史文化名城是悠久历史的缩影，也是地域文化的橱窗。绍兴作为全国首批历史文化名城之一，有着灿烂的历史文化，得天独厚的文化资源。从史前文明到古代文明，从近代变革到当代发展，绍兴为中华民族留下了弥足珍贵的物质和非物质历史文化遗产，形成了具有鲜明地域特色和深厚历史底蕴的绍兴精神，同时也产生了经世致用的巨大价值。如何正确估量绍兴历史文化遗产的现状与应用价值，如何根据时代的需求，赋予其新的内涵，进而实现绍兴历史文化遗产的有效转换，使其释放无穷无尽的能量，这是我们需要认真探索的重大课题。

## 一、正确估量绍兴历史文化遗产的现状

20世纪90年代初，在《绍兴市志》编纂过程中，有不少参编人员提出，如何用一句话来概述绍兴这座城市的基本特点？大家经过反复讨论，一致认为采用"历史悠久，人文荟萃，经济繁荣，山水秀美"这16个字较为合适。

绍兴历史悠久，从几次重大的考古发现即可证明。良渚文化、古越文化、小黄山遗址，都证明早在史前时代，此处就有定居的农耕部落，就有于越先民在这里繁衍生息，他们创造了灿烂的人类文明（史前史），而嵊州小黄山遗址的发现，则把浙江乃至长江下游新石器时代考古的年代，又推进了一大步。

另外有关绍兴的大量古籍记载，也足以证明绍兴历史的悠久。最早的文字记载见于距今3100多年的《竹书纪年》："于越来宾。"古籍中有关舜与禹的记载，证明确有其人，确有其事。目前所见的先秦古籍，如《尚书》《诗经》《墨子》《论语》《孟子》《春秋左传》《楚辞》及《山海经》等对舜与禹都有记载。"禹葬会稽"最早见于《墨子·节葬》。禹庙、禹祠全国很多，然而禹陵全国只有绍兴一处。

绍兴古城本身也可以证明绍兴历史。作为越国都城的绍兴城从越国大夫范蠡在公元前490年建成以来，或为国都，或为郡治，虽然经历了2500年的风风雨雨，其间有过不断的修建、更新与改造，但至今城址未变，古貌犹存，为世所罕见。特别是能真正代表越国文化的城内三山（府山、塔山、蕺山）三足鼎立，成为绝对稳定的地理坐标。越国的遗址在绍兴还有很多，如1996年至1998年印山越国王陵的发掘就是其中之一。

代有人杰，史不绝书，是绍兴作为历史文化名城的突出标志。人是文化的载体，名人文化无疑是一种重要的历史文化资源。绍兴历史上涌现了许多著名思想家、史学家、文学家、艺术家、科学家、教育家、革命家等，总结起来绍兴的名人现象具有五大特点：一是人数众多，二是群起辈出，三是成就卓著，四是史迹丰富，五是渗透深广。

名人文化所包含的内容很广，包括名人著作，名人典故（传说）、名人研究、名人墓葬、名人遗迹、名人后裔以及以名人命名的学校和以名人及其作品中的名词命名的品牌、名人旅游产品等。其中有文献留存于世的名人多达数百位。这是一笔取之不尽的丰富宝藏，是发展绍兴文化旅游事业的巨大资源。

## 二、绍兴历史文化遗产的应用价值

绍兴历史文化现代存续的一个明显特点在于，除了大量见之于历代文献之外，还有众多的"名胜古迹"以空间形态呈现在后人面前，这就为我们把其打造成旅游产品提供了有利条件。

绍兴的历史人文景观按时代与性质可划分为七大系列。

**（一）与远古神话和传说相关的资源与景区**

其中心是会稽山核心区，包括大禹陵、禹王庙、窆石、菲饮泉、禹祠、禹池、牌坊、宛委山、香炉峰、阳明洞天、龙瑞宫刻石、石帆山、若耶溪等。

**（二）先秦时期的古迹，主要是与越国有关的名胜古迹**

包括越王城（府山、文种墓）、越王峥、印山大墓、西施古迹。

**（三）与历代名人有关的人文景观，主要是故居与遗址、墓葬**

包括鲁迅、蔡元培、王阳明、宋六陵、东山、青藤书屋、沈园以及20多处有完整建筑的名人故居和虽未列入文保单位但仍有历史文化价值的名人遗址。

### （四）秀丽迷人的水乡风光景观

包括鉴湖、古桥建筑、纤道、古戏台、山阴道、环城河、运河园、白马湖等等。

### （五）由代代相传的乡风民俗所构成的节日与场景

包括祭禹、黄酒节、书法节、腊月风情节及社戏、祝福场景，茶馆、酒店、历史街区、鲁镇以及遍布城乡的近200家民间剧团所演出的"露天戏"。

### （六）具有浓厚乡土特色的各类建筑

包括古镇、古村落、舜王庙、古戏台、曹娥庙、千柱屋、台门建筑与枕河人家。

### （七）绍兴特殊地质条件下所遗留的石文化古迹

包括柯岩、吼山、羊山、新昌石佛、穿岩十九峰、诸暨五指山等。

绍兴之所以在1982年被国务院命名为全国首批历史文化名城之一，是有前提与条件的。绍兴在春秋时期为越国都城，有著名的兰亭、清末秋瑾烈士故居、现代鲁迅故居和周恩来祖居等，也是江南水乡风光城市之一。足见，绍兴最具魅力的三大特点：一是千年古城，二是名士之乡，三是水乡风光。

不可否认，多年以来，绍兴古城的格局与风貌受到了较大的损害。以致有人惊呼：千年古城不见了，绍兴作为历史文化名城名存实亡了……但这毕竟有点言过其实，只要仔细观察一番，就可以发现：千年古城魂犹在，名人踪迹处处有，水乡风光今更美。

历史文化遗产的价值很难像普通商品那样明码标价。其复杂性主要表现在滞后性、间接性与社会性。滞后性有两层内涵：一是古董效应。随着岁月流逝，经济发展，人们对文化遗产的需求直线上升，文化遗产的价值增大。二是不同素养的人对同一文化遗产会有不同的感受和评价。间接性表现为管理部门和获利部门的脱节，经济上没有形成良性循环，有的管理部门虽然从文化遗产中得不到多少直接利益，但文化遗产的点缀，增添了城市的文化气氛，使旅游业等行业受益匪浅。社会性主要表现在意识形态方面，通过文化渗透可以加深人们对绍兴的了解，这是无形的，也很难用经济价值来衡量，但会对投资环境的改善发挥作用。例如对"胆剑精神"的提炼与弘扬，显然有利于培育注重实干的务实精神，励志奋进的图强品格和博纳兼容的开放意识。

## 三、绍兴历史文化遗产的当代转换方式

前已表明，绍兴有丰厚的有形的和无形的历史文化遗产。作为后人，传承历史文化中的"合理内核"，对当代绍兴的发展，有着重要作用。但是，要真正发挥绍兴历史文化的应有价值，就必须根据时代的要求对绍兴的历史文化遗产进行转换，使其成为推动经济和社会发展的动力。

实践证明，历史文化遗产的转换首先要在价值取向上实现时代的转换。不可否认，历代祖先留给我们的遗产中，既有精华，也有糟粕，既能产生正能量，也会产生负能量，必须去伪存真，取其精华，去其糟粕。例如，绍兴历史文化精神财富中，具有丰富的爱国、勤政、清廉、好学、诚信等优良品质，这就为社会主义核心价值观的培育提供了思想资源和历史支撑。但是任何历史时期的文化传统都带有明显的时代烙印。任何历史的名人都不可避免地带有局限性。我们不能苛求前人，用今人的道德标准去衡量古人，也不能根据我们的需要去任意拔高与美化前人。在封建社会中，社会价值观的取向是以统治阶级的价值观为核心的，爱国与忠君是联系在一起的，这与我们当今所说的爱国主义不可同日而语。在当今社会，要以国家根本利益和广大人民群众的根本利益作为价值取向。要从根据统治阶级少数人的利益为依据，转变为以整个民族及社会的基本利益为依据。近年来，王阳明研究很热，一些政府也斥资"恢复"阳明故里，阳明心学成为大家竞相学习的内容，然而在一些地方，有人甚至把阳明学说与社会主义的核心价值观相提并论，笔者认为不妥。笔者认为阳明心学中"知善知恶是良知"的观念和"民为邦本"的主张，原来以维护明王朝最高利益为功过是非标准，要转换成以"百姓日用之道"为最高标准。只有实现了这一转换，才能使绍兴历史文化中所秉承的价值观念在当今仍能发挥引领作用，成为促进民族文化认同，整合价值观念，构建精神家园的重要源头。

绍兴历史文化中有关价值观的现代转换还要积极汲取时代精神，与时代同步。习近平总书记在党的十九大报告中强调要推动中华优秀传统文化的创造性转化，创造性发展，继承革命文化，发展社会主义先进文化。要加强文物保护利用和文化遗产保护传承。

2016年9月在G20杭州峰会上，习近平主席在开幕辞中提出了关于20国集团发展的四点建议：**与时俱进，知行合一，共建共享，同舟共济**。在这4个关键词

中，3个与绍兴的历史文化有关。

与时俱进，该观点在晚清时即有人提出但并未深化。蔡元培先生在1910年初撰写的《中国伦理学史》中，针对清末思想文化界抱残守缺、固步自封的局面，通过中西文化对比，提出了"故西洋学说则与时俱进"的观点。1919年，上虞乡绅陈春澜委托乡贤王佐和著名教育家经亨颐等创办春晖中学，以"与时俱进"作为校训。1922年，蔡元培先生在春晖中学的演说中，也表达了这一思想。

知行合一，是明代思想家王阳明提出来的，"知行合一，止于至善"。王阳明认为，知是行的主意，行是知的功夫。知是行之始，行是知之成。"知行合一"是明末清初绍兴文人的一个共同理念，以王阳明、刘宗周、陈洪绶为代表的一批有眼光、有担当的文人，把自己的命运和国家命运连接在一起，在危难之际挺身而出，学以致用，这就是自宋代以来逐渐形成的浙东学派的特点之一。

同舟共济，与春秋时期吴越争霸有关。其典出自《孙子·九地》："夫吴人与越人相恶也，当其同舟而济，遇风，其相救也如左右手。"

绍兴传统文化的迸发力就这样恰到好处地显现在G20峰会上，习近平主席在阐述经济治理时撷取了中华文明的智慧和结晶，也传递了要让历史文化为当代所用的重大信息。

绍兴文化家底殷实，在中华文明史中地上、地下都能找到绍兴的痕迹，绍兴所有现存文物和史料在《二十四史》中都能找到印记。在新时代的召唤下，绍兴历史文化遗产的当代转换方式还有很大的空间。例如：我们可以组织人力盘点和梳理现有文物，重新认识历史文物的重要作用，让这些身在闺阁无人识的"国宝""省宝"与"市宝"活起来，让他们通过专家的点评走向民间，走向市场。也可以组织人力重新踏勘尚存的遗迹、遗物、遗址。仅以越城区为例，与历史人物有关的就有府山，包括风雨亭、飞翼楼、文种墓、越王台与革命烈士纪念碑（与勾践、范蠡、文种、辛弃疾、王阳明、徐渭、秋瑾、周恩来、贺扬灵等有关）；投醪河（与勾践有关）；昌安街、前观巷和后观巷、拜王桥与凤仪桥、月池坊、观音弄、钱王祠前（与钱镠有关）；和畅堂、秋瑾故居（与秋瑾有关）；王衙弄、假山弄（与王阳明有关）；大园弄、谢家湾头（与谢迁有关）；东浦陈家祠堂（与陈仪有关）；东浦徐锡麟故居（与徐锡麟有关）；陶堰陶成章故居（与陶成章有关）；秋瑾纪念碑（与秋瑾有关）；大通学堂（与陶成章、徐锡麟、秋瑾有关）；百岁堂周恩来祖（故）居（与周恩来有关）；孙端、吴融、马青故居（与马青有关）。

以上人物，虽有多重身份，有的是帝王，有的是大臣，有的是幕僚，但均参加过军事斗争，如徐渭参加过抗倭斗争，陶成章指挥过光复南京战役。

与军事活动有关的地名与建筑物则有：大教场、小教场、投醪河、昌安门、大通学堂、后堡大桥、皇甫庄包殿等，这些物质遗产，尤其是从这些物质遗产中所反映出来的独特的地域文化与越人性格，包括自强不息、坚韧不拔、刻苦耐劳、知难而上、百战不殆、多谋善断、轻死赴义、敢于牺牲、乐于奉献、保乡卫国等高风亮节，永远值得我们怀念与效仿。

应当承认，绍兴对于名人文化资源的开发和建设历来是比较重视的。政府已经做了大量的投入，形成了相当的规模，也产生了较好的效益和广泛的影响。但这样的工作还刚刚开头，还有着广阔的空间，需要有关部门加强规划与引导。

首先，要有一个名人纪念的规划。对重要名人的纪念活动要事先作出安排，形成一定的规模。例如多人逝世与诞辰纪念日，特别是逢十的纪念日。一般名人的纪念可由名人研究会承办，有关方面的代表性人物出席。重要人物的纪念活动要由政府出面，作出周密的安排，不能临时抱佛脚，被动应付。

其次，对至今未被列入文保单位的名人故居（遗址）要采取保护乃至抢救措施。如刘大白、许钦文、孙席珍、许寿裳，柯灵、张中晓等人的故居。

最后，要精心安排名人旅游专线，在传统旅游线的基础上适当增加新的参观点。鲁迅故里、蔡元培故里、书圣故里、王阳明故里与辛亥"三杰"可作为首批旅游专线，借此把分散在绍兴城乡的名人景点很自然地串在一起。让游客实地体验到名士之乡的魅力与风采。

实践证明，货好还得勤吆喝。酒乡、茶乡、水乡、桥乡、戏曲之乡、纺织之乡、方志之乡等美誉都需要加强宣传力度，绍兴历史文化遗产可从总体上进行提炼与概括，以形成对外宣传的整体品牌。如：

**一次机遇：**大禹治水把绍兴带入了中国历史的开篇。

**三个奇迹：**绍兴有三个历史时期（春秋、南宋、近代）处于中国政治的重要地位。

**六座高峰：**禹文化高峰、越文化高峰、魏晋南北朝文艺创作高峰、南宋文化高峰、明代哲学和文学艺术高峰、近现代新文化高峰。

**十大亮点：**除包括上述六个高峰外，还包括新石器时代的小黄山遗址、河姆渡文化、浙东唐诗之路、元代绍兴诗书画创作成就、清代的师爷文化。

分门别类挖掘、整理与历史文化有关的典故，编辑出版开展乡土教育的大众读本，通过多渠道让这些读物进机关、进社区、进农村、进学校、进企业，使之广为传播，家喻户晓，从文化的高地让绍兴再出发。

昔人有言："后之视今，亦犹今之视昔。"如何用好、用足前人留下的历史文化遗产，使之在新的历史条件下承先启后、重放异彩，是历史赋予新一代绍兴人的重大使命。

近几年来，陆续有学者在分析绍兴文化旅游产业的发展方向时指出，绍兴与周边城市相比，在旅游资源上存在着同质化竞争，建议绍兴要独辟蹊径，大力发展历史文化旅游，要在做大做强越国文化、南宋文化、王阳明文化、鲁迅文化以及黄酒文化与书法文化这些重点项目上下足功夫。

依笔者之见，目前绍兴旅游资源布局较为分散，知名度参差不齐，开发程度也不尽相同，亟需由政府统一规划、城乡协调、上下联动、形成合力，才能防止重复建设，让历史文化遗产的当代有效转换这一千秋大业真正落到实处。

# 南宋王铚避居剡中时间及所作"剡字诗"特色考析

吴宏富

王铚，生于北宋元丰七年（1084）至元祐五年（1090）之间[①]，卒于南宋绍兴十四年（1144）[②]，字性之，号汝阴老农，又号雪溪，人称雪溪先生，颍州汝阴（今安徽阜阳）人，著名学者、史学家。王铚出身于世代书香之家，曾从欧阳修学。南宋建炎四年（1130），权枢密院编修官。官至湖南抚司参议官。与释祖可、李之仪、晁说之、朱敦儒等交游。学问渊博，尤长于宋朝掌故。著有《雪溪诗集》《默记》《四六话》《补侍儿小名录》《杂纂续》等。《宋史翼》卷二十七有传。《全宋诗》卷一千五至一千十，存其诗六卷。

王铚是对剡中（即今浙江嵊州市和新昌县）贡献最多的历史文化名人之一。本文拟考证王铚避居剡地的时间，并对王铚在剡期间登山临水、觞咏自娱所创作的呈现剡地风物景观的"及剡诗"[③]中13首带有"剡字诗"[④]的诗歌特色，进行简要的汇析。

## 一、王铚避居剡地时间考实

剡地，即剡中，以剡溪闻名，乃"浙东唐诗之路"的核心区和精华地段。会稽、四明、天台三大浙东名山在此盘结，西北以会稽山为界，东北与四明山接壤，南缘为天台山麓，处处佳山秀水，这里"山高岸束，斐绿叠丹，摇舟听鸟，杳小

---

① 马逸群.王铚及其诗文研究[D].广州:暨南大学,2014.
② 张明华.王铚卒于绍兴十四年（1144）考实[J].宋史研究论丛,2011（01）:444–450.
③ "及剡诗"指诗中涉及描写剡中的诗。剡中，即今浙江嵊州市、新昌县一带。
④ "剡字诗"指"及剡诗"句中带有"剡"字的诗。

清绝，每奏一音，则千峦嗑答"①。可谓有声有色，风景如画，诗意盎然，情趣绝佳。最主要的是剡中具有深厚的文化积淀，自古是佛家圣境、道教福地和名士游憩之处。东晋王羲之、许询等十八名士，支遁、竺潜等十八高僧游止于此。《会稽掇英总集》卷四《剡中》引："《道经》云：'两火一刀，可以逃。'言多名山，可以避灾也。故汉、晋以来，多隐逸之士，沃洲、天姥，皆其处也。"②历代文人墨客在剡中寻寻觅觅，为的就是追慕魏晋遗风与汉前文化，乃至史前传说。

南宋建炎三年（1129）五月，王铚南逃至建康（今江苏南京），即着手开始与蒋山寺僧人慈受晤面谈及入剡事，"昔日禅河早预流，老寻支许剡中游"③。

南宋绍兴五年（1135），王铚主管庐山太平观，又作隐居浙东之计，有诗为证：《与郭寿翁俱客钱塘寿翁归吉州追饯至龙山白塔寺惜别怅然终日始登车而去既行旬日予得请庐山太平观将归隐浙东山中寄诗奉怀》④。归隐浙东山中，即归隐剡溪山中。

据清代庄仲方考："王铚，字性之，汝阴人。自称汝阴老农。高宗绍兴初，以荐为枢密院编修官。忤秦桧被斥，居庐山，后避地剡溪山中，以觞咏自娱。诗近温、李。著有《补侍儿小名录》《默记》《国老谈苑》《雪溪诗集》。"⑤

晚年，王铚因言秦桧定徽宗陵名不当得罪，忤其意，遂遭摈斥⑥。王铚南渡先居绍兴，后羡剡中山水之胜，择地嵊县灵芝乡剡溪之畔，即今嵊州市仙岩镇王树村之上王舍村。建宅期间常往返绍兴、嵊县间，绍兴五年（1135）九月作《嵊县修学碑》，《剡录》卷一收录此碑文。楼建成，于绍兴七年（1137）六月举家乔迁剡溪新居。楼四面环山，除住房外，有藏书楼、雪溪亭，外有围墙、门栅，门前

---

① 王思任.剡溪［M］//李鸣.王思任小品全集详注.北京:北京联合出版公司,2018:90.

② 孔延之.会稽掇英总集［M］.李石民,笺注.银川:宁夏人民出版社,2007:6.

③ 王铚.早秋寄昔慧老且吊慈受老师之亡［M］//傅璇琮,等.全宋诗:第34册.北京:北京大学出版社,1998:21304.

④ 傅璇琮,等.全宋诗:第34册.［M］.北京:北京大学出版社,1998:21305.

⑤ 庄仲方.南宋文范附外编:第1册:南宋作者考上［M］.影印本.南京:江苏书局,1888.

⑥ 关于王铚晚年去职,另有一种说法,即文渊阁《四库全书·浙江通志》卷四十五载:"王铚宅:弘治《嵊县志》:在灵芝乡.铚忤贾似道去职,居剡,自号雪溪居士。"其"铚忤贾似道去职"说法谬误。因为王铚卒于南宋高宗绍兴十四年（1144),70年后,贾似道才于南宋宁宗嘉定六年（1213）出生,两人根本无法交集。

有大道，剡溪岸边有船埠。因剡溪又称雪溪，其用典出自王子猷雪夜访戴逵，故王铚从此自号雪溪，人称雪溪先生。后王氏播居剡中各地，称剡溪王氏，以王铚为一世祖。

王铚卜居眼光可谓独到。仙岩镇山水秀丽，人文渊薮。"据《积庆庵碑记》记载，传说一千八百多年前，有三仙弈于岩上，故名仙岩。又说，相传秦始皇东巡时马足所践之处，有马蹄石，其石曰仙岩，因以为名。为纪念东晋车骑将军谢玄，古时曾名游谢乡、康乐乡。"①这是吸引王铚择居剡溪之畔的又一个原因。

王铚何时入剡？这个众人关心的问题，[民国]《嵊县志》、《剡溪王氏宗谱》（下文简称宗谱）皆语焉不详，莫衷一是。县志说是"绍兴初"，宗谱称为"淳熙间"。其实，王铚《游东山记》卷十三早已明确自述："仆以绍兴七年六月往剡中，系舟山下，尽室游焉。"②尽室，即全家。据此可知王铚举家入剡当在绍兴七年（1137）。这与县志所载"绍兴初"相契合。[民国]《嵊县志》卷十八载："王铚，字性之，汝阴人。绍兴初，泛舟入剡时，梅雪夹岸，幽香不断，称非人间世也，遂家焉。友人廉宣仲闻之，作《子猷访戴图》以寄。铚善属诗文，不乐仕进，读书五行俱下，有持所作投贽者，且观且置，人疑其倨，其实工，皆不忘也。既卒，秦相子熺属郡将索铚所藏书许官其子，铚子仲信泣拒之曰：'愿守此书，以死不愿官也。'郡将以祸福胁之，竟不能夺。（[同治]《嵊县志》③云："[乾隆]《李志》④：'铚官枢密院编修，忤秦桧避地剡中之灵芝乡，自号雪溪居士。'"）"⑤而家谱中的说法反而将王铚的入剡时间推迟了三十余年。元代嵊县人、国史院编修许汝霖在明洪武年间所撰的《剡溪王氏宗谱》序中云："王氏发祥甚远，宋淳熙间编修讳铚者，自汝阴（今安徽阜阳）扈驾

---

① 郑竹圣.嵊州市地名志[M].北京:中国商务出版社,2019:277.
② 胡耀灿,黄颂翔.上虞记忆名录:东山文化篇:东山志[M].点注本.杭州:西泠印社出版社,2015:169.
③ [同治]《嵊县志》简称"同治志",同治八年（1869）,知县严思忠修。
④ [乾隆]《嵊县志》简称"李志",乾隆七年（1742）,知县李以琰修,习称"李志"。
⑤ 牛荫麐,丁谦等民国二十三年（1934）重修[民国]《嵊县志》,中国社会科学院图书馆藏书复印本。

南迁，避地来剡，遂卜居于灵芝乡（今仙岩镇上舍王村）。"①这与［弘治］《嵊县志》记载"王铚宅在灵芝乡"相符。但序中"宋淳熙间编修讳铚者"句有误，其实王铚于建炎四年（1130）七月权枢密院编修。"淳熙"是南宋第二个皇帝宋孝宗赵眘的第三个年号，自淳熙元年（1174）至淳熙十六年（1189），共使用了16年。金晓松的《王铚"避居剡地"史述》②一文，罗列了王铚避剡前后的活动动态，有益于了解王铚的仕途生涯，却未点明入剡、居剡时间。其中所引用的《尚才祖与王铚墓穴合同约》可证卒葬剡地："王姓始祖讳铚，号雪溪，为枢密院编修学士，自汝阴扈驾至临安，羡剡溪山水之胜，寓居灵芝乡王沙庄，配曾夫人，合葬十八都游谢乡花山。"此《墓穴合同约》已明确王铚隐居地在王舍，卒葬地在花山刘坑坂。王铚的生卒年历来不详，如今随着专家考证的明晰，可知王铚的生年在元祐年间（1084—1090）。且卒年已考实，张明华的论文《王铚卒于绍兴十四年（1144）考实》，明确王铚卒于绍兴十四年（1144）三月至四月之间。

上述资料表明，王铚自南宋绍兴七年（1137）六月避居剡西灵芝乡剡溪之畔（今仙岩镇王树村之上王舍村），至南宋绍兴十四年（1144）三月至四月之间卒葬剡地花山刘坑坂，寓居剡中时间为七年。剡溪王氏家族列王铚为始迁祖，在剡地繁衍生息。

## 二、王铚"剡字诗"特色浅析

王铚在剡溪隐居期间，终日登山临水，以觞咏自娱，创作了许多地域色彩浓厚的山水田园诗，全方位、多层次地展现了剡地风物景观，体现了其晚年崇尚佛道，宁静淡泊的心境。他笔下既有剡地之冬"越溪梅接剡溪滨，得意还成一景春"③，亦有剡地之夏"千岩落花雨，一径卷松风"④；有剡溪之月色"天地高低银

---

① 王世钟,等.（浙江剡县）剡溪王氏宗谱［M］//上海图书馆.中国家谱资料选编2·序跋卷,上海:上海古籍出版社,2013:168.

② 金晓松.王铚"避居剡地"史述［N］.今日嵊州,2011–09–17.

③ 王铚.仆在会稽泛舟至剡中是时雪迟梅子烟外万枝夹岸幽香不断盖非人间世也友人廉宣仲在四明闻之作子猷访戴图见寄作长短句谢之仍书四绝句于图后:诗之二［M］//傅璇琮,等.全宋诗:第34册.北京:北京大学出版社,1998:21327.

④ 王铚.剡溪久寓［M］//傅璇琮,等.全宋诗:第34册.北京:北京大学出版社,1998:21314.

色界，山川表里玉壶冰"①，亦有剡溪之雪景"玉楼琼树晓烟披，拥衲开门四望迷。清旷世人谁似我，雪中更到子猷溪"②，更有剡溪之名胜"贺家湖东剡溪曲，白塔幽林声断续。雪中兴尽酒船空，境高地胜何由俗"③。这些诗句将剡溪的美景全方位地呈现在读者眼前。他认为剡溪的山水风光是美丽而富于变化的，永远都不会让人有厌烦之情，"我家住在剡溪曲，万壑千山看不足"④。王铚的这类诗歌多抒发了诗人寓居剡溪，无拘无束、怡然自得的"闲情"。

据不完全统计，王铚的"及剡诗"占其全诗的80%，其中有十三首"剡字诗"，景语清丽，情语动人。主要包括寓情山水、吟咏景色和交游赠答、往来酬唱两大类，其主要特色体现在以下四个方面：

**（一）诗话平易，清丽自然**

这类山水田园诗炼字工致，语言平易，写景生动流畅，清丽自然，浑有天趣。

剡溪久寓⑤

山水戴远色⑥，尚余清兴中。

千岩落花雨，一径卷松风。

酒茗延幽子，图书伴老翁。

长生吾不美，久悟去来同。

《剡录》卷六《诗》收录了此诗。诗题说"久寓"，说明在剡溪居住已久。诗中所写，就是久寓的生活和久寓所产生的心情。首句从王子猷雪夜访戴的典故，赞叹自己居处剡溪的美丽，让人心驰神往。［万历］《绍兴府志》卷八载："自晋王

① 王铚.剡溪月下泛舟［M］//傅璇琮,等.全宋诗:第34册.北京:北京大学出版社,1998:21309.

② 王铚.云作望剡溪［M］//傅璇琮,等.全宋诗:第34册.北京:北京大学出版社,1998:21321.

③ 王铚.倚吟阁［M］//傅璇琮,等.全宋诗:第34册.北京:北京大学出版社,1998:21325.

④ 王铚.王子猷返棹处［M］//傅璇琮,等.全宋诗:第34册.北京:北京大学出版社,1998:21325.

⑤ 傅璇琮,等.全宋诗:第34册［M］.北京:北京大学出版社,1998:21314.按:《剡溪久寓》在《剡录》卷六作"戴安道宅",见王群栗点校《高似孙集》上册(浙江古籍出版社2015年第135页)。

⑥ "远"在文渊阁《四库全书·雪溪集》卷四阙字,《全宋诗》据小集本补。小集本,指《两宋名贤小集·雪溪诗集》,下同。"色"在《剡录》卷六作"宅",见王群栗点校《高似孙集》上册(浙江古籍出版社2015年第135页);文渊阁《四库四书·剡录》作"邑"。

猷<sup>①</sup>访戴而溪名乃显，故一时名流为山水胜游者必入剡，有爱而移家者，有未及游而忆之者。"<sup>②</sup>剡溪的佳山好水，冲淡了王铚昔日官场时时谨慎小心、处处低檐做人的情态。剡地一方水土已经填平了他不安分的心壑，那种挥不去的心结得到落实。现在，终于可以放开、放心地饮一壶美酒，烹几盏香茗，伴随着数卷诗书，过上闲适自在的日子，无怪诗人发出"长生吾不羡"。著名学者林世堂先生所著《剡溪诗话》对此诗亦大为赞赏："'千岩落花雨'，亦犹唐代杜牧《江南》诗'千里莺啼绿映红'，不是写一时的目见，而是长期欣赏佳景的概括。三四句写长期隐居生活，自然界的美好景物，使作者心情得到陶冶，绚烂至极，归于平淡。仕途的荣辱得失，已不再萦诸胸怀了。五六句写日常悠闲生活，仍然是忘怀得失之意。通过上面六句的具体描写，篇末点题，带出'久'字，长时间反复思索，终于领悟到人生真谛：'去来同'。知足常乐、知止不殆，关键在于自己怎样去对待身外一切事物。"<sup>③</sup>

剡坑探梅<sup>④</sup>

岭上寒梅自看栽，山斜一半似屏开。

春寒点点枝头雨，为<sup>⑤</sup>有东流水过来。

《剡录》卷二《山水志》收录了此诗。"剡坑"，在剡山最高峰星子峰南，自古为剡山名胜，东晋戴逵隐剡山，郗超为其筑精舍。剡坑在宋朝前已经是士大夫们游览的胜景，现为嵊州市的文化遗存，尤以满山梅花著称。王铚咏物最喜梅花，称其为"第一花"<sup>⑥</sup>，赞赏梅花的高洁出尘、卓尔不群。又曾作《梅花赋》为梅花的"禀天质之至美，凌岁寒而独开"<sup>⑦</sup>唱赞歌。马逸群认为此诗："写得清新

① "王猷"当作"王子猷"。王徽之，字子猷。［万历］《绍兴府志》脱"子"字。
② 萧良幹,张元忭,等.［万历］绍兴府志［M］.李能成,点校.宁波：宁波出版社,2012:177.
③ 林世堂.剡溪诗话：汇编本.［M］.吴宏富,主编.北京：现代出版社,2018:79.
④ 傅璇琮,等.全宋诗：第34册［M］.北京：北京大学出版社,1998:21325.按："探"在文渊阁《四库全书·剡录》作"采"。
⑤ "为"在《剡录》卷二作"上"，见王群栗点校《高似孙集》上册（浙江古籍出版社2015年第51页）；文渊阁《四库全书·剡录》亦作"上"。
⑥ 王铚.《临海僧珂公出梅花诗和其韵》中有"第一花中拈实相,谈禅说法大修行"句,见傅璇琮等主编《全宋诗》第34册（北京大学出版社1998年第1908页）。
⑦ 出自［同治］《嵊县志·文翰志》。

生动，自然有工。诗歌题目即点明了作者观赏梅花所站立的方位，即作者站在高处，以俯瞰的视角进行观赏。开篇两句即交代了梅花的生长环境：处在如同孔雀开屏一般的斜山上。后两句将盛放的朵朵梅花比作枝头将坠未坠的雨水，结合山势远远望去，恰似一条自东而来的潺潺溪水，水流向低处也与诗题之'探'遥相呼应。后句之妙在于诗人点染了梅花的灵性，赋予梅花流动性的特征。就好似作者白描了一幅水墨画，突因梅花之'流动'而着色鲜活起来，整个场景再不需寄托于纸笔而纤毫毕现：梅花之吐蕊绽放，梅花之堕风飘坠，甚至出现可以用水流潺潺之声通感风拂花落之声的错觉。"①文史学者金向银先生指出："诗中'东流水'一句，就有泄王气时改变山沟流水方向的意思。"②

### 王子猷返棹处③

我家住在剡溪曲，万壑千山④看不足。

却笑当年访戴人，雪夜扁舟去何速。

《剡录》卷六《诗》收录了此诗。王子猷返棹处在艇湖。这首诗的地点在王铚居处，即今仙岩镇王树村之上王舍村。

［万历］《绍兴府志》卷八载："嵊子猷桥，在县东五里，晋王徽之子猷返棹处也。《世说》：王子猷居山阴，夜大雪，眠觉开室，命酌酒，四望皎然，因起彷徨，咏左思《招隐》诗，忽忆戴安道，时戴在剡，即便夜乘小舟就之，经宿方至，造门不前而返。人问其故，王曰：吾本乘兴而行，兴尽而返，何必见戴？"⑤王铚的这首小诗作为例诗收录其中。

剡溪自古与绍兴鉴湖并称为越中胜景。《元和郡县图志》卷二十六《越州剡县》载："剡溪出县西南，北流入上虞县界为上虞江。"《太平寰宇记》卷九十六《剡县》载："剡溪，在县南一百五十步……即王子猷雪夜访戴逵之所也。"《剡录》卷二《山水志》引《会稽郡记》曰："会稽境特多名山水，潭壑镜澈，清流灌注，唯剡溪有之。王子敬云：'从山阴道上行，山川自相映发，使人应接不暇。若秋冬

① 马逸群.王铚及其诗文研究［D］.广州：暨南大学，2014.

② 金向银.秦始皇剡坑泄王气［N］.今日嵊州，2017-07-19.

③ 傅璇琮，等.全宋诗：第34册［M］.北京：北京大学出版社，1998：21325.

④ "山"在《剡录》卷六作"岩"，见王群栗点校《高似孙集》上册（浙江古籍出版社2015年第135页）。

⑤ 萧良幹，张元忭，等.［万历］绍兴府志［M］.李能成，点校，宁波：宁波出版社，2012：195.

之际尤难为怀.'子敬所云岂唯山阴,特剡溪尤过耳!""万壑千山",即"万壑千岩",出自《世说新语·言语》:"顾长康(顾恺之)从会稽还,人问山川之美,顾云:'千岩竞秀,万壑争流,草木蒙笼其上,若云兴霞蔚.'"如此美景,吸引王铚将家安在了美丽的剡溪之畔,"万壑千山看不足",可笑当年王子猷匆匆从山阴而来,未及访戴,匆匆而回.诗人认为这里就是人居的天堂,远胜于其他村落,简直是人间"仙境".

有宋一代吟咏子猷访戴史事的诗篇有很多,大多是题画诗作.王铚也不例外,亦作有这方面的题画诗:

### 剡溪五秀才画子猷访戴图①

剡溪万壑千岩景,人境谁能识心境.

君画山阴雪后船,始悟前人发清兴.

眼中百里旧山川,荒林雪月萦寒烟.

应缘②兴尽故无尽,宾主不见宁非禅.

当年戏留一转语,不意丹青能再睹③.

更画人琴已两忘,妙尽子猷真赏处.

《剡录》卷七《画》收录了此诗,题作"廉宣仲《访戴图》".此诗作于绍兴十二年(1142)六月.诗中使用了"子猷访戴"典故."两忘",特指物我、身世两者一起忘记.其诗的由来,下面这首诗的标题作了交代:

仆在④会稽泛舟至剡中是时雪迟梅子⑤烟外万枝夹岸幽香不断盖非人间

---

① 傅璇琮,等.全宋诗:第34册[M].北京:北京大学出版社,1998:21312.按:《剡溪五秀才画子猷访戴图》在《剡录》卷七作"廉宣仲《访戴图》(宣仲名布号射泽老农宣和间为画学博士)",见王群栗点校《高似孙集》上册(浙江古籍出版社2015年第141页).

② "应缘"在《全宋诗》校注:"小集本作'料应'."

③ "再睹"在《剡录》卷七作"尽观",见王群栗点校《高似孙集》上册(浙江古籍出版社2015年第141页)."再"在《全宋诗》校注:"李本、小集本作'尽'."李本,指李盛铎藏清抄本(传录吴石仓校本).

④ "在"在《剡录》卷七作"自",见王群栗点校《高似孙集》上册(浙江古籍出版社2015年第141页).

⑤ "子"在《剡录》卷七作"早",见王群栗点校《高似孙集》上册(浙江古籍出版社2015年第141页).

世也。友人廉宣仲在四明闻之作子猷访戴图见寄作长短句谢之仍书四绝句于图后①

上面标题提到王铚从会稽坐船到剡中。只见雪迟梅子，烟外万枝，犹如人间仙境。好友廉宣仲在四明听说这事后，画了一幅《子猷访戴图》送给王铚，王铚作了一首诗回赠给他，作为感谢。还在画上做绝句四首。其四首绝句如下：

### 其一

白玉花开碧玉弯，戴逵溪上谢公山。

若教当日逢斯景，肯道扁舟尽兴还。

### 其二

越溪梅接剡溪滨，得意还成一景春。

此日可怜高兴尽，扁舟处处作东邻。

### 其三

山回水转碧玲珑，月在群山四合中。

香满一船梅胜雪，休夸访戴画屏风。

### 其四

梅英与雪一般色，不得北风香不知。

懒咏尤思招隐句，先生今有画中诗。

诗中"戴逵溪"，即剡溪的别称。晋朝王徽之雪夜访戴逵于此，故名。戴逵（326—396），字安道，谯郡铚县（今安徽濉溪）人，东晋著名美术家、雕塑家。后慕剡地山水之胜，迁居剡县，悠游山水，淡泊自甘，过隐逸生活，一直到去世。他在剡时间长达32年。"谢公山"，唐代皎然诗有"嵊顶谢公山"②，实指谢玄、谢灵运经营之始宁墅，即今车骑山，乡人为纪念车骑将军谢玄而命名。"访戴"，使用"子猷访戴"典。"招隐"，指左思、陆机等人之《招隐诗》，皆源于汉淮南王安《招隐士赋》。赋中悯屈原被放，故招怀之，而意在延揽天下士人。

这组诗用书里典故，赞美景物，表达了诗人王铚对剡溪美景的赞美。"白玉花

① 傅璇琮,等.全宋诗:第34册［M］.北京:北京大学出版社,1998:21327.《全宋诗》题下原按:"《剡录》此题下收绝句七首,前三首实分《雪溪集》卷四《剡溪王秀才画子猷访戴图》一诗而三之。今此题云作画者为廉宣仲,盖二人而画二图,铚亦分别作诗,与题中'仍书四绝句于图后'合。"

② 皎然《题湖上兰若示清会上人》诗,见《全唐诗》卷八百十六。

开碧玉弯，戴逵溪上谢公山"特指剡溪佳景，汩汩逵溪流淌着高洁之士的一脉情怀。"越溪梅接剡溪滨，得意还成一景春"，从越溪到剡溪，梅花首尾相接，筑成一道天然亮丽的"屏风"，畅游其间，胜过当年王子猷访戴，好不快哉！尤其妙在一"春"字，有了它，不必细描寒梅的情景，而将花满枝头的倩影融自人们想象之中。"诗中有画，画中有诗"，便是对这一组诗最好的诠释。

剡溪月下泛舟①

岁残清夜一溪澄，更爱千峰霁月升。

天地高低银色界，山川表里玉壶冰。

裘单拥火宜无倦，石响舟行②恐不胜。

休数③兴来并兴尽，兹游今古亦何曾。

此诗写冬夜月下泛舟情景。以"千峰霁月升"形容清澄的溪水，以"玉壶冰"形容积雪的山川，昭示着冰环雪绕的严冬。"玉壶冰"，出自唐代杜甫《赠特进汝阳王二十二韵》："研寒金井水，檐动玉壶冰。"在一个年关将近的寒冬，剡地一片银装素裹，本当拥裘单、围火炉读书，诗人却抹着清冷的月光，迎着凛冽寒风，学着王子猷雪夜访戴，兴致勃勃地泛舟倒映在剡溪之上，别有一番趣味。全诗意象深婉，情韵幽折。

雪作望剡溪④

玉楼琼树晓烟披，拥衲开门四望迷。

清旷世人谁似我，雪中更对子猷溪。

《剡录》卷六《诗》收录了此诗，题作"题剡溪"。诗中"子猷溪"即剡溪。此诗作于剡溪新居，开门见雪，白茫茫一片，勾起了作者对王子猷访戴典故的遐想。雪后千峰尽白，宛若玉刻，山间的古寺被雪色衬得犹如琼楼玉宇，一片明亮，被迷了双眼。一个"烟"字既描绘出山村的生机，又使整个村落更添神秘梦幻，犹如仙境。在这清旷世间，有谁能似"我"有如王子猷的雅兴，在雪中尽情欣赏这一派剡溪雪景呢。全诗意境幽远，给人恬淡宁静的空灵感受。

---

① 傅璇琮,等.全宋诗:第34册[M].北京:北京大学出版社,1998:21309.

② "舟行"在《全宋诗》校注:"小集本作'行舟'。"

③ "数"在《全宋诗》校注:"小集本作'说'。"

④ 傅璇琮,等.全宋诗:第34册[M].北京:北京大学出版社,1998:21321.

## 登挟溪亭①

剡中何许隔林坰，无复明②峦到眼明。

赖有西南天一角，乱云深处叠秋屏。

《剡录》卷八《僧庐》收录了此诗。[道光]《嵊县志》载："挟溪亭在剡山顶圆超寺。政和间，衢人卢骏元天骥为提点刑狱，行部至此，命其亭曰'挟溪'，旁有俯山堂，下瞰群山。"[雍正]《浙江通志》卷二百三十一载："圆超寺，《於越新编》：在剡山。初号灵鹫庵。宋祥符间，改今额。明永乐年，僧法济复建，有挟溪亭、俯山堂。"③圆超寺旧址在今嵊城孝子坊路，原应天塔东。诗人游登剡山之巅的挟溪亭，放眼剡中大地，千峰叠翠，"冈陇迢递，与星婺脉络"，尤其是"西为圣潭，山深而松秀，中有潭穴，泓泓可勺"④，白云深处，一片美景如秋天的屏风，尽收眼底。

## 倚吟阁⑤

贺家湖东剡溪曲，白塔幽⑥林声⑦断续。

雪中兴尽酒船空，境高地胜何由俗。

谁结禅居在上方，山房屈曲⑧随山麓。

个中非动亦非静，自有⑨白云檐下宿。

---

① 傅璇琮,等.全宋诗:第34册[M].北京:北京大学出版社,1998:21321.

② "明"在《剡录》卷八作"晴",见王群栗点校《高似孙集》上册(浙江古籍出版社2015年第153页)。

③ 嵇曾筠.[雍正]浙江通志:卷二百三十一[M].台北:台湾商务印书馆,1986:280.

④ 出自《剡录》卷二《山水志》,见王群栗点校《高似孙集》上册(浙江古籍出版社2015年第51页)。

⑤ 傅璇琮,等.全宋诗:第34册[M].北京:北京大学出版社,1998:21327.《全宋诗》校注:"僧仲□当为皎,释仲皎,于剡之明心院前为倚吟阁建。"

⑥ "幽"在《剡录》卷二作"出",见王群栗点校《高似孙集》上册(浙江古籍出版社2015年第51页)。

⑦ "声"在文渊阁《四库全书·剡录》作"山"。

⑧ "屈曲"在《剡录》卷二作"曲折",见王群栗点校《高似孙集》上册(浙江古籍出版社2015年第51页)。

⑨ "有"在《剡录》卷二作"是",见王群栗点校《高似孙集》上册(浙江古籍出版社2015年第51页)。

　　《剡录》卷二《山水志》收录了此诗。这是一首纪游诗。诗中的"倚吟阁",原为招隐寺,传为戴逵故居(即今嵊州市剡湖街道戴望村村委会所在处),系宋朝著名诗僧仲皎所建。"贺家湖",镜湖的别称。贺知章退隐乡里后,唐玄宗曾诏赐"镜湖剡川一曲",故称。诗中的"剡溪典",其实应指"剡曲",在浙江省绍兴市西南九里,陆游三山别业东侧,是韩家山流入镜湖的一条小溪。贺知章道士庄即在近旁。诗中用来代指王铚居"剡溪之畔"的新居。南宋陆游《老学庵笔记》卷六:"会稽镜湖之东,地名东关,有天花寺。吕文靖尝题诗云:'贺家湖上天花寺,一一轩窗向水开。不用闭门防俗客,爱闲能有几人来?'"①剡地多寺庙。王铚避居剡地,广结禅缘,随兴而游,悠然自在!

　　**(二)喜用组诗,层次丰富**

　　喜用组诗是王铚诗歌的又一突出特点。这类诗歌往往从多角度阐释对同一事(物)的不同情感。如《墨君十咏》,所谓"墨君",指的是用水墨画成的竹子,作者分别以"进石""藏岩""露叶""弄雨""欺雪""霜节""舞月""雪梢""夜风""忆昔"为标题,从十个不同的角度对竹进行了吟咏,共同构成诗人所要吟咏的"墨君"主题。

墨君十咏·欺雪②

爱竹高风已自贤,兴来更泛剡溪船。

枝间清响风惊雪,忆得东林夜宿年。

　　诗中"爱竹"指王徽之,字子猷,王羲之之子。王徽之性爱竹,曾说:"何可一日无此君!""剡溪船",泛指访友之船,亦指王子猷雪夜访戴的雅事。"东林",即东林寺,位于江西九江市庐山西麓,为东晋高僧慧远所建。"夜宿年",指诗人元日遇雪在此夜宿。③

　　**(三)崇尚佛道,诗富禅意**

　　王铚晚年醉心佛道,有不少诗歌是与僧侣、道士相唱和而作,叙述与之交往。在诗人的笔下,松间的清月、佛前的油灯、孤峰上的僧庵、秋夜的犬吠、归僧的

---

　　① 陆游撰.老学庵笔记[M].杨立英,校注.西安:三秦出版社,2003:231.

　　② 傅璇琮,等.全宋诗:第34册[M].北京:北京大学出版社,1998:21319.

　　③ 王铚.《元日雪》有"事隐东林夜宿年,静洒僧窗更幽绝"句,见傅璇琮等主编《全宋诗》第34册(北京大学出版社1998年第21296页)。

敲门声，融入了一个充满诗意的境界。其诗用语平淡，意境清幽，表现了诗人淡泊平和的心境。

早秋寄昔慧老且吊慈受老师之亡<sup>①</sup>

昔日禅河早预流，老寻支许剡中游。
一枝数粒同过夏，万壑千岩相映秋。
眼看珠深沧海底，心伤塔就<sup>②</sup>乱峰头。
不须月落龙天泣，万古白云无去留。

建炎三年（1129）五月，王铚南逃至建康（今南京），慈受住蒋山寺，两人晤面谈及入剡事。绍兴二年（1132），王铚居绍兴，闻慈受亡，作本诗哀悼。诗中的"支许"，指支遁、许询，皆为晋代高僧名士，共在会稽王斋，支为法师，许为都讲，两人均曾游剡中。"一枝数粒"，此处用于称颂"慈受"的无欲人生。"珠沉沧海"，比喻人才被埋没，此指慈受仙逝，诗人"心伤塔就乱峰头"，其悲痛之情可见一斑。

和明上人见赠（其一）<sup>③</sup>

西湖梅蕊暗<sup>④</sup>香浮，锡杖凌空过沃洲。
后会重寻人更老，颓光不驻水争流。
夕阳天际青山出，暝色烟中白鸟留。
此境只曾支遁赏，剡溪今始得汤休。

这是一首倡和诗。此诗回忆了诗人在剡溪与灵隐明上人的一段相处时光。首联以"西湖"代指"杭州"，"锡杖"代指"僧人"，明上人来自杭州灵隐寺。接着追忆两人同登沃洲，瞻仰古代高僧支公曾经修禅之地的美景，"夕阳天际青山出，暝色烟中白鸟留"，令诗人久久不能忘怀。再相逢，却如"颓光"、流水，韶华逝去，两人已成老翁。只有那沃洲的美景永驻，昔日得到支遁赏识，今天又得汤休青睐。沃洲在浙江新昌县东南，这里号称山奇水绝处，东晋时这里为佛学中

---

① 傅璇琮，等.全宋诗:第34册［M］.北京:北京大学出版社,1998:21304-21305.按:释怀深（1077—1132），号慈受,俗姓夏,寿春六安（今属安徽）人,年十四出家,建康府蒋山寺、苏州灵岩尧峰寺僧,善诗,《全宋诗》录其诗五卷。

② "就"在《全宋诗》校注:"小集本作'声'。"

③ 傅璇琮，等.全宋诗:第34册［M］.北京:北京大学出版社,1998:21313—21314.

④ "暗"在《全宋诗》校注:"原作'晴',据小集本改。"

心之一，在中国佛教史上有其独特的地位。沃州山与天姥山对峙，有放鹤亭、养马坡诸胜。支遁为晋高僧，字道林，时人称为"林公"。精研《庄子》与《维摩经》，擅清谈。当时名流谢安、王羲之等均与为友。南朝宋刘义庆《世说新语·言语》："支道林常养数匹马。"《建康实录》卷八引《许玄度集》曰："遁字道林，常隐剡东岇山，不涉人事，好养鹰马，而不乘放，人或讥之，遁曰：'贫道爱其神骏。'"汤休，南朝宋高僧惠休的别称。《宋书》曰：'沙门释惠休，善属文，辞采绮艳，（徐）湛之与之甚厚，世祖命使还俗，本姓汤，位至扬州从事史。'"诗中用支遁、汤休称颂明上人为诗才出众的高僧。

**（四）长题代序，别具一格**

在古代，很多诗人创作时，喜欢把时间、地点等信息全部写进标题里以省去作序的麻烦。一个标题就是一篇文章。王铚的"剡字诗"中也有一些诗歌题目奇长，这些诗题多介绍诗歌的创作缘由，或为一则故事，或记录详细事件经过，起到代替诗序的作用。"及剡诗"中就有这样一首长标题的"剡字诗"：

> 顷在庐山与故友可师为诗社尝次韵和予诗云空中千尺堕柳絮溪上一旗开茗芽绝爱晴泥翻燕子未须风雨落梨花重江碧树远连雁剡水绿蒲深映沙想见方舟端取醉酒酣风帽任欹斜后三十年避地剡溪山中时可师委蜕亦二纪矣灵隐明上人追和此为赠感念存没泪落衣巾因用韵谢之[①]

这一标题长达117字，记录了王铚与释祖可于北宋大观二年（1108）在庐山结社之事，并将释祖可所作之诗囊括在内。又言释祖可于北宋政和四年（1114）去世24年之后，灵隐明上人追和此诗与王铚，王铚忆及往昔潸然落泪，遂作诗答谢。其诗云：

> 昔访庐山惠远家，寻春草木未萌芽。
>
> 自从柳折烟中色，不寄梅开雪后花。
>
> 事往泪多添海水，诗来恨满算河沙。
>
> 惊回三十年前梦，放鹤峰头日未斜。

诗中"惠远"，为晋高僧，居庐山东林寺，世人称为远公。"事往"二句，表达作者想起了南逃的悲痛。"河沙"，即"恒河沙数"，佛教用语，出自《金刚

---

① 傅璇琮,等.全宋诗:第34册[M].北京:北京大学出版社,1998:21304.

经·无为福胜分第十一》："但诸恒河尚多无数，何况其沙……以七宝满尔所恒河沙数三千大千世界，以用布施。"人们用"恒河沙数"这一成语来形容数量极多，无法计算。颈联写得真挚动人：泪以海水作比，极言其多；恨用河沙为拟，极言其密。此联以夸张的手法表达出诗人对已逝故人（释祖可）深切的怀念之情。"放鹤"，指咏鹤僧人，此典出自南朝宋刘义庆《世说新语·言语七六》"支公好鹤"①，此处用来追忆30年前与释祖可结交的岁月。北宋大观中（约1109）王铚曾随父往江州，与释祖可结诗社于庐山下，有唱和。此期间，与徐俯、洪炎、洪刍、惠洪、善权、张元干等有交往。建炎四年（1130）春，王铚曾往湖州千金村访张元干，也是王铚失落之心态，一种在宦海与乡野之间不可名状的游离心结，此时的王铚已有避开京都卜居山野之心。

## 三、结语

王铚避居剡溪之畔上王舍村七年，最终卒葬剡地花山刘坑坂，与剡中山水融为一体。花山与王舍一水之隔，隔岸相望，"长生吾不羡，久悟去来同。"②生前他为自己能卜居在这样一个世人慕名的福地而满足，其间创作了一批呈现剡地风物景观的"及剡诗"，成为对剡中贡献最多的历史文化名人之一。其诗集名为《雪溪集》，《四库全书》收录五卷。《全宋诗》以文渊阁《四库全书·雪溪集》为底本，又辑得其二十首，辑为六卷，总计二百零七首③。雪溪即剡溪，因王子猷雪夜访戴而名。同时他又以"雪""溪"之名于隐喻自身的遭遇。由诗集名可知王铚钟情剡溪、眷恋剡地山水之情。并且王铚的不少诗作标有时间、地点，作品内容又多系实录，如将"剡溪""剡坑探梅""子猷返棹处""挟溪亭""戴溪亭""倚吟阁""归鸿阁""戴安道宅"等剡中的名胜古迹写入诗中，这就决定了其作品有很高的史料价值。再如，南宋张淏纂修［宝庆］《会稽续志》卷四征引王铚《僧湛然了溪诗》序言："剡溪，谓之了溪。"这对历来关于"了溪"到底是不是"剡溪"的争论，提供了有力的佐证。凡此种种，王铚的"及剡诗"对研究南宋时期剡地

① 朱碧莲,沈海波.世说新语(中华经典名著全本全注全译丛书)[M].北京:中华书局,2011:132.

② 王铚.剡溪久寓[M]//傅璇琮,等.全宋诗:第34册.北京:北京大学出版社,1998:21314.

③ 张明华,房厚信.王铚、王明清家族研究[M].合肥:黄山书社,2013:177.

的历史、政治、民俗、文学有很大的帮助。这些"及剡诗",尤其是"剡字诗"在一定程度上反映了南宋初期剡地的特色,具有较高的文学、地理学、史学、旅游学价值,有着重要的研究意义。

**附录　《剡录》收录的王铚"及剡诗"**

| 所在卷数 | 诗　题 | 诗、序或句 |
|---|---|---|
| 卷一<br>《县纪年》 | 《戴溪亭诗》,全诗。<br>【校】《全宋诗》题作《秀远亭》。诗句中与《全宋诗》的不同处以下标示出,下同。 | 碧玉仙壶镜似冰壶表里清,我来闲伴白云行。<br>四山迤逦青围野,一水蜿蜒碧绿绕城。<br>试问春来观秀色,如何何如雨后听寒泉声。<br>老普人飞驭烟霞外,落日空含万古情。 |
| 卷一<br>《县纪年·戴溪亭》 | 又诗。<br>【校】《全宋诗》题作《十二月中旬书戴溪亭》。 | 天上东风转斗星,天涯羁客尚飘萍。<br>道涂只谩况复经残岁,风雪那堪客旅亭。<br>春到怯添双鬓白,夜寒愁对一灯青。<br>绝怜残年万古凄凉恨,不计樽前一醉醒。 |
| 卷二<br>《山水志》 | 《倚吟阁》,全诗。 | 贺家湖东剡溪曲,白塔出幽林声断续。<br>雪中兴尽酒船空,境高地胜何由俗。<br>谁结禅居在上方,山房曲折屈原随山麓。<br>个中非动亦非静,自是白云檐下宿。 |
| 卷二<br>《山水志》 | 《剡坑探梅》,全诗。 | 岭上寒梅自看栽,山斜一半似屏开。<br>春寒点点枝头雨,上为有东流水过来。 |
| 卷二<br>《山水志》 | 《僧湛然了溪诗》 | 序曰:"水逆行谓之洚水,今浙江之潮,逆行之水也。禹因三江入海,顺水性自然处以告成功,故剡溪谓之了溪。" |
| 卷二<br>《山水志》 | 王性之有《雪后渡西溪》诗,全诗。<br>【校】《全宋诗》题作《雪晴闲渡西溪》。 | 雪后孤村一段烟,晴光远射四库本作照玉山川。<br>酒旗隔步招闲客,独上西溪渡口船。 |
| 卷六<br>《诗》 | 《题剡溪》,全诗。<br>【校】《全宋诗》题作《王子猷返棹处》。 | 我家住在剡溪曲,万壑千岩山看不足。<br>却笑当年访戴人,雪夜扁舟去何速。 |
| 卷六<br>《诗》 | 《戴安道宅》,全诗。<br>【校】《全宋诗》题作《剡溪久寓》。 | 山水戴逵宅邑,尚余清兴中。<br>千岩落花雨,一径卷松风。<br>酒茗延幽子,图书伴老翁。<br>长生吾不羡,久悟去来同。 |

续表

| 所在卷数 | 诗　题 | 诗、序或句 |
|---|---|---|
| 卷七<br>《画·廉宣仲》 | 《廉宣仲访戴图》。全诗。<br>【校】《全宋诗》题作《剡溪王秀才画子猷访戴图》。 | 剡溪万壑千岩景，人境谁能识心境。<br>君画山阴雪后船，始悟前人发清兴。<br>眼中百里旧山川，荒林雪月萦寒烟。<br>应缘兴尽故无尽，宾主不见宁非禅。<br>当年戏留一转语，不意丹青能再睹观。<br>更画人琴已两忘，妙尽子猷真赏处。 |
| 卷八<br>《物外记·僧庐》 | 王铚题诗。<br>【校】《全宋诗》题作《题惠安寺增胜堂》。 | 心是华严境，圆机更善根。<br>一尘犹可见，十胜不为繁。<br>放鹤扫松径，呼猿开竹门。<br>妙高峰顶住，客到亦忘言。 |
| 卷八<br>《物外记·僧庐》 | 王铚诗，全诗。<br>【校】《全宋诗》题作《上方》。 | 松间清月佛前灯，庵在危峰更上层。<br>犬吠一声四库本作山秋意静，敲门知有夜归僧。 |
| 卷八<br>《物外记·僧庐》 | 《登挟溪亭诗》，全诗。 | 剡中何许隔林坰，无复晴明峦到眼明。<br>赖有西南天一角，乱云深处叠秋屏。 |
| 卷八<br>《物外记·僧庐》 | 《归鸿阁》，全诗。 | 初离江渚荻生芽，飞到龙荒雪满沙。<br>寄语不须传信远，将军忧国不忧家。 |
| 卷八<br>《物外记·僧庐》 | 《题普惠方丈》，全诗。<br>【校】《全宋诗》作《普惠寺》。 | 镜里形容水底天，定将何物喻真禅。<br>心安便是毗卢界，尽日添香伴兀然。 |
| 卷十<br>《草木禽鱼诂下·果·杏》 | 《杏花》诗，全诗。 | 玉人半醉点羞丰肌，何待武陵花下迷。<br>记得秋千归后约，黄昏新月粉墙低西。<br>醉里余香梦里云，又随风雨去纷纷。<br>人间春色都如多少，莫扫残花不尽魂。 |
| 卷十<br>《草木禽鱼诂下·禽·竹鸡》 | 王性之诗，句。<br>【校】《全宋诗》列《句》第四。 | 惨惨风林叫竹鸡，冥冥山路晓光微。 |

【说明】浙江古籍出版社2015年出版的"浙江文丛"《高似孙集·剡录》所录王铚诗，与北京大学出版社1998年版《全宋诗》所录王铚诗，在诗题、诗句上存在差异。个别诗，与文渊阁《四库全书·剡录》（简称四库本）亦有不同。三者异处，见表中下标所示。所以，笔者提倡比较阅读。并在此呼吁，引用王铚诗，务请注明出处。

# 明定西侯蒋贵籍贯辨析

郑　永

## 引言

蒋贵（1380—1449），字大富，是明代初期的名将。他一生驰骋沙场，镇松潘，平叛乱，功勋卓著，屡次擢升，因功封为定西侯，卒后赠泾国公，谥"武勇"。关于蒋贵的籍贯，除了正史记载他为扬州江都人之外，浙江诸暨、安徽歙县和福建南靖也都称是蒋贵故里，可谓各持己说，莫衷一是。

《三不朽图赞》中的蒋贵像

## 一

关于蒋贵籍贯为江都一说，《明史·蒋贵传》记载："蒋贵，字大富，江都人。"又钱溥所撰的《定西侯赠泾国公谥武勇蒋贵神道碑》①（下简称《蒋贵神道碑》），其中记载："公讳贵，字大富，扬之江都人。父从龙，当元之季以义勇附太祖起淮甸。……捷闻，遣中官赍彩段白金宴劳，封奉天翊卫推诚宣力武臣，特进荣禄大夫、柱国、定西伯，食禄千二百石，给世袭诰券，追封其曾祖三公、祖八公、父从龙皆定西伯，曾祖妣杨、祖妣杜、妣程皆伯夫人，晋镇甘凉。"

明代倪谦曾为蒋贵之子蒋义撰写《故定西侯蒋公墓碑铭》②，文曰："公讳义，

---

①　焦竑.国朝献征录:卷七[M].影印本.扬州:广陵书社,2013.

②　倪谦.倪文僖集:卷二十六[M].影印本.台北:台湾商务印书馆,1983.

字唯忠，姓蒋氏，扬之江都人。高祖讳三公，曾祖讳八公，祖讳从龙，皆赠定西侯。父讳贵，封奉天翊卫推诚宣力武臣，特进荣禄大夫、柱国、定西侯，食禄二千石，追封泾国公，谥'武勇'。母李氏，封夫人。"

［康熙］《江都县志》卷九《人物·武勋》载："蒋贵，江都人。永乐初，贵从行伍，以功世授指挥同知。"

从以上资料可知，蒋贵应为扬州江都人。

## 二

关于蒋贵为诸暨人的说法，在明人编著的书籍中也有明确记载。徐象梅《两浙名贤录》卷三十一《武功》记载："都指挥同知蒋贵。蒋贵，诸暨人。"明末著名文史学家张岱编著的《石匮书》卷二十一记载："蒋贵，江都籍，诸暨人。"又其编著的《三不朽图赞》亦载："蒋武勇贵，诸暨人。"

到了清代，官方编修的［乾隆］《钦定大清一统志》卷二百二十七也明确记载："蒋贵，字大富，诸暨人。"［嘉庆］《大清一统志》卷二百九十五记载相同。乾隆年间诸暨学者冯至，对蒋贵家族的情况也比较了解，在他所著的《允都名教录》卷二记载："邑三塘蒋氏，祖茔在其宅后。余观之再四，外沙飞扬，较白湖千子墓、藕山诸沙，飞扬更甚，子孙往往迁地为良。定西侯十一代，寄籍江都，照人耳目矣。"又卷六载："千子墓，在白塔湖南，明定西侯蒋贵祖茔也，元末时迁此。土人以山川雄秀，为当出天子，呼为天子墓。及蒋侯荣归，嫌其名，伐石表曰'千子公墓道'。"晚清著名文史学家李慈铭在《三不朽图赞》书末跋语中说道："至蒋定西者，《明史》诸书皆云'江都'人，今扬郡蒋氏其族尚盛，陶庵引为越产，闻诸暨祠堂、蒋氏祠堂中亦悬其绰楔，盖以祖籍在越，支脉远分，乡党相夸，援为光宠，入之于此则为赘附。"李慈铭又在《越缦堂文集》卷十二《越中先贤祠目序例（光绪十一年十一月）》一文中记载："明之定西侯蒋贵，府志谓本'诸暨人'，本之张氏《有明三不朽图赞》，而《明史》止云'江都人'。"

可见代表官方的［嘉庆］《大清一统志》编纂人员及徐象梅、张岱、冯至、李慈铭等学者，都认可蒋贵的祖籍在诸暨。

蒋贵为诸暨人的说法，在历代诸暨县志中也可找到相关的记载。其中［康熙］《诸暨县志》卷十记载："蒋贵，字大富，义安乡三塘人。"［乾隆］《诸暨县志》卷二十四载："贵，义安乡三塘人……谨按，蒋贵生斯长斯聚族于斯，而其后隶籍江都，实暨人也。其里居世系及发祥之阡，吾暨及今犹夫人能言之。"在陈遹声、蒋鸿藻等人编纂的［光绪］《诸暨县志》中，也能找出不少有关蒋贵的记载，如卷十："白浦西有山隆起，曰大贝山，亦曰何家山。明泾国公蒋贵祖阡在焉，俗呼千子墓，山下有泾国公墓表。"卷十二："迤东三塘村，为明泾国公蒋贵故里。"卷三十："蒋贵，字大富，义安乡三塘人，寄籍江都，以燕山卫卒从成祖起兵。"卷四十一："泾国故里，在八都三塘。明泾国公蒋贵故里。"1993年版《诸暨县志》在编纂时，也在第二十九编《人物》中为蒋贵立传，认定其为"明代诸暨义安（今思安乡）珊堂村人，寄籍江都"，即长期离开原籍诸暨居住于江都，因而有了江都籍贯。

此外，蒋姓为诸暨大姓，蒋姓人口数量列绍兴市第12位。据《暨阳三塘蒋氏宗谱》①记载，蒋贵世系为：蕃（第一世三塘始祖，字昌甫，世居徽之婺源悬乡村，宋嘉泰间为暨邑令）—百一（第二世，讳邦彦）—千五（第三世，讳铨）—万十三（第四世，讳曼）—寿一（第五世，讳懋）—胜九（第六世，讳盈之，更行八一，为江都始祖）—云（第七世，字从龙）—贵（第八世，字大富）—义、雍、谦、让、谏（第九世）—琬（第十世，义之子）—骥（第十一世）—睿（第十二世）—傅、佑（第十三世）—建元（第十四世，佑之子，号春山）—承勋（第十五世，号荫轩）。在该谱卷一之中，还有篇撰写于明嘉靖三十年（1551）十月的《定西侯前后护茔札》，文曰："左军都督府为追崇祖墓，

［康熙］《诸暨县志·蒋贵传》

［乾隆］《诸暨县志·蒋贵传》

---

① 蒋会通,蒋关赓.暨阳三塘蒋氏宗谱［M］.重修木活字本.［出版地不详］:世勋堂,1947.

以培根本，以垂久远，事准本府管本府事。定西侯蒋咨称照得本爵原籍浙江绍兴府诸暨县义安乡八都籍，昔我云祖客游江都，仗剑归我太祖高皇帝。逮子贵与今延绥总兵兄存礼之祖礼二公，俱随我太宗文皇帝征讨有功，各升授前爵职，奕叶云仍，世济其美。而云祖之父曰八一公，即胜九公，礼二公之祖曰胜八公，乃八一公之兄。然八一公之父曰寿一公，祖曰万十三公，曾祖曰千五公，高祖曰邦彦公，公之父曰蕃祖，诸茔具在原籍土名三塘等处。"此外，该谱中还收录了蒋贵的《封定西伯诰》《封定西伯铁券文》《封定西侯诰》《封定西侯铁券文》《追封泾国公谥武勇诰》《定西侯贵公传》等一些诰敕传记，及其后人回诸暨三塘祭祖的情况，可谓言之凿凿，有凭有据。

浙江图书馆藏有一部与三塘蒋氏同族的《暨阳紫岩蒋氏宗谱》①，其中有篇《泾国公家传》记载："公姓蒋讳贵，字大富，世住浙江暨阳县，移住维扬江都县善应乡。"这也可以作为蒋贵祖籍诸暨的一个旁证。

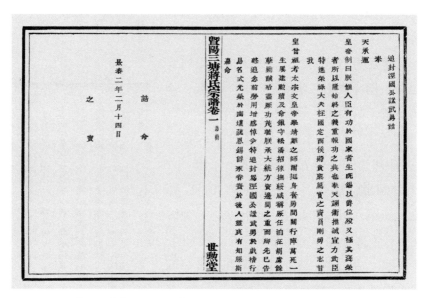

［民国］《暨阳三塘蒋氏宗谱·追封泾国公谥武勇诰》

三

明程敏政撰《太保兼太子太傅掌左军都督府事定西侯追封凉国公谥敏毅蒋公

---

① 蒋如璜,蒋汝琏.暨阳紫岩蒋氏宗谱[M].重修木活字本.[出版地不详],1930.

墓志铭》①，正是蒋贵之孙蒋琬的墓志铭，其中记载："先世虽居扬之江都，远祖实自徽歙，公言于朝，力还其先墓田所在。"［万历］《歙志·勋烈》记载："蒋贵，字文富，蒋家坞人，贯扬州江都籍。父从龙，当元季以义勇附太祖起淮甸，隶燕山中护卫，侍亲王之国。"［乾隆］《歙县志·勋爵》记载："蒋贵，初封奉天翊卫推诚宣力武臣，特进荣禄大夫、柱国、定西伯，食禄千二百石，给世袭，诰追三代。考妣如其爵，后封侯，卒追封泾国公，谥'武勇'。孙琬袭。"［民国］《歙县志·人物志·材武》记载："蒋贵，字文富，蒋家坞人，江都籍。父从龙，当元季以义勇附太祖起淮甸，隶燕山中护卫，侍燕王之国。"可见蒋贵远祖在徽歙，而从《暨阳三塘蒋氏宗谱》也可以看出三塘蒋氏始祖蒋蕃原籍徽之婺源，距蒋贵已历七世。

［万历］《歙志·蒋贵传》

另据［乾隆］《南靖县志》卷六《人物·武功》记载："蒋贵，字大富，归德里人，祖葬麒麟山，舆者曰：'此公侯地也，但初必有凶耳。'未几，果遭难，流寓江都。"又卷七《宅墓》载："蒋定西侯墓。在县治西门外麒麟山，定西侯蒋贵之祖也，归德里人，后移徙江都。"《南靖县志·人物》②记载："蒋贵（1378—

① 程敏政.篁墩文集:卷四十四［M］.影印本.上海:上海古籍出版社,1991.
② 南靖县地方志编纂委员会.南靖县志:卷四十四［M］.北京:方志出版社,1997.

1449），生于明朝洪武十一年（1378），靖城阡桥人，祖墓在阡桥村麒麟山。他身材魁梧，练就一身好武艺，尤其娴熟骑射，是明代前期名将。蒋贵少年因误伤人命，逃亡到江苏省江都县，以后在燕山当卫兵。"可见《南靖县志》与《明史·蒋贵传》及《蒋贵神道碑》记载不符，可信度值得怀疑。

## 结论

综合以上资料可知，蒋贵祖籍在诸暨的方志、家谱以及相关文献记载比较丰富，而安徽歙县只是蒋氏远祖的原籍，福建南靖为蒋贵故里的说法则有攀附的嫌疑。蒋贵祖父蒋盈之由诸暨迁居江都，故蒋贵出生与成长当在江都（今江苏省扬州市江都区），而其祖籍实在诸暨义安三塘（今浙江省诸暨市次坞镇新民村珊堂自然村）。

# 近代绍兴名人众多现象探析

付东升

绍兴，简称"越"，古称越州，越国古都建于公元前490年，距今已2500余年。宋高宗取"绍奕世之宏休，兴百年之丕绪"之意，南宋建炎五年（1131）正月起，改元绍兴，升越州为绍兴府，府治设山阴，辖山阴、会稽、诸暨、萧山、余姚、上虞、嵊县、新昌八县。清朝至民国，绍兴地区下辖绍兴、上虞、余姚、嵊县、新昌、诸暨、萧山七县。

从鸦片战争到1949年中华人民共和国成立，绍兴籍人才辈出，数量呈群体式爆发增长。他们中既有革命政治精英，又有思想文化先锋、科技教育大家，群星璀璨，而且不少人兼跨多个领域，在近代中国政治、思想、文化、教育等诸多领域颇领风骚；此外，还有大量全国各地精英来绍兴开展革命，投身教育。这些名人都为中国现代化进程做出过重要贡献。放眼近代中国，绍兴名人群体众多现象确实独一无二，值得关注。探究这一现象，不仅有助于深刻理解中国现代化萌生原因、发展状况、经验教训，而且有助于把握古越文化和我国传统社会在近代的流变情况。

## 一、绍兴名人概况

绍兴位于长江三角洲南端、浙江省中北部，东与海运港口宁波相接，西与浙江省会杭州相邻。绍兴素称"文物之邦、鱼米之乡"，是著名的水乡、桥乡、酒乡、书法之乡和名士之乡，历史悠久，文化灿烂，人才辈出。唐朝至清朝，绍兴地区登文进士科者共1965人，其中唐12人，五代7人，宋618人，元24人，明560人，清744人；登武进士科者273人，其中五代2人，宋12人，明117人，清142人。历代科举中，绍兴地区共有三鼎甲46人（含寄籍），其中状元27人（文

15人，武12人），榜眼10人（文8人，武2人），探花9人（文7人，武2人）。登科进士的地域分布，以山阴、会稽两县为多[1]。清以前的历史人物中，《中国人名大辞典》（商务印书馆1921年版）收录的绍兴籍名人500人以上。明代文学家袁宏道认为绍兴"士比鲫鱼多"[2]。

从夏朝至今，绍兴涌现出一批颇有影响力的政治家、文学家、艺术家、革命家、思想家、教育家、史学家等。这其中著名人物有：大禹、勾践、西施、王充、王羲之、谢灵运、贺知章、陆游、王守仁、徐渭、黄宗羲、朱之瑜、章学诚、葛云飞、汤寿潜、蔡元培、秋瑾、鲁迅、竺可桢、马寅初等。周恩来总理祖籍亦是绍兴。

绍兴著名人物是绍兴人才群体的代表，而更多的绍兴人才在中国近现代的政治、文化、教育、经济等领域分别发挥了或大或小的作用、产生或大或小的影响。这其中有：陶成章、周作人、蒋梦麟、陈鹤琴、夏丏尊、杜亚泉、经亨颐、黄楚九、宋汉章、杨贤江、梁柏台、范文澜等。这些绍兴籍精英在近代中国社会的影响力往往外溢于所从事的专业工作领域。绍兴是名士荟萃之地，毛泽东主席称赞绍兴为"鉴湖越台名士乡"。

近代，不少精英在绍兴从事革命活动反对腐朽清统治，或办教育启民智育人才。徐锡麟、秋瑾都是绍兴人，先后加入光复会，共赴日本求学，共创大通学堂，谋划浙皖起义，最终徐锡麟壮烈牺牲，秋瑾从容就义。1908年，乡贤陈春澜创办春晖学堂，春晖中学位于上虞湖光山色的白马湖畔象山之麓，1919年，又委托王佐和教育家、民主革命家经亨颐续办中学，1922年开校。春晖首创中学生男女同校，践行"动的教育""感化教育""有信仰的教育""个性教育"等教育主张，聘请李叔同、夏丏尊、朱自清、匡互生、朱光潜、丰子恺、刘薰宇、叶天底、张孟闻、范寿康等名师。在春晖，夏丏尊首译《爱的教育》，丰子恺漫画诞生，朱自清写下《春晖的一月》，朱光潜留下《无言之美》……当时的春晖名师云集，教育唯新，一洗积弊，积累深厚的师资和人文底蕴，赢得"北南开、南春晖"的美誉，成为中国现代新教育和新文学的发源地之一。

---

[1]　绍兴市人民政府.绍兴市志:第二章历代进士名录.http://www.sx.gov.cn/col/col1462880.
[2]　袁宏道.初至绍兴,袁宏道古诗_古诗文网.https://so.gushiwen.cn/shiwenv_d36eca5e57oc.aspx.

## 二、名人众多原因

一方水土养一方人。近代绍兴名人群体涌现根植于近代中国半殖民地半封建社会的土壤："水如棋局分街陌"的水乡泽国对于越地人几千年的滋养孕育、绍兴城乡塾学普及和师爷文化的深刻影响、自然经济异化出的资本主义萌芽、坚船利炮掩护下的西方思想冲击。

崇山峻岭出武将，水波荡漾出文人。绍兴名人以文人居多。古浙东地区"万流所凑、涛湖泛决、触地成川、枝津变渠"①。绍兴境内河道密布，湖泊众多，主要河流有曹娥江、新昌江、小舜江、浙东运河等，向以"水乡泽国"享誉海内外。"水德含和、变通在我"②，历代皆以浚河为安民要务。相传4000多年前，大禹两次来越治水，死后葬于会稽山。东汉会稽太守马臻筑成大型蓄水灌溉工程鉴湖，明朝绍兴知府汤绍恩建造三江闸。沿河建房，遇河架桥，街随河走，乌篷船灵活漂移在穿街走巷的河流上，这些构成绍兴独特的江南水乡美景。子曰："智者乐水，仁者乐山；智者动，仁者静；智者乐，仁者寿。"③水是绍兴的灵魂、血脉。远超全国其他地区、极其丰富的河流湖泊水资源，孕育了绍兴人聪慧、精明、流动的特质。"山阴道上行，如在镜中游"④。绍兴山明水秀，"山有金木鸟兽之殷，水有鱼盐珠蚌之饶，海岳精液，善生俊异，是以忠臣继踵，孝子连闾，下及贤女，靡不育焉"⑤。优越的自然环境、富庶的鱼米之乡、纯朴的风土人情，造就绍兴地灵人杰、人才辈出。

越地有"儒风之盛，冠于东州"之誉⑥，原因是越中民间对于塾学和教育的高度重视。受中原文化影响，特别是到两宋时期及至元明，越地文风更为灿然，越地一般家庭都重视对子女进行基础的儒家教育，幼童须上蒙学、私塾，形成"好

---

① 郦道元.水经注:卷二十九[M].北京:中华书局,2009:236.
② 郦道元.水经注:卷十二[M].北京:中华书局,2009:83.
③ 孔子.论语:雍也篇[M].北京:中华书局,2006:80.
④ 刘义庆.世说新语:言语[M].北京:中国纺织出版社,2019:43.
⑤ 鲁迅.会稽群故书杂集:序[M].上海:鲁迅全集出版社,1946:1.
⑥ 施宿.[嘉泰]会稽志.浙江档案数据库.[2013-07-03]. http://data.zjda.gov.cn/art/2013/7/3/art_127_2840.html.

学笃志，尊师择友，弦诵之声，比屋相闻"①和"下至蓬户，耻不以诗书训其子"②的习文风尚。千年来越地读书风尚炽盛，熏陶出了"绍兴师爷"。崇尚读书、追求功名，是传统社会风尚；但科举失利，作幕、经商便是两大热门求生求名之道。绍兴师爷是地域性、专业性极强的幕僚群体，是各级官吏处理政务公事的智囊和代办，是明清封建官制与绍兴文风炽盛相结合的产物，始于明，盛于清，没落于辛亥革命前后。绍兴师爷精练能干、处事机智灵活，折射出绍兴士风名人特点。

越地山水秀美，物产富庶，唐宋以来，北方人口大量流入，地狭人多的矛盾逐渐突出，大量剩余劳动力不得不从事手工业、商业、借贷、外出谋生等。清末被迫五口通商后，受进出口贸易刺激，绍兴商业活动大幅扩展，茶商、丝商、商行、店铺兴隆，顺应商业活动需要的金融机构钱庄大量出现，绍兴的商帮、商人、钱庄主足迹遍布全国，越地和全国其他地区沟通十分活跃。地处沿海，中外文化碰撞较早发生，西学东渐、维新、革命、新文化运动的浪潮里，绍兴人的视野比较开阔、观念容易更新，许多乡绅、钱庄主、商人、士人思想观念较早发生变化。比如徐树兰在清末创办绍郡中西学堂、古越藏书楼，1902年成立的古越藏书楼是近代中国第一个公共图书馆，他成为中国近代图书馆事业的重要开创者。

20世纪初，全国包括绍兴许多有志青年接触了西方近代思想学说，尤其是留学日欧美的青年，切身感受到近代工业文明带来科技文教和社会民生的巨大进步，对比父母之邦的落后和被动挨打，他们立志救民于水火、救亡图存，或革命，或实业救国，更多的选择文化救国、教育救国，通过文学作品、教育，批判民族劣根性、引介近代先进的西方观念与科技，启迪民智，就像鲁迅自述：凡是愚弱的国民……我们的第一要著，是在改变他们的精神，而善于改变精神的是，我那时以为当然要推文艺，于是想提倡文艺运动了。③

近代绍兴名人众多是越地水乡地理的孕育，是文风炽盛的熏陶，是商品经济的推动，是东西文明的冲撞，是越地数千年的历史积淀和近代中国社会变迁相结合的产物。

① ［道光］会稽县志稿：风俗志：卷七［M］.铅印本.绍兴：绍兴县修志委员会，1936：1.
② ［万历］绍兴府志：风俗志：卷十一［M］.济南：齐鲁书社，1997：史200.
③ 鲁迅.呐喊：自序［M］//鲁迅全集第一卷.北京：人民文学出版社，2005：439.

## 三、名人众多特征

水是绍兴之根，使绍兴成为山水俱佳的鱼米之乡，更使绍兴钟灵毓秀。数千年来，古越之地一直有"耳目康宁手足轻，村墟草市遍经行。《孝经》章里观初学，麦饭香中喜太平"①之说。兴学重教之风，使绍兴人才辈出、人文荟萃。乃至近代，民族工商业发展，西方文明冲击，新式教育兴起，绍兴读书人、乡绅、商人逐渐转型，他们走向全国，跨出国门，一方面深受传统文化浸润，一方面接受欧风美雨沐浴，在新旧时代的交替中由传统士人逐渐转变为现代意义上的知识分子，"名士乡"厚积薄发地涌现出大量现代意义上的名士，地域性、群体性鲜明的绍兴精英们在近代中国现代化进程中诸多领域发挥了或大或小的积极作用。

近代绍兴名人群体处在半殖民地半封建中国的历史长河中，他们身上无一例外都兼有新旧文化的特点，或浓或淡。在旧民主主义革命时期，汤寿潜、秋瑾、蔡元培、青年鲁迅，对于西方文化的过分崇仰，对于传统文化的过激贬抑，反映出他们对于旧中国国力、文化和文明落后于欧美的急切焦虑。在新民主主义革命时期，陈鹤琴、杨贤江、晚年鲁迅，则已学会理性看待中西方文明，他们不仅扎根中国实际，而且把欧美近代科学理论、知识进行中国化，避免东施效颦，并且接受、传播马克思主义的思想学说，和学生工人、劳苦大众站在一起。

可见，近代绍兴名人，囿于时代个人局限，或反映民族资产阶级的渴求比较多，或反映青年工农大众的呼声比较多，或一生的认识、言行不断纠正、深化，与时俱进。因此，近代绍兴名人群体或某位绍兴名人，很难被贴上一个固定的标签。

## 四、结论

十九世纪中晚期到二十世纪中期，绍兴地区出现众多精英人才，他们在中国政治、思想、教育、文化、经济等诸多领域颇有建树，在中国现代化进程中名气颇大、影响深远，这样的区域名人群体性爆发现象，在近代中国独树一帜，实属罕见。

---

① 陆游.野步至近村［M］//侯蕾.古诗词八百首彩图馆.北京:中国华侨出版社,2016:297.

　　近代绍兴名人众多现象，既是越地的水乡地理、文风兴盛、物产富饶的积淀发展产物，又是近代中国受西方文明野蛮冲撞下东西方文化碰撞应运而生的。而近代绍兴精英们都不可避免有"新旧冲突""中西冲突"的特点，这既是近代中国知识分子们的普遍共性，也是越文化近代演变的基本特征。

# 诸暨杭坞山春秋越国港口考辨

封晓东

杭坞山，位于诸暨市北部次坞、店口和直埠三镇交界地带，当地人又叫坑坞山、抗坞山、柯坞山，主峰海拔 583.8 米，为龙门山脉之尾闾。此地山体陡峻但顶部平坦，可远眺浦阳、钱塘两江交汇。在春秋末期，杭坞山距离浦阳江汇入钱塘江的入口处比现代要近得多。山北不远处有一座名为高洪尖的山丘，陈桥驿先生对该地有过这样的描述：高洪尖附近区域分布着"长条状洼地""成为一种天然的积水区"，"约在距今4000年以上""说明这个地区的湖泊由来已久"[①]。杭坞山山麓北侧广泛分布着第四纪湖相沉积，足以证明，春秋末期这里是浦阳江的入江河口区域，江面宽阔，水运便捷，船只可直通今杭州湾。

《越绝书》载："杭坞者，勾践杭也。二百石长、员卒七士人，度之会夷。去县四十里。"杭即航，意指杭坞是越国港口、船坞之地，兼有商港、军港功能。依据所记方位及"去县四十里"的具体里程，通常认为勾践时代的这处"杭坞"即今天的萧山区衙前境内的航坞山。

越地现南北各有一处杭（航）坞山，北有一处航坞山，在萧山北部瓜沥、坎山间，南有一处杭坞山，在诸暨北部次坞、店口和直埠交界处。两山字名相通、传说相似，到底谁是真正的古越国"杭坞"？春秋末期的萧山航坞山，山体直接濒临海岸线，具备修筑港口的条件，因此无人质疑其作为越国海港的可能性。那么，诸暨北部的这处杭坞山，也会是春秋末期越国的港口之一吗？

---

① 陈桥驿.论历史时期浦阳江下游的河道变迁［M］//吴越史地研究会.吴越文化论丛.北京：中华书局1999：299-300.

## 一、于细微处见知著：两座"杭坞山"的千年争名

自《越绝书》后，"杭坞"一名最早见于〔嘉泰〕《会稽志》中，并且一直就是两地并述。此后，历代地方志均沿袭此法，未作判读和解说。〔嘉泰〕《会稽志》成书于南宋嘉泰元年（1201），施宿等撰，陆游参与修订并作序，是绍兴地方文史研究者的必备典籍，其中记述往往被转述为信史。也就是说，南北两座杭（航）坞山的地名之争至少已历800多年之久。

〔嘉泰〕《会稽志》和〔万历〕《绍兴府志》中均记载两座杭（航）坞山，在此先把这些历史记载罗列出来：（两志中多写成"乌"，现今地名均写成"坞"）

〔嘉泰〕《会稽志》（采菊轩藏版）：

> （诸暨）杭乌山，在县北七十五里，《旧经》云："叠嶂七十二，有石冢，大石为门，其平如削，旁有杭乌刺史庙。一峰特高，风雨晦暝，常闻乐声，号鼓吹峰，又有池或时龙见。"

> （萧山）航乌山，在县西四十七里，《旧经》云："勾践之航也，三百石长、员卒七十人渡之"。一曰舸乌山。

〔万历〕《绍兴府志》（李能成点校本）：

> （诸暨）杭乌山，俗呼抗乌山，在县北五十里。叠嶂七十有二，一峰特高，名鼓吹峰，土人云："风雨晦冥时，常闻乐声。有玉台石。又石冢可容数十人，大石为门，其平如削。又有池，名黄巢抗剑池，相传时有龙见。"旧有杭乌刺史庙。

> （萧山）航坞山，在县西四十七里。《旧经》云："勾践之航也，三百石长负卒七十人渡之。山巅有湫。曰白龙井。"又一在诸暨。

对比后不难发现：〔万历〕《绍兴府志》是在〔嘉泰〕《会稽志》基础上加工演绎而成，其记述内容完全依据前代志书，转述的痕迹明显，因此，探究的价值不大。

〔嘉泰〕《会稽志》并述两山，开启了两地争名的历史。之所以两说并述，无非是两地渊源流长，山名的取名传说在民间固化定型。要知道，记文之时距勾践时代已1600多年之久，其间又未见前人记述或信实考证，且双方都有《旧经》所记为证，在无实证的前提下，暂时搁置争议，并文记之，算是一种无奈之举。

无独有偶，笔者在〔嘉泰〕《会稽志》又发现了两县争名的另一佐证，（诸暨）

"苧罗山"条，记述详尽，描述了西施、郑旦的生活经历，还记有"山足有王羲之墓"，最后附记：苧罗山，一在萧山县，今并存之。我们再来看（萧山）"苧罗山"条记文："在县南三十里，有西子庙（一在诸暨县，今两并之）"，寥寥十数字，并且只记西子庙不涉及史事。依笔者看，撰修者已表明了西施故里在诸暨苧罗山而不是萧山苧罗山的态度，只是当时，两地山名已经在民间传播流行，成为不可更改的事实，学者们在尊重地名源流的前提下婉转地表明了自己的历史判读，而后世人愈加混淆而为之，导致事情越来越偏离事实真相。

我们对800年前的这些史料都难以辨识清楚，所以不必去苛求施、陆。从"两说并记"看，［嘉泰］《会稽志》所述较为可信。

唯一的遗憾是：［嘉泰］《会稽志》中的萧山航坞山明确记有"航"（港口）的功能，诸暨杭坞山却无此功能记载。那么，诸暨杭坞山会是春秋末期越国的又一处港口吗？我们不妨从更早的史籍中找线索。

《越绝书》由东汉袁康、吴平辑录，是记载古代吴越地方史的杂史，被誉为"中国地方志鼻祖"。因所记许多地名至今可找，可谓信史。《越绝书》卷八中按方位记述了诸多越国古地名，"杭坞"一条是和石塘、防坞、涂山、朱余等并列记述，上述地名可在绍兴北部古海塘边找到遗迹，看似"杭坞"在今萧山北部瓜沥、坎山间也应是史实。但笔者却发现：此条记述，语境迥异。"石塘者，越所害军船也"，"防坞者，越所以遏吴军也"，"朱余者，越盐官也"，独独"杭坞"条是这样记述的："杭坞者，勾践杭也"。著者为何要强调突出"勾践"两字？是不是为了表明此"杭坞"仅仅只是勾践时代新建的港口，先王允常或更前的王还有另一处"杭坞"？若真是如此，那么，旧"杭坞"是否就是诸暨北部今杭坞山所在呢？似可信。另外，从字源上讲，"杭"通"航"，但"杭"比"航"出现运用得更早，东汉之前典籍中很少见到"航"字，如《诗经·卫风》中记有："谁谓河广，一苇杭之"，类似之载，举不胜举。《越绝书》虽成书于东汉，但却是辑录先秦典籍而成，全书只见"杭"而不见"航"，亦可证明。因此，从字源上讲，诸暨杭坞山之"杭"更接近字源本义，似更接近历史的本源。因为"杭坞"一名是东汉以前对港口之地的最贴近表述，而诸暨杭坞山自始至终沿袭着这一名称写法，所以，我们不能不对它是否可能是越国的早期通航港口这一推论视而不见。

至此，笔者认为：两地曾经都是越国港口，兼有商港、军港之用，只是时间上有先后。诸暨杭坞山：允常杭也；萧山航坞山：勾践杭也。

## 二、在地理环境变迁中考察历史演变：兼论诸暨"杭坞山"港口说

章利刚先生写有《越国杭坞/防坞/石塘考》一文，开篇就否定了诸暨杭坞山港口说，其论述是这样的："杭坞是越国的大船港湾，勾践之杭，可以渡之会夷，诸暨不频海，航（原文如此，应为'杭'）乌山没有建港口的条件，也非越国军事前沿要地，将杭坞设立在此，不合常理。因此完全可以排除诸暨杭坞山作为越国杭坞的可能。同时也说明仅从地名去套用古地名是不科学的，需要多方论证。"

仅从现地名去套用古地名是不科学的，那么，用现代的地形地貌去考察古代的历史事件，同样不科学。事实是，越国时期的今诸暨北部之地是一个大港湾，确切地说，这里是浦阳江的入江河口区域，江海相连，江面宽阔，水运便捷。船只上可溯流而达今诸暨城关以上段，下可直通今杭州湾。完全可以"杭"，并且直通大海。今诸暨杭坞山所在之地在春秋末期与山会平原北部海岸孤丘地带一样，是聚落、港口的良好选址。

陈桥驿先生曾论及："卷转虫海侵在距今六千年时达到了高峰以后，海面稳定了一段时间，随后发生海退。在距今3000年前后，就有越族居民从会稽山地内部北移，垦殖咸潮所不及的山麓冲积扇。"[①]先生又表述："平原南部的天台、四明、会稽、龙门四组山脉都呈北北东走向和当时的海岸线斜交，因此岸线曲折，海湾众多。……全新世末海侵后的海退，开始于距今四千年左右，据此推断，大约在原始社会末期，海岸线离开山麓地带，泻湖转化成淡水湖。"[②]然而，海退是个长时间的历史过程，加之海侵的反复和上游溪水的浸灌，当时之势，近海岸区仍只能说是沼泽及季节性积水区，因此，在陈桥驿先生绘制的《永和以前山会水系示意图（公元前500—139）》中，把后来演变成鉴湖湖区的一众湖泊以北平原区都标识成沼泽及季节性积水区，这是尊重历史自然地理演变规律的。而沼泽及季节性积水区里，地势低洼、径流汇聚、河道深切的处所就成为了沟通内陆与外海的捷径，通航能力极强，足可行驶大船，谓之"杭"绰绰有余。对此，笔者也曾经有过相关表述："（山会平原）从形态上来看，当时的内河运输主体航道大动脉有

---

① 陈桥驿.绍兴水利史概论［M］//吴越史地研究会.吴越文化论丛.北京:中华书局,1999:399.

② 陈桥驿.论历史时期宁绍平原的湖泊演变［M］//吴越史地研究会.吴越文化论丛.北京:中华书局,1999:325.

二：一是南北向的若耶溪（今平水江）——直落江航线。以今地考之，大、小城沿平水江南到丘陵与北到后海的路程大致相近，足以印证大、小城城址在当时为这一繁忙运输通道的中枢。二是东西向的故水道航线。两条大动脉的交汇点落在大、小城东郭水门旁近，大、小城显然成为了内河运输体系的中转枢纽。"[①]同理，今诸暨杭坞山北、东紧依今浦阳江主水道，四周河汊纵横，水网密布，成为当时的江——海联运港口基地的自然条件毋庸置疑。

更可信的证据是，笔者运用当代地图软件，在今天的暨北大地上识读海拔高度，惊人地发现其地虽已远离海岸三、四十公里，但平原地区海拔高度几乎都只在7—10米间，湖田区更只有5、6米。从湄池、店口、阮市到山下湖、江藻、直埠，一直往南到陶朱街道、浣东街道等城区地域，莫不如此。抛开湖相沉积的时间差，足以证明诸暨北部平原区在历史时期曾和山会平原北部沼泽区处于同一状态及时间线的地貌演变中。那么，山会平原北部海岸孤丘地带在先秦时期发展成了中国沿海著名港口之一，"由今浙江至山东的海上交通已很发达"[②]，暨北杭坞山一带之"杭"还有什么不可能！历史上今山下湖、江藻、阮市一带为大片湖区，后开垦为湖田，多涝渍，农户颇受其害，产值低下，以致于今天新建的住房底层也往往设置架空层，并不住人，像极了河姆渡遗址的干栏式。这是这一片区曾经是一大片海湾沼泽区的最好证明。

《越绝书》载："（越人）水行山处，以船为车，以楫为马"，水运是当时越地最便捷的运输方式。那么，春秋末期时，从今天的诸暨城关到今天的绍兴越城，水路该怎么走？结合当时的水文地貌，答案只有一个：沿着今天的浦阳江水道，经杭坞山左近，过萧山南部后世所提到的苎罗山，入钱塘江，到后海（今杭州湾），在今老三江闸附近登陆，由今直落江水道直入大越城。这样一来，萧山苎罗山的西子庙也找到了地名源头，是因为这是西施赴大越城旅途中休憩过的其中一站，后人以此事名之。这样一来，暨北杭坞山曾经可以通航也就顺理成章了。

当然，《越绝书》卷八中所记杭坞者，笔者认为确实是今萧山的航坞山，因为前文已述，这里强调的是"勾践杭也"。勾践时代的杭坞在今山会平原北部海岸孤

① 封晓东.越国复兴时期的城邦式经济体系［M］//王建华.中国越学第三辑.北京:中央编译出版社,2011:54.

② 王育民.中国历史地理概论:上册［M］.北京:人民教育出版社,1987:413.

丘地带，但这不影响暨北杭坞山也曾经"杭也"这一结论。暨北杭坞山是勾践之前诸王的"杭也"，与"勾践杭也"并不矛盾。

## 三、气候决定历史：兼论越人的迁徙

陈桥驿先生这样讲道："春秋于越部族活动于会稽山区（当然也包括四明山区），见诸记载的部族酋长驻地，如埤中和嶕岘大城等……直到越王勾践即位以后，他才把国都迁移到山麓冲积扇的平阳。"[①]陈先生所述史实基本上为大家所认可。其中的"古都埤中说"，语出郦道元《水经注》卷四十《渐江水》："《吴越春秋》所谓越王都埤中，在诸暨北界。"一般认为埤中在今诸暨北部阮市、店口之间，是勾践父亲允常的国都所在。至于嶕岘大城，《越绝书》载："无余初封大越，都秦余望南。"《水经注》载："（秦望）山南有嶕岘，岘里有大城，越王无余之旧都也。"意思是说无余初创越国时都城在今秦望山南麓。勾践迁都平阳台地说源自清毛奇龄的《重修平阳寺大殿募疏序》（载《西河文集》卷十六）。大致说来，光是无余、允常、勾践三代就经历了嶕岘大城、埤中、平阳三次迁都，还没算上之后勾践新建越都大、小城（今绍兴市区）。而且这还仅仅是史籍中记述的三个王而已，勾践之前到无余初创之间漫长的一千多年中发生过什么，在都城的东迁西就中还曾有过多少遗迹，必定远远超出我们的想象。

于越族人为何要由东到西再由西到东不断迁徙？众多答案中必有这一个：气候的变迁导致了自然生存环境的改变，气候决定了越国、越族的历史轨迹。无余时代，就是陈桥驿先生所说的"全新世末海侵后的海退，开始于距今四千年左右"时期，海退开始不久，于越族人是断不敢走出山林的，过的是"随陵陆而耕种，或逐禽鹿而给食"的生活，定居在地势相对高峻的秦望山南麓之地。允常时代，就是陈先生所说的"在距今3000年前后，就有越族居民从会稽山地内部北移，垦殖咸潮所不及的山麓冲积扇"的末期，越人试探着在背对后海的山麓河湖冲积扇地带谋生，比如埤中。然而，勾践为何又要从平易的埤中河湖冲积扇高迁到平阳山地冲积扇地带？答案仍然是：气候，即气候的变化导致的自然灾害。在勾践即位初年，越地极有可能发生了较大的恶劣自然灾害，大概率是旱涝急转之类直接

① 陈桥驿.于越历史概论［M］//吴越史地研究会.吴越文化论丛.北京:中华书局,1999:15.

影响农业生产和生命安全的灾难性气候事件。这在古史中能找到相应的一些记载。

有关越国时期的气候文字记叙极少，但笔者还是找到了以下几条："越邦涝下贫穷，不敢当"①，"鲁哀公十一年（前484），越国大饥"②，可以理解成这里记述的是相近年份发生的同一次大灾。"涝下"作低洼解，而低洼地的天敌是积涝和洪水，而经常性的洪水、暴雨天气又往往可以与气候变迁关联在一起。从宏观上考量，大禹治水的背景恰恰是全球性持续温暖期的结果。笔者在《1万年来挪威雪线高度和近5000年来中国气候距平变化》③中找到了越国君民当年面临的困顿状态的证据：公元前500年左右，挪威曲线和中国曲线异曲同工地显示出距平值正由低值谷底向上急剧回升，而在王会昌先生绘制的《中国近5000年的气温变化曲线图》④中，更是把公元前476年标识为温暖期的峰值顶点。因此，在春秋末年吴越争霸时期，气候多变、旱涝急转成为当时常态也就不难理解了。

更让人信服的是，借助当代技术，若把暨北的杭坞山、埠中、会稽山地的嶕岘大城、平阳这四处标示在同一幅图中，它们几乎在同一纬度可连成一线，而相传是允常墓的印山王陵所在木客山这一点，也恰好仍落在这一轨迹上，这绝不是巧合。旱涝急转的灾害天气在允常前已然频繁发生，迁都平阳是勾践所为，但并不代表允常就毫无此念，不然，王陵选址木客山就太唐突了。其实，笔者更愿意将这条迁徙路线或者说是越族一条重要的陆路交通线，是十几代越王带领子民东奔西走的一条民族生存生命线。水进水退，灾多灾少，气候变化无常，越人应时而变在这里奔流迁徙。

诚然，这个时期的于越民族受到气候变迁的影响，是一个完完全全受自然灾害威胁的民族。但当海退大势既定，新生陆地层出不穷，而恰巧又出现了忍辱负重的部族首领勾践，于越民族的历史发生了翻天覆地的变化，进而北出平易之都，据四达之地，立霸王之业。

综上所述，诸暨北部杭坞山是"允常杭也"，萧山北部航坞山是"勾践杭也"，这一论断，似可成立。

① 袁康.越绝书:卷十二[M].乐祖谋,点校.上海:上海古籍出版社,1985:84.
② 吕不韦.吕氏春秋:长攻篇[M].王启才,注译.郑州:中州古籍出版社,2010.
③ 朱翔.地理(普通高中地理课程标准实验教科书)[M].长沙:湖南教育出版社,2004:97.
④ 蓝勇.中国历史地理[M].北京:高等教育出版社,2010:34.

# 绍兴数字政府建设研究

陈泽民

党的十九届四中全会明确提出："建立健全运用互联网、大数据、人工智能等技术手段进行行政管理的制度规则。推进数字政府建设，加强数据有序共享，依法保护个人信息。"互联网前沿技术不断开拓创新，助推政府数字化转型和政府治理现代化的实践步伐。随着《长江三角洲区域一体化发展规划纲要》的实施，本文结合新形势下文化领域执法监管的数字化转型、人工智能在工业智造上的应用、网络表演的规范管理、新零售成为数字经济重要增长点等几个典型研究案例，详细阐释新兴技术正在给绍兴数字政府建设及提升国家治理现代化水平带来的深刻变革①。

## 一、新形势下文化领域执法监管的数字化转型

2021年9月26日，国家主席习近平在致2021年世界互联网大会乌镇峰会的贺信中指出："数字技术正以新理念、新业态、新模式全面融入人类经济、政治、文化、社会、生态文明建设各领域和全过程，给人类生产生活带来广泛而深刻的影响。当前，世界百年变局和世纪疫情交织叠加，国际社会迫切需要携起手来，顺应信息化、数字化、网络化、智能化发展趋势，抓住机遇，应对挑战。"互联网大力发展，笔者深感网络文化执法的重大责任。笔者结合自身专业技术和对互联网行业的了解情况，就网络文化执法谈几点意见。

---

① 国务院.长江三角洲区域一体化发展规划纲要［EB/OL］.［2019–12–01］.中华人民共和国国务院网，http://www.gov.cn/zhengce/2019–12/01/content_5457442.html.

## （一）探索网络文化执法道路，开展人员知识更新培训

网络文化领域常见的违法违规案件类型有：网站未备案、网络文化机构超范围经营或实际运营情况与备案内容不符、网络文化知识产权侵权、传播反动淫秽色情等内容。随着IPv6、云计算、虚拟现实、人工智能、大数据、物联网等新兴技术的不断发展推进，网络文化形态更加多样化，内容、数据量更加丰富庞大，监管执法的难度更大，花费精力更多。一方面违法违规单位或个人作案手段更加先进与隐蔽，另一方面境内外不法分子、黑客实行网络攻击的形势也极为严峻，这些都会导致网络文化重大案件的发生。作为执法机构，应尽早探索制定一套系统完备的网络文化执法制度、指导方案（手册），形成执法力量的统一协调。一线执法人员在技术知识学习方面要做到与时俱进，定期开展培训交流会，采买书籍、视频，持续了解并掌握一些新技术和办案手段。

## （二）加强部门协调沟通，建立联席会议机制

网络文化执法不能单兵作战。首先，要加强与网络安全和信息化委员会办公室、防范和处理邪教问题领导小组办公室（"610办"）、大数据发展管理局、经济和信息化局等政府部门和中国电信、中国移动、中国联通、中广有线、华数公司、中国广电、中国铁塔等通讯运营商协调沟通联系；其次，要加强与中央、省市之间的交流互动联系，积极探讨网络文化执法过程中的一些心得与经验；最后，网络文化案件不同于传统文化案件，跨市跨省乃至跨境办案将成为常态。所以，办理此类案件仅靠文化行政部门或文化执法机构作为主导力量，显然是远远不够的。

## （三）借助先进技术系统，实现智能人机监管

网络文化趋势更加多样化、海量化、实时化，数据信息不再局限于传统的图片文字格式，HTML5、语音、视频、短视频等多种形式逐渐成为主流，有些信息（比如Snapchat）转瞬即逝、阅后即"焚"，信息也不再是固态化一成不变。所以，新形势下的网络文化市场，需要依靠"人工+机器"的模式，借助先进技术和系统，加强网络文化监管系统建设，加快地方技术管理平台接口（API）接入，加强互联网网站、网络视听节目监管系统的技术能力（见图1），提高隐患发现、监测预警和突发事件处置能力，加强动态管理，强化日常监控，确保及时发现网络文化方面存在的新情况、新问题，采取措施妥善应对处理。必要时可采取外包等模式。执法者要掌握网络文化发展主动权，保障网络文化安全，就必须突破掌握建设核心技术这个难题，争取在某些领域、某些方面实现"弯道超车"。

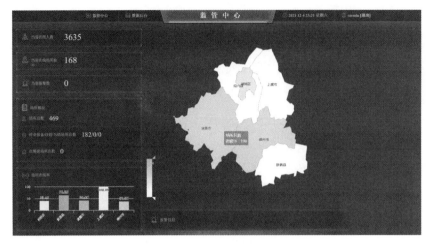

图1　文化市场网络监管平台

## （四）推进数字政府建设，提高文化执法水平

| 序号 | 项目名称 | 牵头单位 | 市县贯通率 |
|---|---|---|---|
| 1 | 统一政务咨询投诉举报平台 | 市信访局 | 100% |
| 2 | 经济运行监测分析数字化平台 | 市发改委 | 100% |
| 3 | 公共信用信息平台 | 市发改委 | 100% |
| 4 | 生态环境协同管理系统 | 市生态环境局 | 100% |
| 5 | "之江汇"教育广场系统 | 市教育局 | 100% |
| 6 | 政府采购云 | 市财政局 | 100% |
| 7 | 统一公共支付平台 | 市财政局 | 100% |
| 8 | 欠薪联合预警系统 | 市人力社保局 | 100% |
| 9 | 国土（自然资源）空间基础信息平台 | 市自然资源和规划局 | 100% |
| 10 | 散装水泥专用车辆安全共治系统 | 市商务局 | 100% |
| 11 | 国际贸易"单一窗口"系统 | 市商务局 | 100% |
| 12 | 文化和旅游信息服务平台 | 市文广旅游局 | 100% |
| 13 | 基层治理四平台 | 市委政法委 | 100% |
| 14 | "互联网+医疗健康"服务项目 | 市卫生健康委 | 100% |
| 15 | 审计监督大数据示范工程 | 市审计局 | 100% |
| 16 | "浙政钉"掌上办公平台 | 市大数据局 | 100% |
| 17 | "浙里办"一体化在线政务服务平台 | 市大数据局 | 100% |
| 18 | 危险化学品风险防控系统 | 市应急管理局 | 100% |
| 19 | 投资项目在线审批监管平台3.0 | 市发改委 | 100% |
| 20 | 统一行政执法监管平台 | 市市场监管局 | 100% |
| 21 | "天罗地网"金融监测防控系统 | 市金融办 | 100% |

表1　2019年绍兴市政府数字化转型工作重大项目（部分）

2019年，绍兴市政府数字化转型取得了重大成果，"8+13"省级重大项目实现市县全贯通（见表1）。随着文化执法监管范围和职责的加大，原有的执法监管模式已略显疲态，针对信息量庞大又瞬息万变的互联网文化如何监管，应积极依托浙江省委省政府全面实施数字经济"一号工程"的有利契机，推进文化市场综合行政执法数字化转型，要大力推进科学执法，充分利用5G、大数据、云计算、人工智能、物联网等新型技术，改进执法方式和监管模式，提高执法监管水平和效率。依托浙江省统一的行政执法监管系统，实现监管信息共

享、平台工具共用、部门执法协同、违法失信管理。建立新型技术人才的招聘、引进、培训等机制，与相关企业建立合作备忘录，实现高效常态的执法监管技术支撑。

网络不是法外空间，网络文化不断发展壮大的同时，也需在法律法规框架内合理发展。加强网络文化市场监管，需要各方的努力探索，共建绿色清朗网络空间。

## 二、网络表演市场的数字化管理

习近平总书记在党的十九大报告中指出："加强互联网内容建设，建立网络综合治理体系，营造清朗的网络空间。"互联网直播是互联网发展的结果，但必须通过规范才能健康发展。社会各界应共同利用好、发展好、治理好互联网，让这个家园更美丽、更干净。

### （一）网络表演经营活动发展现状

有人将2009年看成"微博元年"，将2016年看成"中国网络直播元年"，利用一台电脑或一部手机，人人都能对着镜头进行网络直播，直播开始步入"全民时代"。根据中国互联网络信息中心发布的第45次《中国互联网络发展状况统计报告》，截至2020年3月，网络直播用户规模达到约5.6亿，用户使用率62.0%（见图2）。据不完全统计，在国内提供互联网直播平台服务的企业超过300家，腾讯、阿里巴巴、优酷等互联网巨头相继进入直播领域，众多"网红"也想要来分一杯羹，且数量还在增长[①]。

图2　2016.12—2020.3 网络直播用户规模及使用率

---

①　CNNIC.第45次中国互联网络发展状况统计报告［EB/OL］.［2020-04-27］.中国网信网，http://www.cac.gov.cn/2020-04/27/c_1589535470378587.html.

**（二）网络表演的乱象及其危害**

网络表演作为新一代现象级应用，满足了我国消费升级背景下人民群众对互联网内容生产、文化消费的更高需求，成为网上的"标配"和新入口，以至"无直播，不传播"。网络表演对经济和社会也产生了一定的正向价值，成为拉动文化消费升级、促进创业就业、助推经济结构优化的新动力；网络表演具有增强政府与民众互动、优化公共服务的天然优势；网络表演能更好发挥润滑社会、普及知识、传承文化的作用；网络表演是网民丰富生活、联络情感、增强归属的有效形式；网络表演行业积极探索更多社会公益价值[①]。

原本网络表演作为新鲜事物应该给公众带来积极健康的新体验，产生正向价值，但从媒体报道、网络视频中我们也看到许多关于网络表演的负面新闻。现在中国存在一种奇怪的现象，一种新兴事物在国外是正规的、向上的，而到了国内却变成了低俗的衍生产品，如：支付宝"白领日记"事件。随着互联网直播从PC端走向移动端，网络直播呈现井喷式发展的同时也可谓乱象繁生。2016年7月，文化部曾经公布了一批对北京、上海、广东等6个省市的各类网络表演平台的检查结果：26个网络表演平台因涉嫌宣扬淫秽、暴力、教唆犯罪和危害社会公德等违法违规内容被查处；16881名违规网络表演者被处理。同年10月12日，上海市公安局通报，已永久封禁100万个网络直播账号，对约45万名主播实施实名认证，并对14家违法违规网络直播平台进行警告处罚。

互联网直播作为一种新型传播形式迅猛发展，但部分直播平台及主播传播发布色情、暴力、侵权、低俗、谣言、诈骗等信息，违背社会主义核心价值观，给广大网民特别是青少年身心健康带来不良影响；还有的平台缺乏相关资质，违规开展新闻信息直播，扰乱正常传播秩序；一些直播内容还涉及版权、名誉、品牌信誉等问题。诸多乱象必须予以规范，网络直播监管亟待加强。

**（三）网络表演有关的规章制度**

没有法律制度的规范、约束和保障，野蛮生长下的网络表演只能算是"群魔乱舞"。为切实加强网络表演经营活动管理，规范市场秩序，推动网络表演行业健康有序发展。2016年9月份，国家新闻出版广电总局下发《关于加强网络视听节目

---

[①] 中国演出行业协会网络表演（直播）分会.网络表演（直播）社会价值报告［EB/OL］.［2017-05-19］.腾讯研究院网，https://www.tisi.org/4897.

直播服务管理有关问题的通知》，重申相关规定，要求网络视听节目直播机构依法开展直播服务，规定直播平台必须持有《信息网络传播视听节目许可证》，直播需向省级以上广播电影电视行政部门报备。同年 11 月 4 日国家互联网信息办公室发布《互联网直播服务管理规定》，对直播平台和主播的"双资质"规定以及"先审后发""即时阻断"的要求都给出了说明。文化部根据《互联网信息服务管理办法》《互联网文化管理暂行规定》等有关法规制度制定了《网络表演经营活动管理办法》（以下简称《办法》），办法自 2017 年 1 月 1 日起实施。

**（四）管理规范网络表演的举措**

面对约 5.6 亿网络直播用户，如何加强对网络表演及互动内容（含弹幕、留言评论等）的监管，仅靠政府显然是不够的，所以"小政府大社会"是社会管理改革方向，充分调动社会各界力量与资源，共同构建健康有序、绿色清朗的网络空间。

1. 出台规章专项整治建立完善监管治理机制

为加强网络表演经营活动管理，促进行业健康有序发展，文化部、国家新闻出版广电总局、国家网信办相继出台了相关规章制度，并于 2016 年 12 月底组成联合检查组，对网络直播平台进行专项检查。浙江省文化厅计划新增"网络视频直播企业实时监管平台"，通过视频监控、在线监测等远程监管手段，对全省 1 万多名直播表演者的直播内容进行实时监管，加强非现场监管执法力度。

2. 支持、鼓励直播平台并积极探索多种盈利模式

如何规范从事网络表演经营活动？《办法》给出了指导性方向：应当遵守宪法和有关法律法规，坚持为人民服务、为社会主义服务的方向，坚持社会主义先进文化的前进方向，自觉弘扬社会主义核心价值观。政府应对网络表演经营单位创新盈利模式的行为予以引导与支持；行政执法部门对低俗化无序竞争应加大查处力度。维护良好网络生态，维护国家利益和公共利益，为广大网民特别是青少年成长营造风清气正的网络空间。绍兴市柯桥区兰亭镇 10 家规模化养殖场实现线上监控全覆盖，将养殖过程直播化；"双 11"网红模特通过直播营销商品，销售破记录；桐乡青年网络直播竹编老手艺，其作品还被著名收藏家马未都收藏。网络表演经营单位要与时俱进，把握时代的主旋律，积极创新、探索，培育积极健康、向上向善的网络文化盈利模式。

3. 引导网民树立绿色健康的文化娱乐新风尚

"关注度经济"是网络直播平台的主要盈利模式，它是主播吸引网友付费送礼

物，直播平台再与主播进行分成。直播行业入行门槛低、网民整体素质参差不齐带来无序竞争、同质化严重等问题，主播为获得更多的关注和盈利而做出一些低俗、违规行为。所以直播行业的繁荣也要合法化、道德化，如何积极引导网民树立绿色健康的文化娱乐消费新风尚，从根源上遏制网络直播的低俗化现象，最大限度挤压网络违法行为空间，这些值得我们多加思考。

4.政府监管、行业自律与社会举报多管齐下

网络表演经营活动需要监督和约束，但300多家平台，每个平台又有成千上万个网络表演房间，这需要政府监管、行业自律与社会举报多管齐下，才能达到更大成效。

文化行政（执法）部门要加强对网络表演市场的事中事后监管，重点实施"双随机一公开"监管模式，以文旅部网络表演警示名单、黑名单等为依据加强监督管理，构建网络实名制和网络信用体系，建立常态化巡查、实时举报、信息可追溯、违法证据保存等机制。

网络表演行业的协会、自律组织等要主动加强行业自律，制定行业标准和经营规范，开展行业培训，推动企业守法经营。经营者（网络直播平台）对表演活动承担主体责任，建立健全内容审核管理制度和技术监管措施，配备审核人员，加大自查力度。

建立健全举报系统，设置12318电话、短信、网站、微信、微博、APP等多种举报途径，同时建立有效处理举报问题的内部联动机制；引入举报奖励等第三方监管机制，主动接受网民和社会监督。

网络表演是网络文化的重要组成部分。政府应认真贯彻执行与网络表演有关的法律法规，不断加强对网络表演市场的管理和规范，总结分析各地先进管理经验，通过培训交流方式优化队伍建设，加大对网络表演的执法查处力度，主动引导网络文化经营单位依法依规开展经营活动，自觉提供内容健康、向上向善、有益于弘扬社会主义核心价值观的优秀网络表演，促进我国网络文化繁荣发展。

## 三、人工智能助力绍兴智造

2017年全国"两会"期间，诸暨智造的智能机器人"小聪"作为"机器人嘉宾主持"亮相浙江卫视《E眼看两会》节目。"小聪"与主持人亲密互动，聪明可爱，吸引了许多观众的眼球。智能机器人"小聪"是国内首款把语音聊天交互和运动能

力合二为一的人形机器人，由诸暨市蓝了电子科技有限公司研发生产。而就在当年，李克强总理在政府工作报告中提到"全面实施战略性新兴产业发展规划，加快人工智能等技术研发和转化，做大做强产业集群"，一时间让人工智能成了热门词。

虽然这是"人工智能"首次被写入政府工作报告，但它在世界上已不算什么新鲜物了。很多人以为人工智能离我们很遥远，其实它已经悄悄来到我们身边。比如1997年"深蓝"与卡斯帕罗夫的人机大战，2016年AlphaGo与李在石的围棋对弈（见图3），新昌万丰智能机器人以及诸暨三维立体激光切割流水线，我们平常在用的Siri、翻译软件和无人驾驶汽车，绍兴、宁波等地的餐厅服务机器人，甚至包括摇一摇语音识别电视或歌曲。曾经我印象中人工智能只是一些高等学府开设的学科或研究所攻关的课题，除了科技界、医学界等，在其他领域很少被人提及。"深蓝"让人们见识到了人工智能的威力，此后关于人工智能也没什么爆炸性新闻，而2016年的AlphaGo则让人工智能又火遍了全世界。

AlphaGo是指阿尔法围棋机器人，网友还送它了个昵称"阿尔法狗"，它是第一个击败人类职业围棋选手、第一个战胜围棋世界冠军的人工智能机器人，由谷歌（Google）旗下DeepMind公司戴密斯·哈萨比斯领衔的团队开发。AlphaGo用到了很多新技术，如神经网络、深度学习、蒙特卡洛树搜索法等，结合了数百万人类围棋专家的棋谱，以及强化学习进行自我训练。AlphaGo基于深度学习的工作原理，通过落子选择器（Move Picker）、棋局评估器（Position Evaluator）两个不同神经网络"大脑"合作来改进下棋。这些"大脑"是多层神经网络，它们从多层启发式二维过滤器开始，去处理围棋棋盘的定位，就像图片分类器网络处理图片一样。经过过滤，13个完全连接的神经网络层产生对它们看到的局面判断。深蓝（"Deep Blue"）是美国IBM公司生产的一台超级国际象棋电脑，重1270公斤，有32个大脑（微处理器），每秒钟可以计算2亿步。"深蓝"输入了一百多年

图3　人工智能：人机大战

来优秀棋手的对局两百多万盘，1997年的"深蓝"可搜寻及估计随后的12步棋，而一名人类象棋好手大约可估计随后的10步棋。1997年5月11日，在人与计算机之间挑战赛的历史上可以说是历史性的一天，"深蓝"挑战国际象棋世界冠军加里·卡斯帕罗夫。在正常时限的比赛中卡斯帕罗夫以2.5∶3.5（1胜2负3平）输给深蓝，"深蓝"的胜利也标志着国际象棋历史的新时代。

父亲曾与我讨论人工智能，他从新闻上"了解"到过不了几年人工智能就会抢走他们的"饭碗"。人工智能确实火了，但从父亲的担忧中也看到，好多人还没享受到人工智能的福利却先对它产生了恐惧。2017年，扎克伯格与马斯克两人还曾就"人工智能是否将成为人类未来最大威胁"这一问题在网上辩论起来。人工智能分弱、强、超三类人工智能，人们恐惧的是后两者，我想人们对于人工智能的恐惧主要来源于不可预知和力量悬殊，就像人们害怕地震、电火、坠机。当人类想到有一天，智能机器人可能替换甚至消灭人类时，人们不大可能去拥抱人工智能。机遇和风险是并存的，只看到机遇而对风险"一叶障目"不是新事物发展的良好态势。扎克伯格、吴恩达等人对人工智能过分乐观，其实也并不难以理解。扎克伯格过于"年轻"，从他说马斯克"对人工智能认识有限"可以看出；其次，作为Facebook的创始人，扎克伯格总想表达异于常人的见解以展示其世界互联网领袖地位；吴恩达曾服务于百度，而人工智能是百度的战略定位，他是不可能唱衰的。

此外，也不必过分鼓吹人工智能世界末日论，机器不会替换、消灭人类，不要被科幻电影固化印象，有些岗位离不开人类，人工智能也离不开人类，没有人类的星球不能称之为地球。2019年10月22日，第六届世界互联网大会在浙江乌镇落下帷幕，国家主席习近平在贺信中提道："当前，新一轮科技革命和产业变革加速演进，人工智能、大数据、物联网等新技术新应用新业态方兴未艾，互联网迎来了更加强劲的发展动能和更加广阔的发展空间。"人类与机器的关系不应被定义为竞争，而应看作是合作。以前我们需要亲自操作机器完成一系列工作流程，未来只需对人工智能机器人发送指令由它代劳即可。人工智能时代，人们的生存技能也需提升，身份要从操作工向指挥员转变，工具要从冷器械向人工智能过渡。热情积极拥抱人工智能，利用好这把"双刃剑"，会给我们的生活工作带来意想不到的惊喜。

2019年，我国人工智能企业数量超过4000家，位列全球第二，在智能制造和车辆物联网等应用领域优势明显。实现基于人工智能的智能制造将是个长期过程，我们需要将管理创新和技术创新并重，来应对发展中的挑战，推动数字经济发展①。2020年3月，绍兴市委书记马卫光在制造业集群发展推进大会上指出："制造业是绍兴的立市之本、强市之基，改革开放以来绍兴的发展历程充分说明制造业兴则绍兴兴、制造业强则绍兴强，绍兴市上下要坚定信心、保持定力，坚定不移走工业立市、制造业强市之路。"当前，新一轮产业变革正在孕育兴起，经济下行压力加大，面对严峻复杂的国际形势、艰巨繁重的国内改革发展稳定任务特别是新冠肺炎疫情的严重冲击，绍兴如何做好工业立市，中国共产党绍兴市第八次代表大会给我们指明了方向：全面落实中国制造2025绍兴实施方案，推进工业化、信息化深度融合，以智能制造为主攻方向（见图4）。

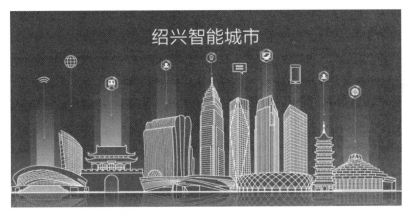

图4　绍兴市智能制造

首先，抓好转型升级与试点示范。贯彻落实浙江省委省政府"四换三名"战略要求，引导支持企业转型升级，加速推进工业领域"机器换人"，创建"机器换人"试点示范城镇与基地，加快发展以机器人、高档数控机床、通用航空为重点的高端装备产业，开辟绍兴经济发展新格局。

其次，抓好研发推广服务工作。充分发挥"绍兴科创大走廊"优势，积极对接市内外科研院校与企业，全力补齐人工智能科技创新短板，做到"人无我有、人有我优"。成立研发中心、技术服务中心等专业性机构，在研发、应用、服务等方面下苦功，解决故障多、操作复杂、价格昂贵、应用范围小、售后维修困难等问题，使其功能智能化、应用普遍化、价格亲民化。

最后，抓好人才引进培育工作。在实施浙江省"千人计划""海外英才计划"

---

① 史蒂芬·卢奇,丹尼·科佩克.人工智能[M].北京:人民邮电出版社,2018.

引进人才的同时，更应注重本土高技能人才的培育。实施"大众创业、万众创新"，促进科技成果转化，提倡工匠精神，强化创新驱动，着力提升绍兴产业品质。鼓励支持高校师生组织参加RoboCup足球机器人比赛、工业设计大赛等赛事，交流学习经验，打响绍兴智造品牌①。

"未来实体经济发展靠互联网，互联网发展靠人工智能。"发展人工智能具有现实意义和战略意义，要抢抓人工智能发展机遇，做强做大人工智能产业，把发展智能制造作为推进两化深度融合的主攻方向，努力实现从"绍兴制造"向"绍兴智造"转型升级。

## 四、新零售成为数字经济发展重要增长点

数字企业通过商业模式创新、加快数字技术应用不断提升供应链数字化水平，为产业转型升级提供了重要支撑，网络购物持续助力消费市场蓬勃发展。截至2020年3月，我国网络购物用户规模达7.10亿，2019年交易规模达10.63万亿元，同比增长16.5%。数字贸易不断开辟外贸发展的新空间。2017年，阿里巴巴与上海百联集团达成新零售战略合作，双方将在全业态融合创新、新零售技术研发、高效供应链整合、会员体系互通、支付金融互联、物流体系协同等六大领域展开合作。同时，旨在促进零售店的销售与升级的阿里城市拍档服务，也对绍兴地区开放了，新零售正在成为数字经济发展的重要增长点。

**（一）思想观念的转变**

实体零售与互联网有各自的优势，实体零售能够满足消费者对产品质量、实物体验等方面的需求，互联网满足了信息获取、便捷交易等方面的需求。新零售融合二者优势，实现"线上接单，线下直接配送"，让消费者享受便捷与实惠。

**（二）技术创新引导O2O转型**

充分融合线上线下，同时依托领先技术驱动，提供全新全面体验模式。更加注重消费者的个性化需求，提供快递到家、虚拟试衣间、在线排队、上门服务、导航与泊车等功能和服务，通过AR游戏、红包等方式增加与消费者的互动性。

**（三）政府的灯塔和桥梁作用**

零售业走出经济疲软的困境，实现"弯道超车"，政府要积极发挥灯塔和桥梁

---

① 绍兴加快推进政府数字化转型［J］.计算机与网络,2019,45（11）:5.

的作用，在指导方向、营造环境、加强服务、完善政策上要下功夫。绍兴市政府曾于2015年7月出台了《绍兴市智慧城市建设规划纲要》（见图5），提出"充分利用云计算、移动互联网、物联网和大数据等新技术，加速构建具有绍兴特色的现代信息经济产业体系"的发展目标①。政府要鼓励支持零售行业的转型升级，为本土零售企业与国内大互联网公司合作牵线搭桥。

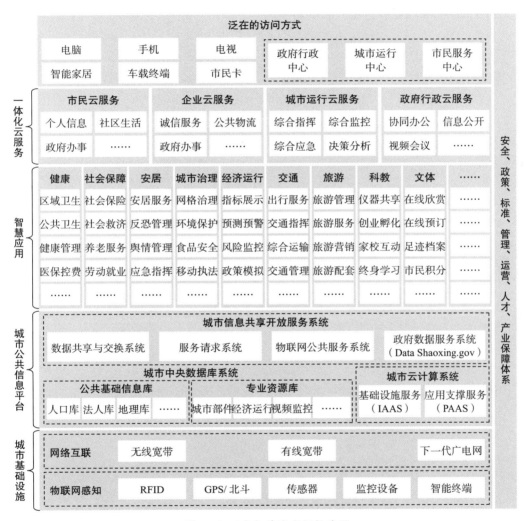

图5 绍兴市智慧城市框架蓝图

---

① 绍兴市政府.绍兴市智慧城市建设规划纲要［EB/OL］.［2015–07–29］.绍兴市人民政府网，http://www.sx.gov.cn/art/2015/7/29/art_1229311201_1705013.html.

"百年恰是风华正茂，百年仍需砥砺奋斗。"当前，我们正朝着实现第二个百年奋斗目标、实现中华民族伟大复兴的中国梦的新征程奋勇前进。数字政府成为创新行政方式，提高行政效能，建设人民满意的服务型政府的重要途径。而以互联网、大数据、人工智能、区块链、IPv6、5G、物联网、云计算等技术的广泛应用为特征的信息化和智能化革命，其深度融合建设的数字政府将成为推动数字经济发展的新动能和构建智慧型社会的新驱动。

越地人文

# 文化引领　久久为功

## ——从绍兴"运河园"到"浙东运河文化园"

绍兴"运河园"位于绍兴越城区、柯桥区交界段，始建于2002年，2003年基本建成。2006年年底，"运河园"工程获中国风景园林学会优秀园林古建工程金奖；2007年8月被水利部评为国家水利风景区。目前运河园区域正在建设"浙东运河文化园（浙东运河博物馆）"。

## 一、文化自信——建设精品工程

二十一世纪初，绍兴水利建设者出于对文化的热爱和文化自觉，确定"运河园"建设主题为"传承古越文脉，展示水乡风情"，在工程定位上要求高品位设计、高质量施工、高标准布展，努力做成精品工程。

### （一）确立浙东运河的价值地位

1.先秦时期的人工运河

《越绝书》卷八记载："山阴故水道，出东郭，从郡阳春亭，去县五十里。"这说明这条古运河在先秦时期就已经建成，贯通越国东西，并通过钱塘江沟通吴越两地、通过海洋连通海外。

2.大运河的南端

自秦始皇巡越开始，这条运河就一直是中国大运河不可分割的重要组成部分。"隋大业中将东巡会稽，乃发民开江南河"，说明隋炀帝开挖江南运河的目的之一也是为东巡会稽，至宋代浙东运河成为国家运河最重要一段，清代在国家运河地图中标记绍兴为大运河南端。

3.振兴经济的黄金水道

在越国"生聚教训"时期，山阴故水道对于振兴经济、保障基础起到显著作用。晋代贺循开凿运河，首先是为溉田，之后航运功能随之扩大。到南宋，浙东运河的作用地位不断提升，运河周边城市的经济也愈加发达。

4.涵养文化的重要源流

古运河是古越文化的产生和发展之源。越国古都、山水风光、名人文化著称于世。唐代诗人元稹夸赞这座美丽繁华的城市——"会稽天下本无俦"。

5.海上丝绸之路南起始段

浙东海上丝绸之路历史甚早，越国对外贸易、文化交流是以山阴故水道为主要航线。从越国的固陵、句章开始形成的对外港口，随着经济社会的发展逐渐繁华，与绍兴、宁波融为一体，形成了中国大运河南端连接海上丝绸之路的出口。

6.中国保存最好的运河之一

浙东运河主航道至今保存完好，并仍在水利、航运、文化、生态、经济等方面发挥重要作用。

**（二）营造"水天一色"的生态氛围**

1.碧水长河

古运河治理首先要做到水清。开展全线疏浚，拓宽河道，实施水面保洁，落实长效管理机制，做到日常河道无漂浮物，及时清除河道设障。

2.白玉长堤

用本地天然石材，以传统工艺干砌成岸，与河岸自然结合成一体，显示了一种和谐之美。运河之岸距水面大约1米，形成岸路相连、桥景相配的景观。游人行走其间可以感受"山阴道上行，如在镜在游"的意境。

3.绿色长廊

浙东运河呈东西向贯穿绍兴平原，清水河道与生态河岸组合，相得益彰。

**（三）保护文脉，古为今用**

1.保护历史遗存

运河沿岸众多的石塘、路、桥、亭、寺是运河的主体组成部分，文物价值很高，是绍兴人民历史活动凝聚的"活化石"，是文献之外能传达时代政治、经济、民俗、宗教信仰的重要载体。在运河整治中要高度重视对这些文化遗存和景观的保护。

2.收集古材料

将旧村改造中拆迁出来的老石板、老条石，以及被拆除的老石亭、古桥等构件收集起来，把它们恰当用于园景之中，彰显特色。

3.选种古树名木

一方水土，养育一方名木。古运河的绿化种植，以选种传统的乌桕、苦楝、桂、柳、桃、松、竹、梅、紫藤等树木为主。古树名木，方显古运河的传统风采。

**（四）建成经典园林**

"运河园"由记载运河历史文化的"运河纪事"、集水乡风情的"沿河风情"、展示桥乡精品的"古桥遗存"、再现千艘万舻场景的"浪桨风帆"、展示唐代诗人经典作品的"唐诗始路"和以宋高宗避难故事为主题的"缘木古渡"等6个景区组成。

## 二、文化自觉——不断提升文化品质

**（一）孜孜以求**

"运河园"工程部分在2003年基本建成，为增添文化布展直到2006年年底仍在完善。

**（二）编辑成书**

对建设过程、文化特色、主要经验进行梳理整合，以图文并茂的形式编辑出版《浙东运河——绍兴运河园》等。

**（三）展示经典**

浙东运河能申遗成功，与"运河园"保护和建设示范作用密不可分。2013年"中国大运河水利遗产保护与利用战略论坛"在绍兴举行，也证明了这一作用的成效显著。

## 三、文化创新——铸立历史丰碑

**（一）建设浙东运河文化园**

2019年，绍兴市委、市政府认真贯彻"不搞大开发，实施大保护"，和"创造性转化，创新性发展"的思路要求，整合资源，计划在"运河园"区域建"浙东运河文化园（浙东运河博物馆）"。项目分文博、文创、文旅三大功能区域。建设运河博物馆主馆、运河博物馆副馆（淡水鱼水族馆）、国际垂钓竞技中心、文商旅区、公园等，总建筑面积约12.4万平方米，总投资概算约15亿元。目标是将其建设成融文博、文创、文旅于一体的城市公园功能的博物园。

**（二）坚实的基础课题**

自2019年下半年至2020年3月，完成《浙东运河专题研究（文字部分）》约200余万字、《浙东运河专题研究（图照部分）》约5000余幅等文稿资料集。确定浙东运河的历史主题为：通江达海、好运天下；湖山奇丽、文史鸿深。精神内涵为：天人合一、开放包容；自强不息、善利万物。

**（三）编制《浙东运河博物馆陈列大纲文本》**

《浙东运河博物馆陈列大纲文本》（以下简称《文本》）设计确定了浙东运河博物馆的6个展厅：序厅（伟大工程、宝贵遗产——中国大运河与浙东运河）、展厅一（沧海桑田、地平天成）、展厅二（千古名河、水运伟绩）、展厅三（富兴百业、海内巨邑）、展厅四（人文荟萃、各领风骚）、展厅五（承前启后、璀璨前程）。

《文本》将浙东运河置于大运河总体框架下，以浙东运河为展陈重点，结构合理、叙事宏大，重点反映两千年来浙东运河工程体系及水运演变，以及浙东运河的历史地位、技术与文化遗产价值。展陈内容在浙东运河主线下，全方位地呈现出浙东区域丰厚的自然史、人文史，具有鲜明的地域特点。

**（四）开展《浙东运河文化园（浙东运河博物馆）场外文化景观大纲》的编制工作**

《浙东运河文化园（浙东运河博物馆）场外文化景观大纲》以科学研究为基础，定位准确，设计的展示形式丰富多彩，且与浙东运河博物馆展陈遥相呼应，特别是一个中心（即以"越台"为中心的核心广场）、两条主线（即一条运河诗路带，一条水上游乐线"）的设计思路，高屋建瓴、统摄全局，为充分展示浙东运河文化创立了良好的框架，基本达到了浙东运河文化园"场内、场外、野外"协调统一的要求。该大纲是提升浙东运河文化功能的经典案例。

一部浙东运河宏伟史诗，一篇越地文化璀璨华章，一幅宁绍山水美丽图画将在浙东运河文化园绘就。

# 寻梦之旅　诗以引玉

## ——浙东唐诗之路形成之政治内因别探

黄锡云

　　"浙东唐诗之路"概念的形成，不是一蹴而就，而是经历了漫长的酝酿、研究和论证的过程。

　　1991年5月在南京举行的"中国首届唐宋诗词国际学术讨论会"上，竺岳兵先生第一次正式提出了"浙东唐诗之路"的概念。1993年，中国唐代文学学会正式发函，同意"浙东唐诗之路"的专称。2000年以后，"浙东唐诗之路"沿线县、市纷纷成立了相关机构，如新昌县成立了唐诗之路研究中心、嵊州市成立了剡溪智库、天台县成立了唐诗之路研究院、舟山市提出了探寻"海上唐诗之路"的构想，各地旅游局也相继将唐诗之路作为旅游节的常规主题。2018年1月浙江省《政府工作报告》中指出"要积极打造浙东唐诗之路"，6月浙江省政府提出"打造唐诗之路黄金旅游带"的规划，让"浙东唐诗之路"从民间学术研究上升到政府决策开发的层面，其盛名或可与"丝绸之路""茶马古道"比肩。

　　"浙东唐诗之路"无疑是唐诗发展中一个特异的地带。唐代著名诗人几乎都在此留有足迹。这条路上诞生的诗人有40多位，隐居的诗人有30多位，还有450多位诗人来浙东或"宦游"、或"隐游"、或"避乱游"、或"神游"、或"经济考察游"，并在此留下了大量诗作，单是《全唐诗》漏收诗作就达300余首之多。

　　唐代的浙东地区面积仅占全国的1/750，远离政治文化中心洛阳、长安。那么究竟是什么，吸引了诸多名人来此处游历，并写下了浩如繁星的作品呢？搞明白"浙东唐诗之路"形成的原因，对我们理解当时的政治、经济、文化、历史发展大有裨益。

　　竺岳兵先生认为，"浙东唐诗之路"的形成，除了浙东山水秀丽之外，还与晋代留在这里的文化底蕴有特殊的关系，大致可概括为七方面：这里是中国山水诗的发祥地、中国山水画的发祥地、佛教中国化时期的中心地、中国佛教化时期的中心地、道教巩固充实时期的中心地、中国书法艺术的圣地以及士族文化的荟萃地，浙东曾因此被别称为"仙都"。

上述这些因素叠加，确实可以形成一种文化强磁场，吸引各路诗人前来探访。但古代的经济社会并没有当代这样富裕发达，交通更是闭塞，且不考虑经济因素，光以文化吸引，恐怕也难吸引这么多文人墨客。显然，"浙东唐诗之路"不单单是一条精神求索之路，其背后更深层次的形成内因，即政治求索。

## 一、乱世的政治避难所、生活桃花源

"浙东唐诗之路"位于浙东八州，即越州（今绍兴）、台州、明州（今宁波与舟山）、温州、处州（今丽水）、婺州（今金华）、衢州，唐德宗贞元三年（787）前还包括睦州（今建德），并以唐浙东观察使驻地越州为中心。

其主干线具体来说是：由杭州渡钱塘江，至萧山之西陵，入浙东运河至越，泛镜湖，弄若耶，谒云门；再经曹娥江，入剡溪，上天台；历赤城、华顶、石梁、国清寺后、再入丰溪，至临海；转入灵江，经黄岩，历温峤，至永嘉，访孤屿；再沿瓯江上溯，观青田石门；再溯好溪，至缙云；然后梅花桥翻山，入双溪，下武义江，至金华上八咏楼；入兰溪江，至新安江；转入富春江，诣严光濑；最后顺流而下，再入钱塘江，至渔浦。由此可见，"浙东唐诗之路"是连接浙江东部八个州的一条曲折而略带圆形的线路，主要是水路，包括东南面的东海和西北面的浙江。水路难尽之处，辅之以陆路。

浙东地处江南，天然山水秀美，可成隐逸者的世外桃源。中国隐逸文化的发祥地也正是浙东。比如，宁波郊区灵山之麓的江南第一古建筑保国寺，其前身为灵山寺，相传在东汉时，骠骑将军张意和他的儿子中书郎张齐芳曾隐居于此。东汉蔡邕，避难浙东，流浪到盛产良竹的会稽高迁亭（今绍兴市柯桥区柯桥街道境内），他取亭上之椽竹，制成竹笛，一百多年后的桓伊用此竹笛吹出了最早的笛子名曲——《梅花三弄》，此曲被后人改编成琴曲、筝曲等。还有位于绍兴柯桥区的光明居，相传东晋陶渊明曾随军东讨孙恩至山阴，宿居于此，并种下了五棵柳树，留下了"陶里""五柳堂""渊明桥"等地名。至于魏晋时代的竹林七贤，顾亭林在《日知录·正史》里说他们"弃经典而尚老庄，蔑礼法而崇放达"。七贤中不少人的活动场所，集中在今绍兴地区。

春秋吴越争霸以后，浙东地区是全国相对稳定的大后方。汉末和两晋时期，大批北方大族连同部曲迁徒于此。如从西晋末年到南朝开始，北方南迁的人口达九十万之多，占北方总人数的八分之一。尤其是永嘉之乱，北方士族大量仓皇南奔。同时也因为东晋政权的建立和巩固，要依靠南方士族支持扶助——在浙东如顾荣、纪瞻、贺循、陆玩、虞谭、孔愉这些家族，他们中的很多人本来就在浙东——所以北方士族与南方士族融合。这个时期的浙东既不是远离政治中心的偏僻之地，又不会太过纷扰。士人既可以安宁地隐处浙东，也可以随时与政治中心联系。随着江左政权的稳固，南北士人心理的距离也随之缩短。这也形成了浙东地区一种特殊的"门阀士族文化"。门阀士族，是由官僚士大夫所组成的政治集团，在社会上具有特殊地位。他们与帝王共同掌握了政治话语权，在国家治理中起到举足轻重的作用。东晋时期琅琊王氏家族与当时皇室力量势均力敌，时谚"王与马，共天下"（《晋书·王敦传》）反应的就是这种政治生态。

但民族危机带来的爱国主义情怀，跟朝野权术斗争导致的颓废放纵之风，一直牵动着士族、官僚的心。特别是司马氏和曹氏的争斗，致使文士崇尚老庄哲学，用清谈、佯狂等排遣苦闷心情，选择优游山水，隐居桃源。如会稽王氏、明州虞氏等大家族。他们当中的"偏安"心态，促使"玄学"盛行。司马氏和曹氏争夺政权的时期，社会动荡、民不聊生。文士们不仅无法施展才华，而且时时担忧性命安全，因此崇尚老庄哲学，从虚无缥缈的神仙境界中去寻找精神寄托。

晚唐时期，中原地区藩镇割据，兵连祸结，经济中心逐渐南移，江南成为唐朝财赋倚重地区。尤其是安史之乱后，北方人口再度南迁，这就为南方经济的发展提供了充足的劳动力，以及中原先进的生产技术。南方地区经济繁荣发展，越州逐渐成为浙东经济、文化的中心，其影响远大于杭州。"六朝以上人，不闻西湖好"（明代袁宏道《山阴道》诗）。另据杜牧《樊川文集》卷十八记载，晚唐之时，浙东地域"西界浙河，东奄左海。机杼耕稼，提封七州，其间茧税鱼盐，衣食半天下"。可见彼时浙东地区已然成为唐朝政府税收来源的重镇。经济的繁荣，为"浙东唐诗之路"的形成提供了充实的物质保障。

## 二、唐代隐形政治中心、道教中兴地

浙东文化具有包容开放的品格。主要体现在中外文化、南北文化、三教文化的融合等方面。

中外文化融合：因浙东地区濒临大海，海外入唐者多横渡东海至明州登陆，再上天台山礼佛求法。特别是日本，为了学习中国文化，先后向唐朝派出十几次遣唐使团。其中，日本天台宗创始人最澄大师就是第十七次遣唐使团的成员，他经明州转临海最后到达天台山佛陇，跟随行满学法。此后，最澄大师的再传弟子智证大师圆珍入唐，在越州（今绍兴）开元寺、天台山国清讲寺求法，并与大唐各界人士互相唱和，所著诗集多达十卷。

南北文化融合：浙东的越州在魏晋时期就是文化交流的中心。中唐时期江南地区的诗酒文会频繁，文士之间、文士与僧道之间的酬唱追和之风盛行，如《吴越唱和集》《杭越寄和诗集》《僧灵澈酬唱集》《元白唱和集》等就是南北诗人、文士之间的往来酬唱留下的典型例证。

三教文化融合：东汉王充和赵晔，东晋南朝贺循、贺玚、贺革、贺琛等是浙东经学的代表。支遁和许询辩难，慧皎撰写《高僧传》，还有竺法潜、竺法崇、于法兰、于法开、昙光、慧静、慧基等高僧，均推动了浙东佛学的昌盛。东汉魏伯阳，六朝于吉、葛玄、葛洪、褚伯玉等名道，也均在浙东留下道教活动的踪迹。

唐时的浙东文化是融合了诗歌、书法、茶道、戏曲、民俗、方言、神话传说等内容的中华文化宝藏。而对于唐代诗人来说，此处最具吸引力的，莫过于浓厚的道教氛围了。道教三十六小洞天，浙东共有七个，越州占了其中三个；七十二福地，浙东共有十五个，越州占了其中四个，足见浙东是道教的中兴之地。

"儒释道"三家中，儒家思想是汉武帝之后历代帝王尊崇的正统哲学，而道家和佛家则此消彼长，处于辅助地位。唐初的统治者推崇道教，唐高祖将道教列于三教之首，将《道德经》列为上经，地位高于《论语》，成为国家科举考试的正式考试科目，同时封道教太上老君为"太上玄元皇帝"尊号。

众所周知，道教在唐代能够被重视，主要还是因为政治因素。唐朝皇族属陇西士族，陇西李氏原本出身鲜卑军户，在讲究门阀的时代，只能算是二等士族。李渊父子起兵争夺天下时，必须要找一个望族撑门面。道教自认的教祖老子也姓李，因此唐朝皇室就说自己是太上老君的后代，自己代表天道，这样不仅装门面，也增强了自身军事力量的合法性。

除此之外，道教教众众多，可为李渊起兵的舆论造势，这与唐王朝的产生，达成了默契。李渊起兵，就是道士岐晖为其预言"天道将改""当有老君子孙治世，此后吾教大兴"。李渊后来封岐晖为紫金光禄大夫，新修庙宇，赏赐农田。李世民和太子李建成争夺皇位时，有以法琳为首的佛教徒支持太子，以王远知为首的道教徒支持李世民，最后在这次佛教与道教的斗法中，道教大获全胜。这是盛唐道教复兴最关键的因素。

在唐代，皇族出家为道，也屡见不鲜。《新唐书·诸帝公主》记载了211位公主，有19人选择做道士，或曾为道士。如太平公主，嫁人之前出家当道士，经常在宫里来来往往（唐朝宫中有道士居所）。唐睿宗的女儿金仙公主、玉真公主，在太极元年一起当了道士，在京师建造道观，拜道士史崇玄为师。玉真公主的道号是"上清玄都大洞三景师"。唐玄宗的女儿楚国公主，在唐德宗兴元元年（784），上奏请求出家当道士，被批准后，赐名"上善"。唐德宗的女儿文安公主，也出家当了道士。唐代宗的女儿华阳公主，聪明过人，大历七年（772），得病后出家当道士，道号琼华真人……

皇族的崇道，导致道教地位上升，道士的影响力和话语权，甚至超过肱股之臣。

浙东自古就是道教活动频繁、仙道频出之地。春秋时期屈原《楚辞·远游》有云："仍羽人于丹丘兮，留不死之旧乡。"虽然只是短短的二句诗，但饱含着修道或修仙的很多信息。一是当时关于修道的基本思想和信仰形式已基本成形，就是追求成仙和长生不老。二是修道在楚国已十分盛行。三是当时的修道圣地是一个叫丹丘的地方，而丹丘就是古代台州别称。

原始修道基本上与老庄无直接关联，修道源于神仙思想和神仙方术，当时没有系统的理论。从两汉到两晋是修道一个重要的转折点。修道从寻求仙药、仙方的外在方式转为自身的养气修炼的内在方式，这个转变，使修道很自然地和老庄思想相结合，强大的哲学力量给了修道全新的生命。其中，葛玄对中国道教的发展影响重大。葛玄曾长期在台州。东晋的葛洪、王羲之、王献之，南朝陶弘景，都在浙东开辟道场、寻仙炼丹、宣扬道教。六朝文化的代表人物谢灵运，则促进了道教和文化的大融合，从而更广泛、更深刻地影响社会。这种融合激发出的"天人合一""山水情怀"等思想文化火花，成为唐诗创作的一个重要内容，并影响至现在。第一个具有中国文化特色的宗派天台宗也是在浙东产生的，国清寺成为天台宗的根本道场。

东晋孙绰在《游天台山赋》中称："天台山者，盖山岳之神秀者也。"神秀山水奠定了天台山文学、宗教与艺术兴盛的物质基础。当然，要证明天台山在浙东唐诗之路中占据重要地位，还得用事实来说话。天台山是道教全真派的祖庭，唐代先后隐居天台山的高士多达千人。隐士高人的精妙治国见解为有心报国之士提供了"终南捷径"，以至于天台山成为当时及以后一个时期都具有极高知名度与吸引力的文化名山。

诗仙李白在《天台晓望》称："天台邻四明，华顶高百越。"他把天台山上的华顶山视为百越地区的顶点，这并非地理学上的高度，而是文化制高点。这里正是住着国师级别道士的地方。唐代，华顶山上住着一位让唐高宗、武则天、唐玄宗三位帝王都奉之为上宾的高人。国家一旦出现重大抉择，或者陷入政治迷惘的时候，皇帝们都会亲自征询这位高人的意见，并奉为准则。这位高人就是名道司马承祯。唐玄宗为其赠诗说："江湖与城阙，异迹且殊伦。"意思是说司马承祯这样的仙人，无论在朝还是在野，都能对国家产生巨大影响力。又说："日月丽光景，星斗裁文章。"把司马承祯的道德文章捧成了日月星辰一般的高度。

唐代另外一名著名道士叶法善，为括州括苍县（今浙江丽水）人。他出身于道教世家，三代皆为道士。祖父叶国重，弘道有功，谥有道先生；父亲叶慧明荫封歙州刺史，赐号淳和。叶法善弟子之众，道教史上罕有匹俦。据《旧唐书》记载，叶法善"少传符箓，尤能厌劾鬼神"。叶法善为唐朝时道教天师。唐高宗笃信长生之术，令广征诸方道术之士，合炼黄白。据《旧唐书·方技传》载，法善为此上言曰："金丹难就，徒费财物，有亏政理，请核其真伪。"高宗纳其言，令罢其事，遣出方术士九十余人。自高宗、则天、中宗历五十年，常往来名山，数次被召入禁中问道。唐玄宗执政后，更加信任叶法善，称他"有冥助之力"。唐先天二年（713），拜其为鸿胪卿，后又封越国公，但法善不为爵位尊贵所动，仍愿为道士，只是奏请在故乡卯山建道观，唐玄宗准奏，并赐名"淳和仙府"。

如司马承祯、叶法善这样可为帝王师的高人，他们居住、活动在哪个地方，那个地方就是文化中心，同时也是隐形的政治中心。

## 三、道教对唐诗的影响是全方位的

从某种程度上来说，如果没有道教，唐代诗坛或将失去半壁江山。跟佛教语言的口语化、浅显化不同，道教的语言很古奥、华丽。从《太平经》时代起，道教就一直有意在创造一种神秘的词汇系统。他们很爱模仿先秦典诰和汉代辞赋的句式，使之看上去似乎来历很早。他们爱用"隐语"，一方面是为了"取信"，使信仰者相信它是"天授神意";一方面是为了"隐密",使普通人不能了解和掌握。道教经典的语言又追求流彩溢金,常常用各种极尽想象力的华丽辞藻来反复重叠地描写仙境、仙人的美妙,鬼怪、阴间的恐怖。对于不满足于常见语言的诗人来说,道教古奥华丽的语言是他们的一个绝好的材料库,所以他们平时很注重积累道教的典故、词汇,也很注重学习道教的句式、句法,并运用在诗歌里,使诗歌也有一种古奥、华丽、奇诡的风格。

除了语言影响,诗人们还沉溺于服用道教丹药后产生的幻觉中,道教的丹铅之术有很多成分是有刺激性的,唐代诗人如卢照邻、李颀、韩愈、白居易都服食过丹药,很可能这种经验会对他们诗歌创作的想象力产生刺激。这跟魏晋南北朝时期的清谈士族爱服用"五石散"这种药物的习惯一脉相承。

所以,唐代诗人大多追捧道教。以李白为例,他自小就向往成为一名道士,甚至真的曾经入观当过道士。他一路游历,也多寻访名山仙道,热衷寻找炼丹材料。

在唐代,浙东这条路上人来人往,熙熙攘攘,兹举数例。

曾任浙西观察史、唐武宗时期的宰相李德裕,在得到台州刺史颜从览赠予的天台宝华石时,就写了"闻君采奇石,剪断赤城霞"(李德裕《临海太守惠予赤城石,报以是诗》)表示感谢。李白与司马承祯之间也有非常多的交集与诗赋往来,并结下深厚的情缘。司马承祯曾称赞李白"有仙风道骨,可与神游八极之表",而李白作《大鹏赋》以回馈,并在序中写道:"余昔于江陵,见天台司马子微,谓余有仙风道骨,可与神游八极之表。因著《大鹏遇稀有鸟赋》以自广。"因此留下一段忘年交的佳话。还有如孟浩然写给太乙子的"吾友太乙子,餐霞卧赤城。欲寻华顶去,不惮恶溪名。"(《寻天台山》)杜甫写给郑虔的"天台隔三江,风浪无晨暮。"(《有怀台州郑十八司户》)等等,不胜枚举。

李白、杜甫等众多诗人不畏艰辛来到浙东,到底是出于什么目的?仅仅是来求仙?怀古?慕道?要知道,古人远游,那是需要极大的财力、物力的,还得做好与恶劣自然环境做斗争的准备。那么他们的精神支柱到底是什么?必定还有更深层次的原因。

## 四、寻找浙东致仕高官、豪强地主、名道力量的支持

中国古代有门阀大族支持文人当官的传统。早在东汉时期,文人就主要通过察

举、征辟出仕。被举、被辟的人成为举主、府主的门生、故吏。门生、故吏为了利禄，甚至不惜谄附、贿赂以求固结。大官僚与自己的门生、故吏结成集团，以增加自己的政治影响力。东汉后期的士大夫中，形成了一些累世公卿的家族，比如汝南袁氏家族的四世三公。这些人都是当地最大的地主，而且世居高位，门生、故吏遍于天下，因而又是士大夫的领袖。所谓门阀大族，就是在经济、政治、意识形态上均有影响力的家族。

在拥有大量土地和依附人口的基础上，东汉、曹魏以后世袭封爵的家族，在政治、经济、社会各方面拥有特殊优越地位。当政的外戚、宦官都要同他们联结、周旋。门阀大族遂得以在本州、本郡的势力更加壮大，从而实际上统治了这些州郡。士族到了魏晋影响很大，名士多出于这个阶级，或者在政治上与这个阶级结合在一起。

东晋以后，南朝宋武帝刘裕从东晋门阀专政、皇权弱小、方镇割据的积弊中汲取教训，努力加强皇权，因而南朝世家大族虽然在社会和经济上的优越地位未变，但实际军政实权大为削弱，主要政治权力已不在他们手中。之后经历的侯景之乱、科举制、黄巢起义等，使氏族门阀衰退消亡。但是不可否认的是，钱权结合依旧是一条通向政治高峰的"捷径"。

唐代虽有科举制度，但依然有许多人不走科举，而是靠举荐得到皇帝赏识。其中，通过皇帝信任的名道举荐，则是终南捷径。因皇族崇道，浙东地区又是道教文化中心，自然也成为了唐代的隐形政治中心。

如前文所述，浙东地区因其特殊的历史、政治环境，成为唐代经济繁荣之地。地主豪强利用经商或高利贷等方式聚敛来的钱财，大量装备新式耕具，招徕大批的依附农民，形成"膏田满野，奴婢千群"的封建庄园。他们在庄园中，组织起小规模的协作生产，开筑与先进耕作技术相适应的"破渠灌注"水利灌溉工程，使用先进的水排和风车等技术。豪强田庄经济便随着先进的生产方式，如雨后春笋般地发展起来了。社会大动荡为豪强地主经济的发展提供了历史契机。豪强地主财力雄厚，使得一大批宾客、荫户、徒附们前来依附。他们也在积极寻求目标人选进行支持投资，帮助对方成就政治理想，从而获得利益和依傍，以达到提高政治地位的目的。

诗人们对此地趋之若鹜，表面是为游山玩水、寻仙访道，实则是为了寻求"政治投资"。如何吸引致仕高官、地主和名道仙人们的注意呢？写诗，是很好的敲门砖。所以，诗人们踏上"浙东唐诗之路"，可谓一场"用写诗来抛砖引玉的寻梦之旅"。

比如李白，他因为身份问题，不能像一般读书人那样，寒窗苦读十年再参加科举考试，而且那样也太费周折了。所以李白通过去结识当时的名人，以求直接引荐，来取得唐玄宗的欣赏与任用。具体做法就是通过学道求仙而结识道士司马承祯、吴筠，以及出家学道的玉真公主。这些人在唐玄宗面前赞扬李白，于是唐玄宗就召见了李白，封他做了翰林待诏。当然李白也写了自荐信《与韩荆州书》给韩朝宗，希望得到引荐。总之，靠举荐，不失为比科举更简单的入仕途径。

再如王维，唐玄宗开元十九年（731）状元及第，任太乐丞。王维早年有过积极的政治抱负，希望能作出一番大事业。后来因故谪济州司仓参军，贬官济州时所作的《济上四贤咏》以及《寓言》《不遇咏》和后期所作的《偶然作》六首之五，描写了豪门贵族把持仕途、才士坎坷不遇的不合理现象，反映了开元、天宝时期政治的阴暗面。在这期间，王维也几次游历浙东，探访天台。济州距离天台路途并不近，王维舟车劳顿前来，也是为了寻求名道、豪强地主的支持。

到了中晚唐，此风仍不停息。唐肃宗至德二年（757）登进士第的严维，时为浙东诗坛领袖，在越州东郊十二里的东湖，有一处园林，称为"镜水宅"，也叫"严长史宅"，许多远道而来的诗人，都爱登门拜访隐居于此的严维。严维有首《酬诸公宿镜水宅》云："幸免低头向府中，贵将藜藿与君同。阳雁叫霜来枕上，寒山映月在湖中。诗书何德名夫子，草木推年长数公。闻道汉家偏尚少，此身那此访芝翁。"此诗所说"诸公"，其实就是指皇甫冉、刘长卿、清江等诗人。皇甫冉《秋夜宿严维宅》、刘长卿《宿严维宅赠包佶》、清江《宿严维宅简章八元》等，描写的都是当时景象。

纵观历史，唐代之所以能够成为诗歌的鼎盛期，除了经济社会繁荣外，最大的原因，是因为政治。唐代盛行作诗，皇帝也喜好诗文，官员百姓也引以为一种风雅流传开来，有时候还能因为诗文绝佳而凭此入仕。唐朝的科举制度极力推崇诗歌，自高宗起规定诗赋为进士考试的内容，玄宗时以诗赋取士已蔚然成风。反过来看唐代之后，科举制度越来越完善，明清时代，做官须学时文制艺，靠写诗做官几乎是不可能的了，所以诗歌也就衰微了。

由此可见，唐代诗人们写诗，本质上，还是为了引起公众的注意，提高自己的知名度。最主要的，当然是为了吸引那些能够为其提供"政治投资"的人。写诗能有如此功用，势必促使诗人们在游历浙东时，创作出大量优秀的诗歌作品来。毕竟，这是他们宝贵的敲门砖，他们希望通过诗歌这块"敲门砖"引起居住在浙东的致仕高官、地主豪强、名道真人的关注，从而获得政治投资。双方各取所需，互利互惠，这才是诗人们纷至沓来游历浙东的隐秘原因。

## 五、诗人回到北方政治中心，促成文化的传承和融合

窃以为中国史上有四次民族大融合时期：秦汉、魏晋、宋元和清朝。但文化的融合，从来就是处在不断生发之中的。浙东地区的政治文化磁场，吸引着大批诗人前赴后继来探访、游览、隐居，因此留下诸多脍炙人口的篇章，形成了一条独特的、史无前例的浙东唐诗之路。来自中原的诗人，带来了以中原文化为主流的鲜活文化。他们在浙东活动，又吸取了浙东风俗人情文化。他们中的很多人，在南方娶妻生子，定居很长时间。当他们返回中原地区的时候，则又把浙东文化，播种到了北方，无形之中，促成了南北文化的交流融合。

元稹和白居易，在浙东留下了一系列的酬答诗。元稹在任越州刺史兼浙东观察使时，写下了《戏赠乐天复言》："乐事难逢岁易徂，白头光景莫令孤。弄涛船更曾观否，望市楼还有会无。眼力少将寻案牍，心情且强掷枭卢。孙园虎寺随宜看，不必遥遥羡镜湖。"而身为杭州刺史的白居易，则酬答一首《酬微之夸镜湖》："我嗟身老岁方徂，君更官高兴转孤。军门郡阁曾闲否，禹穴耶溪得到无。酒盏省陪波卷白，骰盘思共彩呼卢。一泓镜水谁能羡，自有胸中万顷湖。"意在表明杭州西湖不亚于越州镜湖。此二人在浙东地区的宦游，在诗中多有体现，禹穴、若耶、镜湖、西湖等等，都留下了他们的足迹。

在元稹任越州刺史期间，亦有不少诗人慕名拜访，楚州山阳（今江苏淮阴）人赵嘏就是其中之一，他曾游幕元稹刺史府，并留下了《九日陪越州元相燕龟山寺》等诗，诗云："佳晨何处泛花游，丞相筵开水上头。双影旆摇山雨霁，一声歌动寺云秋。林光静带高城晚，湖色寒分半槛流。共贺万家逢此节，可怜风物似荆州。"龟山寺，在越州城西南五里龟山，唐代又名永安寺，诗人所描写的宴会场景，别有情趣。

除了同一时空的文化传承，浙东唐诗之路还实现了文化的代际融合。诗人们追寻前代文人墨客的足迹，不仅仅是慕浙东山水之好，还有精神上的追寻和继承。他们继承了前代人的诗歌风格、题材，让自己的创作更加丰盈。如李白传承了谢

灵运的山水诗风格。李白写在"浙东唐诗之路"上的作品，不仅是与古代诗人骚客的咏吟之词，从某种意义上看，也是对前辈文化的传承和创新。

襄州襄阳（今湖北襄樊）人朱放，在安史之乱后，到剡溪隐居，唐肃宗宝应年间（762—763），移居会稽若耶溪畔。诗人瞻仰了越州西郊八里的道士观，这里曾居住过致仕而归，回乡做道士的贺知章。诗人想象着贺知章回乡后的逍遥生活，写下了《经故贺宾客镜湖道士观》："已得归乡里，逍遥一外臣。那随流水去，不待镜湖春。雪里登山屐，林间漉酒巾。空余道士观，谁是学仙人。"羡慕中蕴含惋惜。

云门禅寺座落于绍兴城南十五公里的秦望山麓一个狭长的山谷里，这是一座历史悠久的古刹，晋代大书法家王献之曾于此隐居，后舍宅为寺。这里历来为文人所重，唐人有"越山千万云门绝"之吟叹。唐高宗上元二年（675）三月上巳，初唐四杰之首的王勃在云门寺主持了一次模仿王羲之兰亭雅集的修禊活动，并撰写了修禊序，其中写道："迟迟风景，出没媚于郊原，片片仙云，远近生于林薄……"由此观之，云门寺在唐时，便成为浙东唐诗之路的重要节点和热点。杜甫的"若耶溪，云门寺。吾独胡为在泥滓，青鞋布袜从此始"成为千古绝唱。据粗略统计，《全唐诗》直接收录歌咏云门寺的诗作就有五十多首，到过云门寺的唐代诗人更是不计其数。唐代走过浙东唐诗之路的诗人有名可考的有四百多位，云门应是他们的必游之地。

"浙东唐诗之路"内涵丰富，是一座文化宝藏。原中国唐代文学学会会长傅璇琮先生认为"浙东唐诗之路"可与河西丝绸之路并列，同为有唐一代极具人文景观特色、深含历史开创意义的区域文化"[1]。它在当时是诗人们的寻梦之旅，在追求诗人们政治梦想的同时，也让浙东成为了中国历史上的文化标志之一，同时也促进了不同地域、不同宗教、不同阶层的文化传承、创新和融合。唯其如此，"浙东唐诗之路"形成的深层原因，更值得我们去探究，唯有知其源，才能更好定位、更好规划设计，最后发挥出"浙东唐诗之路"最大的文化旅游价值。

---

[1] 傅璇琮.走出唐诗的"唐诗之路"[J].中华遗产,2007（09）.

# 辽宁铁岭"二李"在绍兴知府任上的政绩

佘德余

清康熙五十八年（1719）俞卿所修《绍兴府志》卷四十三《人物志·名宦》载："李铎，字天民，奉天铁岭人，以兵部武选郎中出知绍兴。"该志卷二十八《职官志·郡守》条下载"李铎，奉天铁岭人，荫生，康熙二十八年任。"其人于康熙三十一年（1692）调任杭州，在任三年余，有政绩。

清乾隆五十七年（1792）李亨特所修《绍兴府志》卷二十六《职官志·郡守》载："李亨特，汉军正蓝旗人，监生，乾隆五十五年任。"《越中杂识·名宦》载："李亨特，奉天正蓝旗人。乾隆五十五年知绍兴知府……五十八年调任杭州去。"其人在任三年余，有政声。

他们两人同姓"李"，同为辽宁铁岭人，出身名门，以荫袭为官，又同任绍兴知府，在任皆有政绩，主持府志修纂，列入"名宦"，三年任满后皆调任繁郡杭州，晚年皆遭遇挫折死于任所。

## 一、同为出身名门，以荫袭为官

李铎，字天民，号长白。据江西巡抚马如龙为其作传云："其先明太傅宁远伯讳成梁公，万历间以名将起家，武功丕著。及国朝定鼎，至尊翁大司马讳荫祖公节制冀、兖、豫、荆四省，而勋业益茂，为一代伟人，载在史册。盖其累世簪缨，建旄秉钺，若尚书侍郎、督抚藩臬、都统提镇，绵绵无替，至今历七载矣。"（钱仪吉编《碑传集》，中华书局1993年版）李铎自幼受到良好的教育，成年后以父荫出仕中书，继任西曹，迁枢密部郎。康熙二十八年皇上南巡至绍兴府驻跸，鉴于心念绍兴府繁剧的事务，特命李铎为绍兴知府。

李亨特（？—1815），字晓园。据《清史稿》卷三百二十五《列传第一百十二》载，其祖父李宏，字济夫，汉军正蓝旗人。监生，入资授州同，效力河工，授山阳县外河县丞。累迁宿虹同知、河东河道总督、江南河道总督。因功给八品世职荫袭。父李奉翰，入资授县丞，补沂水。累迁江苏苏松太道、江南河道总督、河东河道总督。康熙四十九年（1710）南巡，皇上奖其勤劳，赐骑都尉世职，嘉庆二年（1797）正月加太子太保，授两江总督，兼领南河事。亨特为奉翰次子，入资授布政司理问，发河东委用，补兖州通判。乾隆五十五年知绍兴府事。

## 二、任上勤于职守，政绩卓著

李铎以世受皇恩、力图报效之心赴任，到任后以东汉会稽太守刘宠以情得民，明绍兴知府汤绍恩以惠得民敬之为榜样，为政清惠，勤敬而务民艰，建祠衙署，朔望礼拜，所为政事，效之两公。其书匾曰："天鉴民知"，联曰："唯饮三江半杯水，不受百姓一文钱"，以故民谣曰："刘汤再起，合乎一李。"清顺治至康熙初年，浙东一带反清复明活动此起彼伏，在明遗臣反清活动影响下，山阴、会稽等地民众据险集聚，反对清政府统治。康熙十三年（1674）耿精忠响应吴三桂的反清活动，于浙江金华、衢州、绍兴再度起义，绍兴府之诸暨、嵊县、新昌等县互相联络起事，向府城进发，迫使时任绍兴府知府许宏勋疲于应付。鉴于当时形势，李铎严明治理政务，"豪滑巨憝皆望风屏迹，复继之以慈和，使八邑靡然向化，百姓爱之如父母焉"（清俞卿修［康熙］《绍兴府志·名宦·李铎传》）。绍兴府地处河网水乡，每逢春夏霪涝水灾，李铎必亲临河湖考察，预修水利工程，筑山西闸荷花荡工程多处；据［康熙］《绍兴府志》记载，康熙二十九年（1690）秋七月二十二日大雨，知府李铎念时序入秋，亢阳之后，必有淫潦，遂不按水则，令所司开三江闸，预放水三尺。二十四日果淫雨连朝，至八月初三日止。山阴、会稽、萧山县幸闸水流通，庐舍、田禾得保无虞。诸暨、余姚、上虞三县皆被水灾，而余姚尤甚。田禾淹没，墙垣冲倒，平地水深丈余，百姓流离失所。李铎目击，忘餐废寝者累月。一边具详上报，蒙恩蠲免本年地丁银三万有余，分发历年捐赎积谷三千四百余石给灾民。一边亲自典衣鬻珥带头募捐，泣请制台、抚军并属官、绅士解囊，得米二万七千余石，棉衣三千余件，三次亲临赈济，与知县康如琏煮粥、赈米、给棉衣；鼓励垦荒，种植多种作物品种，岁当三时，必躬履田间地头，劝民力稼。李铎还颇重视文化建设和学校教育。王文成公祠，初名新建伯祠，康熙二十九年（1690）李铎修之，易今额。康熙二十八年（1689）李铎属令会稽知县王凤采修建萧山刘太守祠。康熙三十年（1691）主持修纂《绍兴府志》，厘定为六十卷，使流传较广。朔望必赴府学或书院亲讲圣谕，立义学，鼓励适龄儿童入学受教；听讼平心断理，不轻用刑罚，民有犯罪者，必为之讲解犯罪之由，使其诚心悔罪；廉静寡欲，杜苞苴，绝情面，时刻以民瘼为念，守越三年余，不名一钱，使民无冤案；建义冢，组织掩埋遗尸枯骨，明山、漏泽园本是无亲属及死人不知姓名者或乞丐、遗骸暴露者之集葬地，康熙二十九年知府李铎于蓬莱驿旁建漏泽园，周围筑土垣建墓门，令民掩埋其中。

李亨特于知府任上在水利、学校教育、文化建设、移风易俗等方面皆有建树，政绩卓著，列为名宦。一是重视学校环境建设，倡捐修建府学。据西吴悔堂老人编撰的《越中杂识》记载："甫下车，见学宫颓敝，即倡议重建之，殿宇庑舍，俱焕然一新。"二是与其祖、父在擅长的治理河道方面大显身手。府河跨山阴、会稽两县城界。其纵者自江桥南至南门，北至昌安门；其横者自都泗门至西郭门。中间支河甚多，皆通舟楫。沿河居民架水阁于河上，或跨河造阁为便房密室，经常抛垃圾于水中，严重影响河道舟楫交通，屡禁屡行。李亨特带领属下巡查，榜示布告强令限时拆毁。拆除阁屋74座，石条4座，木桥8座，河道为之一清。同时疏浚河道淤塞处，榜示居民禁止向河道倒垃圾废物，并且不定期巡查，改变了原来的脏乱状况。三是公布有害风俗十条，立十禁碑，勒石仪门，使民众时刻警惕。又在开元寺内建慈善堂，提倡广集义行、乐善不倦之风，使贫者得助、病者得医、渴者得饮。四是致力于文化建设。据《越中杂识》记载，乾隆五十六年郡守李公亨特重修府城隍庙；同年又重修镇东阁；五十七年三月重修柯亭；同年又重修明绍兴知府白玉墓，并立墓碣，禁人樵采；同年重修明新建伯谥文成王守仁墓及王文成公祠，立石并勒跋于碑阴；同年九月大修钱王祠，重建内殿五间；同年命钱泳书《清白堂记》，刻碑立于堂上。最重要的是他在任内主持了《绍兴府志》八十卷的修纂，此志影响深远。

## 三、任满选调繁郡杭州

康熙三十一年（1692）六月，李铎因绍兴府任上政绩卓著，调任杭郡省会要区。临行之日，绍郡士民皆号泣遮道留之，拥马前，不能行，铎亦流泪不忍去。

"后以讹误，左迁霸州守，卒。"（《越中杂识》上卷《名宦》）李亨特亦于乾隆五十八年任满调任杭州，《越中杂识》曰："郡人至今谈公德政，不胜屈指，以为俞（卿）太守再见于今云。"据钱泳《履园丛话》卷二十一"何须畏"条记载："乾隆五十八年，百菊溪相国为浙江按察使，李晓园河帅为杭州太守，两公皆汉军，甚相得也。忽以事咀唔，李大愠，同在一城，至一月不禀见，遂欲告病，文书已具矣。时方酷暑，相国遗以扇，并书一诗，有句云：'我非夏日何须畏，君似清风不肯来。'李读诗不觉失笑，相得如初。"可见，李亨特在杭守任上已历几月余矣。《清史稿》卷三百二十五"李亨特"条记载："李亨特，奉翰次子。入资授布政司理问，发河东委用，补兖州通判。累迁云南迤西道。嘉庆初……加按察使衔。累迁调授江苏按察使，九年，擢河东河道总督……（上）斥亨特玩误纵恣，命逮下刑部治罪，籍其家，刑部议发新疆。上命在部荷校半年，发黑龙江效力。二十年，卒于戍所。"列传中并没有李亨特任职绍兴知府、杭州知府的经历，其原因不得而知。

李亨特能列入《清史稿》，这可能与他曾任江苏按察使职务有关外，也与其祖父宏、父奉翰列入《清史稿》有关。另外，李亨特在绍兴知府任上曾主持了兰亭修禊之会，邀请名士如袁枚、钱泳、平恕、张培等二十一人参加，还让人绘制了一幅《会稽太守续兰亭修禊图》。为此袁枚曾作《越溪舟中喜晤李晓园太守》七律三首，其一云："再访天台过会稽，欣逢贤守急抠衣。停舡便取金杯酌，挥麈频闻玉屑飞。八郡志书方纂辑，四方名士尽归依。尚书两代怜才惯，克继家风世所稀。"曾参与［乾隆］《绍兴府志》编纂的钱泳在《履园丛话》卷十八《兰亭》文中记载："癸丑三月三日，郡守李晓园（亨特）尝邀袁简斋太史、平宽夫宫詹辈二十一人，作修禊之会，余亦与焉。"赵翼《瓯北集》卷四十九也写有《李晓园廉使旧守会稽，修兰亭故事，宴集宾友，作禊游图，今来索题，为补书》五言古诗曰："洛阳履道里，旧本杨凭宅。一落白傅手，遂独擅胜迹。午桥中令墅，后归张师亮。至今绿野堂，人只说裴相。唯有谢公墩，介甫偶戏争。千载两安石，竟共占令名。由来人与地，轻重两相系。或积后来薪，或附先驰骥。会稽有兰亭，故属王右军。谁敢冒不韪，欲来作替人。晓园风雅宗，忽作兹郡守。似天将此亭，郑重付其手。果然清兴发，上巳集宾友。一时盛事传，不减晋癸丑。即今已迁官，曳履凌星辰。行看益展布，迥竖钟鼎勋。名流行乐处，草木皆垂芬。此亭旧游迹，好继禊帖文。纵未遽突过，亦当与平分。"因为与当时社会文士名流交往较多，故李亨特影响更大些。

　　同为辽宁铁岭籍的李铎与李亨特先后在绍兴知府任上勤于职守，为政清廉，在兴修水利、学校教育、文化建设、移风易俗等诸方面政绩卓著，因此［乾隆］《绍兴府志》同时将他二人列入"名宦"传，使得他们成为绍兴人纪念的对象。

# "大运河"让越酒行天下

谢 寰 谢云飞

## 一、明清"越酒行天下"

越酒，虽说有数千年的悠久历史，但直到明代才步入繁盛时期。明末名臣王思任有《老酒豆酒赋》云："老似民，豆似官。民乃门类之通用，官则席上之偏安。豆之佳者入圣，老之妙者犹仙。圣但知水之有力，仙则吞火而无烟。豆有花露之白，竹叶之青，翻翠涛于秘色；老有雪乳之香，凝霞之泊，泻红玉于春湍。重曰：守吾乡高曾之规矩兮，听他处名号之多般。米欲精兮泉欲冽，老不酸兮豆不甜。"

赋不长，却道出了两种越酒：一为"老酒"，一为"豆酒"。众所周知，老酒即黄酒，豆酒即为白酒，豆酒者，系绿豆酿造而成，俗称"绿豆烧"。豆酒清醇甘冽，与老酒均为佳酿。用此酒浸杨梅，红似胭脂；浸青梅，色如碧玉。唯不能泡人参，否则会丧失滋补功能。据记载，昔日，镴箔师傅（旧时绍兴有"锡半城"之称）爱喝此酒。端午日，店（铺）老板请他们喝端午酒，在豆酒中投入雄黄，名谓"雄黄酒"。喝醉后，顿觉五内如焚，于是跑到府山（卧龙山）上，寻一块阴凉之地，睡在地上。此举常吸引男女老少前去观看，谓之看"蜒蚰螺"。镴箔师傅醒来，精气两旺，打起镴箔来，更有节奏。

明代乡贤徐文长（即徐渭），好杯中之物，尤嗜豆酒。他有个姓史的外甥，人很精明，徐文长刚为他作了《百花卷》，他转身又要其舅父再画一幅大花卉，他怕舅舅不耐烦，特地携了八升豆酒去。素性慵懒的徐文长，一闻豆酒的扑鼻醇香，精神为之振作，一反常态，命外甥取来数只小杯，一一斟满，几杯下肚，顿觉指间浩气如雷，于是，他一手执如椽大笔泼洒擘画，一手握杯吞饮，连浮三十小白，画也作成。然而，徐文长兴犹未尽，又作七言古诗一首，赞美"陈家豆酒名天下，朱家之酒亦其亚……"，可见，豆酒名噪一时。

另，徐文长在《莼台醋》一诗中说，"吾乡豆酏（酒）逐家堆"。又说出了豆酒在绍兴之普遍，产量之多。据业内老人说，豆酒在二十世纪五十年代初尚有，后因绿豆来源稀少，只好辍产。

再说黄酒。明代中叶始，曾"一斗糯米酿得的黄酒，可买三斗糯米"。酿酒高昂的利润，使从业者趋之若鹜。难怪徐文长在《物产论》中疾呼："盖自酿之利一昂，而秫者几十之四，粳者仅十之六，酿日高而炊日阻，农者且病而莫之制也！"正如晚明公安派领袖人物袁宏道在《初至绍兴》一诗中赞曰："家家开老酒，只少唱吴歌。"可见那时的绍兴酿酒已经很普遍。

当然，越酒不仅仅绍兴人自己喝，还远销外地。"山行而水处，以船为车，以楫为马"。水城绍兴，舟船是主要的交通工具。酒是流体，当时多依赖内（运）河和外海的航运，大河上下，秦岭南北，早有越酒的经销点。据绍兴城内沈永和酒坊后裔沈大本说，在明代崇祯年间，他家酿制的黄酒，曾远销至今天的马来西亚、新加坡、印度尼西亚等地。

清朝，绍兴酒外销曾一度受阻。满族人自诩从马背上夺得天下，不谙水战，遂严令禁止海上航运。沿海一带的商贾与渔民长期休航、休捕，生计无着，濒临绝境。绍兴的酒商，也急切盼望解除海禁、恢复近海省际航运。清康熙年间，清朝廷终于颁布了《弛海禁令》，于云台（今江苏连云港）、宁波、漳州、澳门设四海关，令浙江沿海地方，照山东等处例，许百姓五百石以下船只，出海贸易、捕鱼，但行前必须先向地方官禀报，登记姓名，发给印票，船头烙号。"如有打造双桅五百石以上违式船只出海者，不论官兵民人，俱发边卫戍军。"尽管此令只是有限的松弛，但对百姓来说已是皇恩浩荡了。中国的海岸线不短，除了南洋不许去，近海北可达京津，南可抵闽广，这就为"越酒行天下"奠定了基础。如清［康熙］《会稽县志》记载："越酒行天下，其品颇多，而名老酒者特行。"

明末清初，随着"大运河"航运业的发达，绍酒的行销很快遍及全国，走向外域，正可谓山阴会稽酒商遍满京广，绍兴老酒畅行天下也。

## 二、"大运河"让越酒源源流向国内外

绍兴酒的鼎盛时期是清代。清梁章钜在《浪迹续谈》卷四"绍兴酒"中说：

"今绍兴酒通行海内，可谓酒之正宗……贩运竞遍寰区，且远达于新疆绝域。"到乾隆、嘉庆时，绍酒西至甘陇（甘肃）、新疆，东及中国台湾、日本。

清代诗人袁枚在《随园食单》中写道："绍兴酒如清官廉吏，不参一毫假，而其味方真，又如名士耆英，长留人间，阅尽世故，而其质愈厚。"此外，袁枚又说："绍兴酒不过五年者，不可饮。"由此可见，绍兴老酒除了贮存年代久远外，品质亦属一流，故一些大酿坊常以"陈年老酒"或"远年陈绍"来称所酿之酒的品质，这也是绍兴酒能"行天下"的原因。如乾隆皇帝曾多次"下江南"品饮绍兴酒，留下"越酒行天下，东浦酒最佳（良）"的诗句。

清道光二十二年（1842）五口通商时，绍兴阮社章东明酒坊年酿6000—7000缸，通过运河航运，销往新加坡；湖塘的田润德酒坊远销俄国；东浦的云集酒坊之酒远销东南亚。

民国十八年（1929），程叔度的《烟酒税史》（上海大东书局编印出版）载："浙东西九区七十县，以五区（绍兴）所产（酒）为最多，出运占五分之四，行销遍各省，间有出洋者。"

绍兴酒除了航运销往域外，还通过办行栈、酒店等方式，占领京津沪广闽等大城市的市场。五口通商后，绍兴黄酒最大的销售地是上海。最早在上海开设绍兴酒店的是乾隆九年（1744）东浦林头村王宝和酿坊，地址在上海大东门外的里咸瓜街，自产自销，批零兼营。

因咸瓜街地处城郭，又紧傍黄浦江，吸引了江浙两省的渔民前来加盟，市场更是日益红火。一时间，船商、货主、捐客、购买者、搬卸工……交织成和谐的变奏曲。而绍兴的"王宝裕酒店"也开在这条街上。

到了道光二十八年（1848）阮社章东明酒坊亦在上海小东门开设酒行，其后又在上海、天津开设数家酒行。

清光绪初年，湖塘、东浦等地的绍酒客商在多地设行栈，如清光绪二十六年（1900）东浦"云集信记"（"会稽山"绍兴酒前身）在上海、广州、天津、北京等地设分售所。当时京津一带酒店、菜馆、饭铺，多寄售以云集酿坊为主的绍兴酒。徐珂的《清稗类钞》"饮食类"云："京师酒肆有三种，酒品亦最繁。一种为南酒店，所售者女贞、花雕、绍兴及竹叶青"。又云："越酿著称于通国，出绍兴，脍炙人口久矣。故称之者不曰绍兴酒，而曰'绍兴'"。

清末民初，湖塘叶万源酒坊产品畅销闽广及东南亚各地。在绍酒业的同行中，柯桥江头的高长兴酒坊，民国二年（1913）在上海福州路407号、南京秦淮河畔、杭州延龄路与仁和路口，各开了一家酒菜馆，以酒、菜名噪当时，总之，绍兴人开的酒栈、分售所、酒店分布大江南北，正所谓"流行遍域中"了。

### 三、产销结合的上海"绍酒大同行"

上海是绍兴酒销售的中心地区。据单文吉先生撰文，抗日战争前，绍兴酒年产高达7万吨，但抗日战争后只有2.5万吨，为过去鼎盛时期的36%，其中1/4在上海销售，每500克售价为8分银圆，上海绍酒业年营业额约银圆100万元。

在清代，王宝和、章东明最早在上海开业，随后高长兴等各家相继开业于上海。至1948年，上海绍兴酒同业公会有会员249家，其中22家在绍兴本地设有酿坊，这些酒坊被称为"绍酒大同行"。下面介绍几家上海的绍酒"大同行"：

**（一）阮社：章东明酿坊**

早在清乾隆年间，绍兴的大酿坊已经在上海开设字号，如王宝和酿坊于清乾隆九年（1744）在上海大东门设店开张。而阮社的章东明酒坊，在其子章利川时，产量即已年年增加，销售上仅仅依靠当地酒店和外省来采购客商，已远远不能与生产状况相适应。有鉴于此，章利川于道光二十八年（1848）在上海小东门也开设了一家酒行，其后又在闸北增开了一家，分别称之为"南号"和"北号"。由于章利川仍然是集中精力在绍兴经营酿坊，所以上海的南北两家酒行，都是聘用亲信或可靠的经理负责。

此后，章东明的子孙亦去上海开设酒行。例如在咸丰末年（或同治初年），章利川的次子章正卿开设了"章东明正号"，并和章利川长子章荣堂之子章心甸开设了"章东明信号"；同治九年（1870），章荣堂之次子浚申开设了"章东明浚记"，以及章心甸长子章介轩开设了"章东明介记"，次子章芳轩开设了"章东明芳记"；民国初年，章浚申在杭州官巷口开设了章东明浚记。还有早在道光末年，天津侯家庄开设的酒庄，也都是聘任可靠的经理，全权经营。上海酒行除聘任经理外，还要请一名会计主管财务，由业主直接领导，对酒行财务有监督权。每年春节，业主亲赴各店盘账，后由经理送回绍兴呈阅。各店经理还要汇报成绩，进行交流。

章东明所设的酒行，以批发为主，兼营零售。这一营业方针在上海绍酒行业中，可算是独树一帜的，因其他酒行多以门庄为主。直到抗日战争前，章东明酒坊的产品，北至北京、天津、奉天（沈阳旧称），南至中国香港、新加坡等地，行销范围很广。至于零售，虽量少，但经营也十分认真。酒行备有自行车，顾客可用电话要酒，随接随送。对大饭店、大酒楼或喜庆宴会，还可派人去免费烫酒。老顾客可以记账赊销，每年端午、中秋、春节三节收账。

除了开设酒行外，酒坊还聘用"水客"（贩运货物的行商），专跑各省推销产品。这些水客，除了固定工资（每月四五十银圆）外，还可按销售额收取2%—3%的佣金。酒坊还赋予其一定权力，如在规定价格内签订合同，同意赊销或货到付款等，但必须负责把账款收回。水客的责任较重，须有"人脉"，交际广阔，能吸引客户，一年内只要出去两三次即可，其余时间可在家休息。有的水客还兼任酒行经理，是很受酒坊器重的。但有很严格的一条纪律，即不允许推销别家产品，如有发现，立即解雇。

绍兴老酒过去只是在江浙沪一带营销，为了扩大销售渠道，章东明想到了北方市场。清代津浦铁路尚未修通以前，运销北方的绍酒，无论是通过大运河"漕运"还是"海运"，天津都是重要口岸。章东明酒坊与天津的交易，过去一直是通过来采购的客商或推销的"水客"之手销往天津的。章利川在开设了上海南、北二号之后，决心开拓天津市场。由于天津的地位在各地分支机构之上，它不用章东明牌号，而取名"全城明记"酒庄（"全城"是章氏祖先之名），专做北方的批发业务，不兼零售。客户遍布北方，直至东北各省，旺时年销京庄一万坛以上。如以五银圆一坛计，营业额达五万银圆。

在"全城明记"的业务中，特别值得一提的是它与北京同仁堂药铺的关系。由于章东明酒坊注重产品质量，所以自其产品行销京、津后，便为北京同仁堂药铺所采用。章东明酒坊自与同仁堂建立了直接供货关系后，也特为同仁堂酿制了一种称为"石八六桶"的专用酒，并保证这种专用酒，要陈放三年以上才出厂供应同仁堂。

民国初年局势动荡，章东明酒坊很受影响，由于酒的运输风险太大，北方运销业务遭受到很多挫折，对同仁堂的供应也变得不稳定。其后东北沦陷，章东明视华北地区为畏途，业务进一步收缩，于是天津全城明记虽仍存在，但已处于停业状态，章东明酒坊与同仁堂的合约，也就形同虚设了。

**（二）柯桥：高长兴酿坊**

在绍酒业的大同行中，柯桥江头的高长兴酿坊在民国二年（1913）设立，此坊在上海福州路407号，南京秦淮河畔、杭州延龄路与仁和路口，各开了一家酒菜馆，各店均由烹饪高手掌勺，供应的酒均是"远年"黄酒。杭州的高长兴酒家，1951年更名为杭州酒家，成为杭州首家国营菜馆。

南京的高长兴菜馆，以做浙绍菜为主，是南京饮食行业中四大帮口味之一。老一辈的人提起高长兴酒馆，就会想到腐乳肉、烧圈子（大肠）、炒鳝糊、砂锅鱼头。二十世纪五十年代调整并入了"老正兴"菜馆。1993年，新大楼落成，又增加了绍式虾球、绍式醋鱼、稀卤蹄筋、蛋清鱼条，合称为老正兴的"八大名菜"，加上从绍兴运来的正宗陈酿，顾客天天立席等座。

上海的高长兴酒店，生意也久盛不衰，民国二十七年（1938），在西藏路11弄10号衍设了高长兴焕记酒馆，民国三十三年（1944），又在复兴中路33号开设了高长兴炎记酒馆。埠外酒馆不断开设，使柯桥江头生产的酒坊"显小"了，故另在绍兴城区胜利大桥以东、府山西路以西，又开了一个酒作坊。

这里介绍一张清代康熙年间，绍兴高长兴浩记酒厂坊单。商标名为"加官晋爵"。现把坊单中文字抄录如下：

> 本厂世业造酒于康熙年间，至今已贰百余年。悉心研究，探源鉴水，运米丹阳，不惜工本，秘制上等佳酿，能久藏，年远不变。"劝业会"得奖金牌，以绍酒著名。久蒙各界诸君奖誉，名驰四远。自印花、公卖税骤增，本厂精益求精，足复加足，添造酒、夹酒并新，法明秘制醇醪醇酒，更为脍炙人口、别号所无。迩来人心不古，鱼目混珠。本厂特印"加官晋爵"内单，赐顾诸君务请细认真伪，庶不致误。
>
> 浙绍高长兴浩记酒厂浩卿主人率孙增圭谨启

这张不足二百字的坊单，将酿坊的历史、获奖情况、所用原材料、酿酒技术等内容，广而告之。

### （三）越城：言茂源酿坊

"赵七爷是邻村茂源酒店的主人，又是这三十里方圆以内的唯一的出色人物兼学问家；因为有学问，所以又有些遗老的臭味……"这是鲁迅小说《风波》中写到的"茂源酒店"及店主，现实中确有这么一家酒店，因为主人姓言，又叫"言茂源"。然而，绍兴史志上少有记载，倒是上海地区有一些，如《上海副食品商业志》第五章酒商业篇云，清乾隆年间，有绍兴人从本乡水运黄酒来上海并开店销售，在东门外沿江一带和商贸稠密地区都设有酒栈酒店，名声最大的绍兴酒店是王恒豫和王宝和。除了王恒豫、王宝和外，旧上海较有名声的酒店有言茂源、马上侯、丰豫泰、章豫泰、章东明、章月明、全兴康等酒店，大都以经营绍酒（黄酒）为主。

笔者在唐鲁孙的《老乡亲》一书《上海的柜台酒》一文中，亦读到如下文字：

> 上海四马路"高长兴""言茂源"都是卖柜台酒的老字号，柜台高耸，擦得锃光瓦亮，不见半点油星儿，上面照例是大盘冻肴蹄、一盆发芽豆，还有油爆虾、熏青鱼、八宝酱、炒百叶几样小菜……

> 像"高长兴""言茂源"这样整天川流不息、酒客进进出出的大酒店，烫好的串筒酒，往您面前一放，锡筒没有不是东凹一块，西瘪一块的。据酒店人说："起初是客人们喝醉了逞酒疯，摔得像瘪嘴老婆婆似的，后来你摔我也摔，不摔就不显得出您是老酒客啦！"

> ……

> 当年上海电影界名导演但杜宇、殷明珠，都是喝老酒的高段数人物，他们夫妇是"言茂源"的老主顾；"言茂源"论座位，没有"高长兴"舒服，论酒的品质，也没有"高长兴"来得醇厚，可是到了螃蟹上市，"高长兴"的生意就赶不上"言茂源"了。老报人何海鸣、叶楚伧都吃过"言茂源"的醉蟹，据说风味绝佳，就是要碰巧了，才能吃得到嘴。

> 胜利还都正秋高蟹肥的时候，走过四马路，想起了"言茂源""高长兴"，找来找去，已无遗址可寻。经一位摆摊的老者相告，"高长兴"原址的楼面拆掉，重盖新厦后开了一家立群书店，"言茂源"将门面缩成一小间，虽然仍然卖酒，只应门市外送，已经不卖柜台酒。

鲁迅先生把旧上海四马路上"言茂源""高长兴"等酒店的兴衰，作了详尽地记述和描写。

## 四、日寇把持"大运河"对绍酒的影响

绍兴酒与上海的绍酒大同行通过"大运河"，南上北下，开辟新航线。如王宝和、章东明、高长兴等。东浦乡贤周清，光绪二十四年（1898）在北京大学学习期间，就兼绍兴酒的推销员，他开辟了将绍酒载船沿京杭大运河至北京定点销售。短短几年内，分售遍及上海、广州、天津等地。在北京有延寿街的"京兆荣酒局"、巾帽胡同的"玉盛酒栈"、煤市街的"复生酒栈"和杨梅竹斜街的"源利酒栈"，以及"杏花春""斌升楼"等各大酒菜馆。

民国四年（1915）在旧金山举办的"巴拿马太平洋万国博览会"，绍兴酒东浦云集信记酒坊的"周清酒"、绍兴咸亨酱园的"咸亨"腐乳等代表绍兴酒、绍兴酱制品赴会参展，一举获得了巴拿马太平洋万国博览会金奖。从此，绍兴酒名声大振，被誉为"东方名酒"之冠，远销世界各国。

然而，日寇的侵华战争，给绍兴酒等民族工业留下严重的创伤。据善元泰的传承人朱清尧介绍，日寇扫荡时，善元泰酒坊珍藏多年的黄酒被洗劫大半，店里的工人也纷纷逃走，酒坊元气大伤，再加上连年战祸，农业歉收，民不聊生，到二十世纪四十年代末，善元泰酒坊终因无力经营而歇业。

另据原百年老字号"沈永和"酒厂厂长傅保卫介绍，民国二十七年（1938）冬，"沈永和"酒坊两支装满绍兴酒的船队，一支在金华婺江遭日机轰炸，船翻酒沉；一支在绍兴龙尾山被劫，清洗一空。损失更为惨重的是民国二十八年（1939）六月十五日上午，日寇飞机空袭绍兴，"沈永和"酒库被炸为一片废墟。从此"沈永和"一蹶不振，除城区南北两家酒店惨淡经营外，酒坊已无力恢复生产。

辛海庭先生曾说，抗日战争爆发后，京杭大运河逐渐为日军所把持，而绍兴酒外销几乎全靠水路水运。"大运河"一封锁就使绍兴黄酒丧失了向北继续发展外销的机会。这对其"北上"销售，产生了"断崖"式的影响。

于是，京津等北方城市就慢慢成了白酒的天下，京津百姓饮用绍兴酒也成了一种奢望。时至今日，绍兴黄酒的消费市场依然呈现"南热北冷"的现象。

# 中华孝女第一人

陈　园　陈秋章

在中国绍兴二千五百多年的建城历史上，曾涌现出五位有名的女性，她们是：美女西施、孝女曹娥、才女谢道韫、情女祝英台、侠女秋瑾。其中，年龄最小的当属孝女曹娥。

从汉安二年（143）到2021年，1800多年过去了，无论是皇帝、官员，还是普通百姓，无论是史志，还是民间传说，无不公认曹娥是中华孝女第一人。

## 一、曹娥投江的传说

《后汉书·列女传》载："孝女曹娥者，会稽上虞人也。父盱，能弦歌，为巫祝。汉安二年（143）五月五日，于县江溯涛婆娑迎神，溺死，不得尸骸。娥年十四，乃沿江号哭，昼夜不绝声，旬有七日，遂投江而死。至元嘉元年（151），县长度尚改葬娥于江南道傍，为立碑焉。"

曹娥（130—143）生于上虞一个叫曹家堡的小山村，幼年丧母，与父亲相依为命。其父曹盱是个能人，除了打渔，还擅长"抚节按歌，婆娑乐神"，被乡邻们推为"巫祝"。东汉汉安二年农历五月初五端午节，身为首领的曹盱照例率众祭祀潮神伍子胥。正当他焚香点烛，舞剑念咒的时候，一个大浪掀翻了祭船，曹盱溺水身亡。当时，曹娥照例在家等候父亲祭祀归来。谁知她等来的却是父亲翻船落水的噩耗。闻迅后她赶到江边，沿着堤塘寻找父亲的踪影。乡亲们怎么劝她都不理，就这样，曹娥沿江寻父一连十七天，无奈之际，她脱下外衣抛入江中，祈求苍天指路，跳入江中寻父。直到五天后的早晨，人们在县江的下游找到了曹娥父女俩反背在一起的尸体。

曹娥负父出水的消息迅速传开，附近村庄的乡亲们都赶来围观。人们感动于曹娥的孝心，纷纷出资出力，准备棺殓厚葬曹娥父女。为纪念曹娥的孝行，乡亲们把她负父出水的地方取名贺盘村，把她投江寻父的江边渔村改名为曹娥村。

## 二、千年传承曹娥碑

东汉元嘉元年（151），朝廷派度尚到上虞做县令。度尚为官清正，深察民情，听闻曹娥投江寻父。虽然此事已经过去了八年，但度尚还是命文书将曹娥的孝行整理成文，上报朝廷旌表她为孝女。

与此同时，度尚又下令将曹娥墓从地势低洼的江东迁到江西南首，并筹集资金为曹娥建庙立碑。度尚又亲撰了诔辞进行祭悼，并命其弟子邯郸淳作碑文。邯郸淳"弱冠有异才……于席间作碑文，操笔而成，无所点定，遂知名"。度尚又请当地有名的工匠，将此碑文刻成"后汉会稽孝女之碑"，立于曹娥墓旁。

现存曹娥碑碑文为：

后汉会稽孝女之碑

后汉会稽上虞孝女曹娥碑

上虞县令度尚字博平　弟子邯郸淳字子礼撰

蔡邕题其碑阴云　黄绢幼妇 外孙齑臼

孝女曹娥者，上虞曹盱之女也。其先与周同祖，末胄荒沉，爰兹适居。盱能抚节按歌，婆娑乐神。汉安二年五月，时迎伍君。逆涛而上，为水所淹，不得其尸。娥时年十四，号慕思盱，哀吟泽畔，旬有七日，遂自投江死，经五日抱父尸出。以汉安迄于元嘉元年青龙在辛卯，莫之有表。度尚设祭诔之辞曰：

伊唯孝女，晔晔之姿。偏其返而，令色孔仪。窈窕淑女，巧笑倩兮。宜其室家，在洽之阳。待礼未施，嗟丧慈父。彼苍伊何？无父孰怙！诉神告哀，赴江永号，视死如归。是以眇然轻绝，投入沙泥。翩翩孝女，载沉载浮。或泊洲屿，或在中流。或趋湍濑，或逐波涛。千夫失声，悼痛万余。观者填道，云集路衢。泣泪掩涕，惊动国都。是以哀姜哭市，杞崩城隅。或有剠面引镜，剺耳用刀。坐台待水，抱树而烧。

于戏孝女，德茂此俦。何者大国，防礼自修。岂况庶贱，露屋草茅。不扶自直，不斫自雕。越梁过宋，比之有殊。哀此贞厉，千载不渝。呜呼哀哉！铭曰：

名勒金石，质之乾坤。岁数历祀，立庙起坟。光于后土，显昭夫人。生贱死贵，利之义门。何怅花落，飘零早分。葩艳窈窕，永世配神。若尧二女，为湘夫人。时效仿佛，以昭后人。

　　宋元祐八年正月，左朝清郎充龙图阁待制知越州军州事蔡卞重书。

　　这块由邯郸淳撰文的曹娥碑被后人赞誉，理由有三：

　　一是碑文写得美。全文400余字，分为三部分。第一部分是简略地介绍了曹娥的身世和投江的经过。第二部分是记叙了度尚亲撰的诔辞。第三部分是以韵文的形式叙述了立碑的目的和意义。最后是墨书者的落款。整篇碑文语言生动，情真意切，尤其是文中恰到好处地引用了历史典故，如"哀姜哭市""杞崩城隅""刿面引镜""劙耳用刀""坐台待水""抱树而烧"等，更使碑文韵律优美，寓意深刻。

　　二是书法写得妙。碑文经多人书写，第一个书曹娥碑的邯郸淳是个文学家，书法也很好。由于曹娥江风潮原因，原有的汉碑不知何年散失。第二人是王羲之。东晋升平二年（358），王羲之书以小楷曹娥碑，由新安吴茂先刻石存庙。第三人是唐朝李邕（字北海），不幸的是李邕书曹娥碑后来也散失，后有太监赖恩于明嘉靖元年（1522）集李邕墨宝补刻了一方"唐碑"。第四人是宋朝的蔡卞。元祐八年（1093），蔡卞在越（今绍兴市）做知州，他摹旧时碑文，又用其擅长的行体重书了碑文，为曹娥庙补壁。蔡卞的行楷字体笔力遒劲，流畅爽利，可惜这块被多人拓印而补过字画的宋碑也不知何时散失了。第五次是在明末某人按蔡卞旧贴重刻了一块"宋碑"，现存于曹娥庙北轴线碑廊。

　　三是碑阴传佳话。曹娥碑的背面有"黄绢幼妇、外孙齑臼"八个字，据传为东汉蔡邕夜探《曹娥碑记》以手摸其文后而题。据《世说新语·捷语》记载：魏武尝过曹娥碑下，杨修从。碑背上见题作"黄绢幼妇、外孙齑臼"八字，魏武谓修曰："解不？"答曰："解。"魏武曰："卿未可言，待我思之。"行三十里，魏武乃曰："吾已得。"令修别记所知。修曰："黄绢，色丝也，于字为绝；幼妇，少女也，于字为妙；外孙，女子也，于字为好；齑臼，受辛也，于字为辞。所谓'绝妙好辞'也。"魏武亦记之，与修同，乃叹曰："我不及卿，乃觉三十里。"由此推测，曹娥碑的隐语可能是中国字迷之源。

## 三、江南第一曹娥庙

　　被誉为"江南第一庙"的曹娥庙始建于元嘉元年（151），早年叫曹娥祠，又称灵孝庙、三孝祠、孝女庙，民间俗称娘娘庙，位于上虞区曹娥街道孝女庙村。曹娥庙坐西朝东，背靠凤凰山，面朝曹娥江，占地面积六千余平方米。主祀曹娥，配享朱娥、诸娥和"和应侯"曹盱及妻"庆善夫人"。

曹娥庙存世一千八百多年,大体经历了三个发展阶段。一是公元600年左右的江东庙,规模较小,也几度兴废。二是唐宋时期,庙址两迁,规模有所扩大,先是建正殿五间,南宋时又扩建了"双亲殿"和"双桧亭"。三是民国十八年(1929)此庙遭大火焚毁,五年后由乡绅任风奎募民资重建。这次重建不但进一步扩大了正殿范围,而且还添建了饮酒亭、戏台等,奠定现有庙宇布局。中华人民共和国成立后,在浙江省、上虞县人民政府的主导和社会力量的共同努力下,文物部门修葺庙宇,重续历史文脉,使这座古老的建筑重放光彩。

现存的曹娥庙由主体建筑和附属建筑两部分组成。主体建筑分布在通面宽40米,进深近100米的矩形之中,有东西向三条轴线将各单体建筑串成三列。其中,主祀曹娥的正殿庄重肃穆,正殿通高16米,深22.8米。柱、梁、枋等木构用材粗壮硕大,特别是中间4根俗称"铜操""铁操"的立柱,质地犹为坚硬。

曹娥庙不但以其大气磅礴的布局和意匠生辉的造型为我国木结构建筑的典范,更以雕刻、壁画、楹联和书法"四佳"著称江南。在曹娥庙内,所有柱、梁、枋、藻井、雀替、牛腿、挂落和门、窗等,都布满了千姿百态的雕刻,既有石雕、砖雕和木雕,又运用了浮雕、圆雕和透雕等艺术手法。其雕刻的题材丰富多彩,既有传统戏剧,又有历史故事。其雕刻的画面,或是田园山水,或是人物场面,均栩栩如生。庙内的壁画由三部分组成,一是"曹江孝女神迹图",展示了曹娥生前死后的动人故事;二是"云龙图";三是"百鸟朝凤图"和"双八仙图"。曹娥庙的楹联和匾额数量众多。曹娥庙早期的匾额有60余方,因遭火灾而被焚毁。庙内现有各种楹联近40副,其中36副为民国时期所留。代表性的书法有于右任的草书和刘春霖、居正的楷书等。另有匾额10方,其中影响较大的有蒋介石的"人伦之光",熊希龄的"双桧亭"等。曹娥庙的曹娥碑,自东汉邯郸淳书碑以来,先后有王羲之、蔡卞、祝允明、董其昌、王作霖、钱泳等书法名家写过曹娥碑,并刻石存庙,这些碑文除邯郸淳书碑外,均有法帖、拓本、刻木留世。此后又有上虞书法家车广荫先生重书的《曹娥碑》捐赠于庙内,使千年古碑得以延续生辉。

## 四、六次敕封为"娘娘"

自东汉上虞县令度尚将曹娥的孝行整理成文,上报朝廷旌表她为孝女后,有许多文人墨客慕名前来观瞻曹娥庙,品读曹娥碑。唐朝天宝年间,诗仙李白弃官南下，一路经扬州，过会稽，风尘仆仆地来到曹娥庙，写下了"人游月边去，舟在空中行。此中久延伫，入剡寻王许。笑读曹娥碑，沉吟黄绢语"的诗作。

宋代以后，历朝皇帝也对曹娥的孝德大举褒扬。北宋大观四年（1100），徽宗皇帝下诏敕封曹娥为"灵孝夫人"；北宋政和五年（1115）又加封曹娥为"昭顺夫人"；南宋淳祐六年（1246），理宗皇帝又下诏复加曹娥为"纯懿夫人"；元朝后至元五年（1339），大顺帝加封曹娥为"慧感夫人"；明洪武八年（1375）朝廷命官奉敕祭奠，诚意伯刘基撰诔文祭奠曹娥。清嘉庆十三年（1808），仁宗皇帝敕封曹娥为"福应夫人"；同治四年（1865）穆宗皇帝又加封曹娥为"灵感夫人"，同时赐"福被曹江"匾额。由此，在中国两千余年的封建社会中，一个年仅十四岁的少女，因为投江寻父的孝行，被五位皇帝六次敕封。曹娥庙也因而被百姓敬称为"娘娘庙"。

民国年间，尽管社会比较动乱，但曹娥的孝行还是受到了社会的重视。民国十八年（1929），曹娥庙不幸遭大火焚毁，五年后由乡绅任凤奎募民资重建。曹娥庙欲火重生，蒋介石、林森、熊希龄、于右任、杜伟等国民党军政要员分别向曹娥庙赠送了匾额、对联。蒋介石题赠的匾额为"人伦之光"；熊希龄题赠的匾额为"双桧亭"；杜伟题赠的匾额为"先后同揆"。书法家于右任题书"德必有邻江流近接清风岭；文能载道石墨犹传黄绢辞"，书法家谭泽闿书赠对联："天监孝思恃一缕性真不关血气；地崇仁里合万家烟井永荐馨香"。书法家居正题书"纯孝本天真，颠逐波臣同一瞑；故乡崇庙貌，应随湘累炳千秋"等。

## 五、万年流淌曹娥江

曹娥江是绍兴上虞人的母亲河。她是中国乃至世界上唯一一条以孝女命名的江河。

曹娥江为浙江省第三大河，发源于磐安县大寒尖西的尖公岭，自南向北流经新昌县、嵊州市、上虞区，注入钱塘江河口，全长193公里，总流域面积为6046平方公里，曹娥江在上虞境内长69公里，流域面积649平方公里。

曹娥江原名上虞江。据《水经注》引《晋太康三年地记》："舜与诸侯会事讫，因相娱（娱通虞）乐，故曰上虞。"于是，上虞江亦因地命名。后因虞舜推举大禹治水有功，上虞人民就将上虞江更名为舜江，以纪念这位中华始祖。即使后来更改为曹娥江，尚有发源于嵊州竹溪赤藤冈，流经绍兴、上虞境内，支流仍名小舜江。

据［康熙］《曹江孝女庙志》载："江之北有龙山，山之西即上虞县治故址，有帝舜祠，今名百官里，古曰舜江。魏晋以来曰曹娥江，龙山而下仍名舜江。"这也许是曹娥江名的最早记载了。北宋，诗人杨亿在《送僧归越》中说："曹溪嫡嗣多参见，碧落仙乡遍往还。"诗中提到的"曹溪"指的就是曹娥江；"嫡嗣"指的就是"曹娥庙"。可见曹娥江这名称已经在北宋出现。又据［嘉泰］《会稽志》记：会稽县曹娥江，在县东南七十里。源出上虞县，经县界四十里，北入海。［嘉泰］《会稽志》成书于南宋嘉泰元年（1201）。据此，上虞这条母亲河由"舜江"更名为"曹娥江"可能与北宋两位皇帝敕封曹娥为娘娘而大力推崇孝道治国有关。准确地说，当时这条江河的更名仅为曹娥江的中游，即清风岭至龙山段，其上游仍名为剡溪流，其下游仍名为舜江。至于把整条河流定名为曹娥江，则是民国以后的事了。虽然当地的百姓尚持"一衣带水三江论"的观点，但对曹娥江"江以娥命名，孝随江流传"还是一致认可的。

俗话说，水能载舟，也能覆舟。曹娥江自生成以来，在浙东大地上流淌了五千多年，给两岸的百姓带来了舟楫和灌溉之利，还促成了越窑青瓷的诞生，但当地人们也不可避免地遭受了洪涝灾难，尤其是每年的"杨梅大水"和农历八月十八前后的大潮汛。于是，勤劳智慧的浙东民众就千方百计地兴修水利，从沿江筑堤到抛石护岸，从截弯取直到治江围涂，不断地改善曹娥江的环境。尤其是进入新世纪以来，在省、市人民政府的大力支持下，在曹娥江的上游修建了长诏水库、南山水库和小舜江水库，彻底根除了每年的山洪暴发之灾。又在曹娥江的出口处建造了气势宏伟的口门大闸，有效地挡住了来自东海的潮汐浪涛。如今的曹娥江一改当年刚烈任性的脾气，变得温柔可爱。她犹如一条绿色的丝带，飘逸于富饶的浙江大地，造福于两岸的百万民众。

## 六、孝文化节祭曹娥

曹娥投江寻父的故事在绍兴上虞几乎是家喻户晓的。千百年来，每逢农历五月二十二，当地都会举行为期七天的曹娥庙会。届时，善男信女们都会不约而同地赶到曹娥庙，点烛烧香，念佛拜神，祈求家人四季平安。庙会期间，商贾云集，歌舞登台，吸引了四邻八方的男女老少赶集观光。

为大力弘扬中华民族优秀传统文化，浙江省政协提议将曹娥庙会列入"民间民俗、多彩浙江"系列活动。2017年6月3日，由浙江省民族宗教事务委员会、文化厅、旅游局、文物局为指导，绍兴市上虞区人民政府举办了"万古江流、孝德传世"为主题的首届孝文化节，祭祀"千古孝女"曹娥。

次年，"2018中国·绍兴（上虞）孝文化节"在上虞举行。来自海峡两岸的专家、学者和嘉宾齐聚于此，同祭孝女曹娥，共论孝德文化。浙江省政协副主席、台盟浙江省委会主委张泽熙，中新社党委副书记张明新、中国国民党原代理主席林政则等应邀参加主祭和孝文化论坛。

祭祀孝女曹娥，弘扬孝德文化。2019年，上虞举办第三届孝文化节，全国政协文史委员会副主任叶小文、周国富等领导应邀出席并参加论坛。这更加坚定了上虞区委、区政府把孝德文化作为主导文化，进一步弘扬"崇孝守信、务实创新"的上虞精神，建设"创新之区、品质之城"的决心和信心。

# 从《秋水轩尺牍》谈起

施婧娴

一位绍兴师爷之手的书信选集——《秋水轩尺牍》在晚清、民国时期却是人人争相模仿的典范之作，一度风靡海内。它的作者就是许思湄。

许思湄，字葭村，浙江山阴（今绍兴）人，一生经历清乾隆、嘉庆、道光、咸丰四朝。少时即有才名，然而家境贫寒，为谋生只得放弃科举之途，改习刑名之学。清乾隆五十三年（1788），许思湄离乡背井，渡江北上，开始长达五十余年的幕僚生涯。在这期间他写了很多书信，这些和友人的往来应酬之作，有不少因为《秋水轩尺牍》的知名而流传至今。

## 一、关于许思湄的生平

尽管《秋水轩尺牍》在晚清、民国时期知名度很高，但许思湄的生平事迹却鲜为人知。《绍兴县志资料》第一辑之《人物列传》中辑录了不少有入幕经历的人物传记，却也难觅这位绍兴师爷生平经历的蛛丝马迹。所幸他留存下来的二百多封书信，为我们勾勒他的人生轨迹提供了不少重要线索。

许思湄是耕读人家出身，自幼熟读四书五经，接受儒家思想的熏陶。其书信辞藻华丽，引经据典，八股文功底深厚。他希望通过科举光耀门楣，可惜经济状况不佳，迫不得已才随乡人一起出外游幕。

游幕必须具备过硬的专业技能，特别是做刑名、钱谷师爷，首先需要熟读律法。律法主要指《大清律例》，其中包含了司法的依据和处理公务的各种规定。其次是深谙官场体制，懂得官场交际应酬的准则。再次是掌握公文案牍的基本书写要求。绍兴师爷数量相当多，竞争非常激烈，如果想在幕业上有所成就，甚至得到地方官员、封疆大吏的青睐，还需要更为严酷的"幕学"训练。许思湄三兄、四兄、八兄都在直隶、山东等地做幕僚，凭借耳濡目染、勤奋好学，他具备一定的经验和学识上的根基。所以在从事这个行当的时候，他的实力比起同龄人略胜一筹。

直隶保定（今河北保定）一带在当时是绍兴师爷的侨寓之所，许思湄游幕的第一站就在那里。在直隶入幕六年，他边学习边谋职，最初因资历尚浅，只能做师爷的助手，俸禄不过百金。书信《与陈天度》形容他的处境："探我行囊，唯有清风明月耳。"母亲生病，儿子殇逝，他无力南归探视。他的舅舅多次劝他捐官，因囊中羞涩，亦只好作罢。

清嘉庆元年（1796），许思湄受直隶清苑（今河北清苑）李知县之聘为刑名师爷，主管审理案件。此时距离他初到直隶游幕已有八年。在不断的历练中，他谙熟律法，办事果决，精明强干。知县对他格外赏识，还借钱给他在保定买房，帮助他接家眷北上。他的生活逐渐有了起色。这年冬天，清苑知县升迁为知府，无需入幕之宾，许思湄只能另谋他就。此时盐山知县向他伸出橄榄枝，许思湄遂接受邀约，前往盐山。虽与幕主相处融洽，但许思湄心里始终认为作幕僚不是正途，捐官或许是改变命运的良方。《复沈潋园》道出这种心情："吾侪弃书读律，正途已矣。幸逢捐例重开，通籍自有。寄人篱下，诚不若自营一窟也。"嘉庆三年（1798），他下决心将保定的房子卖掉，并多方借贷，赴京报捐。本想在邻近省份做官，可惜运气不佳，掣签分发在陕西。当时陕西战乱未平，加之路途遥远，盘缠有限，许思湄只好放弃这个有名无实的官衔。由于仕途无望而债台高筑，他不得不继续游幕生涯。

之后许思湄一直在直隶、天津、山西等地辗转求职。嘉庆十六年（1811），他受直隶总督温成惠之聘，至保定府掌刑名幕席。凭着对政事的独到见解，许思湄深为督抚大员所倚重。但他早就厌倦了多年漂泊在外的游幕生涯，只是苦于生计，无法脱身。清道光十一年（1831），他年过花甲，决心辞去幕席，回到故里绍兴。

归乡之后，许思湄没能如愿安享晚年。眼看母亲、妻子尚未下葬，诸子年少尚待教养，生活窘迫，他只能抱病重操旧业，于道光十二年（1832）在浙江就幕席十年，直至道光二十一年（1841）才最终辞馆回家。去世时年近九十岁。

纵观许思湄的一生，因家贫而习幕业，从县级衙门的幕僚做起，到后来被总督、巡抚等交相致聘，游幕五十余年饱尝了世间的冷眼与悲酸。可贵的是，不管遇到多么艰难的境遇，他始终刚正不阿，两袖清风，维持士人的节操，称得上是绍兴师爷的典型代表。

## 二、《秋水轩尺牍》的刊刻与流行

《秋水轩尺牍》的刊刻是缘于许思湄道光十一年（1831）辞馆南归前，姻亲冯连发起的倡议。冯连，字璞山，绍兴人，以游幕为业，与许思湄交厚。他为《秋水轩尺牍》所作序言讲道："吾乡许葭村先生，少负才名，群推伟器，惜家贫无以自存，因舍孔孟习申韩，橐笔游燕南，非素志也。乃其秉性慈祥，持躬谨慎，遇大疑，治大狱，明决如神，以故四十余年殊无虚席。初则邑宰、州牧拥篲争迎，继而大吏倾心，遇隆师视。……然而先生未尝以此自多，每遇同侪后学，谦冲和睦，奖励汲引，莫不备至，令人心悦诚服。"许思湄为人处世如谦谦君子，深得同仁尊重信赖。如今辞馆南归，同仁皆依依不舍。绍兴师爷在外最重乡谊，于是冯连提议刊刻他的信稿，宣扬他的"德"与"功"："连与先生相处最久，相知最深，雅不欲湮没其实而又无所凭借以阐扬之。尝见其往来尺牍，或自述生平，或畅言事理，维德与功，有可互相发明者，是所谓不得已而思其次也。"许思湄回复冯连《辞谢冯璞山诸友拟刻信稿》一函，以"幼而失学，壮而饥驱，佣食多年，文理荒秽"为由婉拒。最终推辞不过，在同乡友人的热忱赞助下，《秋水轩尺牍》问世。

《秋水轩尺牍》一经印行，颇受欢迎。清末文人奉之为尺牍典范、文章圭臬，即便是民国时期新文化运动兴起，《秋水轩尺牍》也并未湮没，反而在新旧文化交替的历史进程中方兴未艾。周作人在《瓜豆集·关于尺牍》一文中禁不住感慨道："这尺牍的势力，却是不可轻视的，他或者比板桥还要有影响也未可知。他的板本有多少种我不知道，只看在尺牍里有笺注的单有《秋水轩》一种，即此可以想见其流行之广了。"

究其流行原因，主要有以下三点：一，实用性。在传统社会里，文人应酬交际离不开尺牍。《秋水轩尺牍》涉及的内容以叙候、庆吊、劝慰、请托、辞谢、索借为主，合于时用，可供一般读书人借鉴。二，文学性。它以四六骈文书写，修辞典雅流丽，行文雍容有致，读者完全可以将其作为文学小品来赏鉴。《送邓三兄回里》一札写道："荣旋近矣，当此短亭黄叶，曲岸丹枫，一路秋光，足供清赏。而家庭之豫顺，亲故之交欢，更自有其乐融融者。结企之余，尤深翘羡。"仅"短亭黄叶""曲岸丹枫"八字，就将秋天绚烂的景象描绘出来，让人读罢悠然神往。

三，共情性。尺牍作为个人表情达意的载体，字里行间流露出的真情实感，往往容易引发读者共鸣。许思湄在书信中屡屡言及穷困潦倒、郁郁不得志的现实遭遇，让无数羁旅在外的寒门子弟、仕途无望的落魄士人深感"于我心有戚戚焉"。《向玉田县李借银》直言自己十年漂泊，囊中如洗，为了迎养家中老母，不得不向玉田县令借钱："年华如驶，每念家慈垂暮，童乏应门，未尝不切切于怀，冀效板舆之奉；以十年垂橐，迎养无资，徒有心旌一片耳。"《与赵南湖》云："年年压线，依旧帮佣，良由村女蛾眉，难为时赏耳。"一语道破自己为人作嫁、仰人鼻息的辛酸。在退隐回乡之前，许思湄曾写给侄儿恬园的一封书信，语重心长地教导他："然道以人重，事在人为。果使砥行植品，积学多才，彼印累而绶若者，未尝不礼貌加之，腹心倚之。若不检于行，不忠其事，骨肉尚难取信，衾影亦觉怀惭，无怪朝下榻而暮割席也。予游食四十余年，兢兢以此自勖。"这封《示恬园侄》展现出许氏的君子风范和高贵品格。

## 三、绍兴图书馆藏《秋水轩尺牍》版本简述

《秋水轩尺牍》自清道光年间刊行后，坊间不断翻刻，各种注释本层出不穷。绍兴图书馆藏《秋水轩尺牍》百余种，主要分为单行本和合刊本两大类。单行本主要有道光十五年（1835）刻本、咸丰九年（1859）刻本、同治元年（1862）千乘堂刻本、光绪七年（1881）紫石山房刻朱墨套印本等。道光刻本题名为《秋水轩尺牍》，全书分四卷，收录229封书信，由许思湄之婿沈桂森、侄子许世泰负责校对。卷首有道光乙未（1835）友人欧阳声振、冯连序。它的刊刻时间较早，距离道光十一年（1831）许思湄辞官回乡仅四年，最初也仅限于亲友朋辈之间小范围传阅，所以并无注释。许思湄南归之后，《秋水轩尺牍》逐渐在江浙一带文人幕友间流传开来。同乡娄世瑞读到这本书后，发现四六骈文固然典雅，却需读者具备较高的古文素养，于是对信中典故逐一作注。馆藏清咸丰年间刊刻的《秋水轩详注》四卷本，即是娄注本。娄注本的问世大大降低阅读的门槛，增加了尺牍的流行度。同治元年（1862）千乘堂、光绪七年（1881）紫石山房刊行的《秋水轩详注》，皆为娄注本。不过紫石山房的朱墨套印本后出转精，将注释用朱色另行标注，在排版上更具优势。卷首沈锦垣序云："秋水轩尺牍脍炙人口久矣……所用故实经好事者为之注明，阅者亦复了然。惜近来版多漫漶，经营之人以此为圭臬，往往袭用沿讹。今煮研主人不惜加工制为套板，重新雕印，并益以

眉批，公诸众好，庶免鲁鱼亥豕之误焉尔。"从无注释本到有注释本，再到朱墨套印注释本出现，足证《秋水轩尺牍》一直备受喜爱。

娄注本虽名曰"详注"，其实内容并未详尽，此后又陆续出现多种补注本。管斯骏注本和陆翔注本是馆藏最具代表性的两种注本。管斯骏，字秋初，江苏吴县（今苏州）人。和近代维新思想家、著名报人王韬是至交，在上海颇有文名。曾任上海书业协会董事。在上海四马路开设书局，名为"可寿斋"。馆藏《管注秋水轩尺牍》以管氏可寿斋自刻本为主。卷首有管斯骏光绪九年（1883）序，自陈《秋水轩尺牍》"措辞富丽，意绪缠绵，洵为操觚家揣摩善本"，而娄世瑞"未注者尚多且字未校详"，致使"阅者既患其字之误，又苦其注之简，恒有废书三叹而不能终卷者。"于是管氏详加注释，并校以善本，自行刊刻出售。管氏与上海出版界的紧密联系，使得《管注秋水轩尺牍》不局限于江浙局部区域的流通，而是进一步行销上海。馆藏有一部光绪十四年（1888）上海简玉山房刻管氏注本，它的内封便钤有"上海二马路千顷堂图书发行所"朱印。到了民国时期，陆翔注《新体广注秋水轩尺牍》后来居上。馆藏上海世界书局石印本《例言》云："是书注释者，前有山阴娄氏，后有吴县管氏。娄氏注简略，管氏注则详矣。然作者腹笥丰富，发为文辞，几无一字无来历，管氏所注，仍嫌未备，学者憾焉。今取字句之不易了解，或包蕴故实而为二氏所未详者，遍考群籍，一一定其音训，详其来历而补注之。"该书一经发行，广受好评，多次再版、翻印。

除单行本外，《秋水轩尺牍》也常与《雪鸿轩尺牍》合刊。《雪鸿轩尺牍》的作者是许思湄的好友龚萼。龚萼（1738—1811），字未斋，号雪鸿，浙江会稽人（今绍兴）。出身幕学世家，一生在陕西、河北、广东等地作幕僚，凡五十余年。两人意气相投，鱼雁往来频繁，《秋水轩尺牍》中就保存着不少给龚萼的书信。馆藏合刊本最早为光绪十三年（1887）同文书局石印本，题名为《新辑尺牍合璧》，寄虹轩主人辑。卷首有张佐良序，叙述寄虹轩主人因坊间合刊本"校勘未精，注亦从略"，遂"详校而增注之"。张氏评价许、龚两君的互相酬答唱和是"所谓有真性情而后有真契合者"，"发而为言也，有典有则，宜古宜今，娓娓动人"，亦可谓许、龚二人的文字知己。此本因校勘精详，清季民国屡经翻印。

综上所述，《秋水轩尺牍》道光年间刊行，咸丰同治时期逐步扩散传播，光绪年间影响力迅速扩大，到民国时期臻于高峰。

## 四、结语

《秋水轩尺牍》能跨越时代，为不同层次的人群所欣赏、接受，甚至在文言日益边缘化的民国时期一度风行，一方面离不开各位注释者的踵事增华、近现代出版业的推波助澜；另一方面，二百余封书信记录了一百多年前绍兴师爷许思湄的真实生活，虽然以荐馆谋事、白米红盐的日常琐碎为主，但是字里行间流露出飘蓬世间、思乡求归的朴素心情感人肺腑，寄人篱下却不甘随波逐流的清高傲骨令人动容。

在追逐快节奏生活的当下，不妨打开《秋水轩尺牍》，体味一番以文字订知交、以肝胆相酬答的深情古道，开启一场穿越时空、重寻诗意的精神之旅。或许一句"霜叶飞红，秋光可爱，不知晚香亭畔，增几许清兴"就能放飞紧张的思绪；一首"分明一样凌寒骨，人比梅花韵更多"足以触动沉睡的心灵。

# 唐"永贞革新"与越人王叔文事迹钩沉

黄　斌

公元七世纪到九世纪的唐王朝（618—907），一度是中国历史上最为强盛的王朝之一。唐太宗、武则天之后，直至唐玄宗开元年间，唐帝国强大的政治军事、繁荣的社会经济，发展到了顶峰。然而在一片欣欣向荣的背后，却隐藏着巨大的危机。安史之乱使唐王朝由此步入下坡路，政治一度被藩镇割据所取代；中央王权转到宦官手中，形成了宦官专擅的乱局。虽然有个别皇帝曾在一些有志振作的朝臣的协助下，试图改变这种局面，但由于痼疾根深，终难奏效。

唐顺宗永贞元年（805）春夏之际，发生了一场震撼朝野的政治改革运动，史称"永贞革新"。这次革新在皇帝李诵的支持下，推行了一系列去除弊政的政策，参与新政的主要人物有十几位，以"二王八司马"为代表。"二王"即是翰林学士越州人王叔文和杭州人王伾，其中以王叔文为革新集团的核心。

## 一、革新集团的形成

王叔文（753—806），唐越州山阴（今浙江绍兴）人。唐德宗贞元三年（787），以善棋召为翰林待诏。《旧唐书》与《新唐书》王叔文本传中，均无对王叔文的出身进行详细介绍。据刘禹锡《子刘子自传》所记，早在德宗时期，出身寒微、才华出众的王叔文便由于擅长下围棋，充任太子侍读，得以进出东宫，因而有机会经常与太子李诵谈论时事，且深得李诵赏识①。另据《资治通鉴》载："初，翰林待

---

① 刘禹锡.刘禹锡集[M].太原:山西古籍出版社,2004:269.按:刘禹锡《子刘子自传》云:"时有寒隽王叔文,以善弈棋得通籍博望。因间隙得言及时事,上大奇之。如是者积久,众未之知。"按:通籍即记名于门籍,可以进出宫门;博望苑为汉武帝为其子卫太子所建交接宾客之所,这里代指太子宫。参见《汉书》卷六十三《武五子传》第三十三《戾太子刘据》:"及冠就宫,上为立博望苑,使通宾客,从其所好,故多以异端进者。"

诏王伾善书，山阴王叔文善棋，俱出入东宫，娱侍太子。"①唐贞元二十一年（805）春正月二十三日，德宗李适逝世，李诵即位，是为顺宗。顺宗即位后不久即起用当时任翰林待诏、苏州司功的王叔文为起居舍人、翰林学士。②由此可知，王叔文的出身并不显贵，一开始是与王伾一起以待诏的身份担任太子侍读，并由此得到太子李诵的赏识，及李诵即位，王叔文得以进入中枢。

唐代翰林院，始置于玄宗李隆基即位之初。"上即位，始置翰林院，密迩禁廷，延文章之士，下至僧、道、书、画、琴、棋、数术之工皆处之，谓之'待诏'。刑部尚书张均及弟太常卿垍皆翰林院供奉。"③因天子特重天下奇才，凡天子所在之处，必有词学、经术、合炼、僧道、卜祝、艺术、书弈者流，设"翰林院"廪之，日晚而退，有待天子召见。当时，翰林院有两类人，一类是专门从事文书写作的文学之士，他们负责陪侍皇帝吟诗作文；另一类是书画琴棋等艺术人才，以及僧道医卜等术士，都属于供奉。玄宗开元二十六年（738），另建学士院，将专职陪侍皇帝作文赋诗的一类文人转置于此，称为翰林学士，掌内命，起草任免将相、号令征伐等机密诏令，并备皇帝顾问，称"内相"。

王叔文虽因善棋为翰林待诏并由此进身，但比起普通的翰林供奉，还是很有一番才能的。《新唐书》称其"颇读书，班班言治道"④，他能够明晰地谈论治理天下的策略，说明他有学而有术。伴读太子又给了王叔文机会，这个机会就是今后把他心系天下的信念付诸实施。柳宗元称其"坚明直亮，有文武之用。贞元中，待诏禁中，以道合于储后，凡十有八载，献可替否，有匡弼调护之勤。"⑤关于"献可替否，调护之勤"这一点，以下内容可作说明。

王叔文侍读太子李诵期间，经常和太子谈论当时的一些弊政。太子李诵曾经提出把王叔文对弊政的看法呈递皇帝，然王叔文认为太子侍奉皇帝的职责在于日

①　司马光.文白对照全译资治通鉴［M］.沈志华,张宏儒,主编.北京:改革出版社,1993.

②　按:唐时起居舍人为中书省的属官,跟随皇帝左右,记录皇帝的言行。唐代翰林学士由唐玄宗李隆基时始创,为皇帝机要秘书,亲近皇帝,中唐后权职渐重,凡任免将相,册立太子,宣布征伐或大赦天下的诏书均由翰林学士起草,故有内相之称。

③　司马光.文白对照全译资治通鉴［M］.沈志华,张宏儒,主编.北京:改革出版社,1993.

④　欧阳修,宋祁.新唐书:卷一百六十八:王叔文传［M］.北京:中华书局,1975:5124.

⑤　柳宗元.故尚书户部侍郎王君先太夫人河间刘氏志文［M］//曹明纲标点.柳宗元全集.上海:上海古籍出版社,1997:108.

常问安视膳的礼节，不应参与议论国事，如有一些居心叵测的人从中挑拨，言太子觊觎朝政，则对其极为不利。对这件事，刘禹锡在《子刘子自传》中记录："时有寒隽王叔文，以善弈棋得通籍博望，因间隙得言及时事，上大奇之。如是者积久，众未之知。"①可见，当时王叔文在与太子议论朝政得失时态度当是十分谨慎，为时既久，且不为外界知情。

第二件事，引荐韦执谊担任宰辅。王叔文在东宫侍读期间，注意延揽人才。前文已述，与王叔文同时担任待诏的还有杭州人王伾，两人同为太子侍读，二王以书法、棋弈供奉内廷，后来翰林学士韦执谊走进了王叔文的视野。韦执谊（764—812），字宗仁，唐京兆（今陕西西安）人，出身世代官宦的长安韦氏家族，韦执谊"幼有才，及进士第，对策异等，授右拾遗。年逾冠，入翰林为学士"②。右拾遗虽只是一个八品官，但作为谏官，能够经常侍奉皇帝左右，并有权对国家政事评议谏诤，受时人尊崇。因受德宗器重，韦执谊二十出头便进入翰林院，在翰林学士中年龄是较轻的。史载，王叔文与韦执谊的第一次见面，是在太子李诵宫中，"德宗载诞日，皇太子献佛像，德宗命执谊为画像赞，上令太子赐执谊缣帛以酬之。执谊至东宫谢太子，卒然无以藉言，太子因曰：'学士知王叔文乎？彼伟才也。'执谊因是与叔文交甚密"③。后李诵即位，起用革新派，任命王叔文为翰林决策，王伾往来传递旨意。经王叔文荐引，唐永贞元年（805）二月十一日，顺宗任命韦执谊为尚书左丞、同平章事④。

---

① 刘禹锡.刘禹锡集［M］.太原：山西古籍出版社，2004：269.

② 欧阳修，宋祁.新唐书：卷一百六十八：韦执谊传［M］.北京：中华书局，1975：5123.

③ 刘昫，等.旧唐书［M］.吉林人民出版社，1995：2376.按：《新唐书》卷一百六十八列传第九十三韦执谊载："帝诞日，皇太子献画浮屠象，帝使执谊赞之，太子赐以帛，诏执谊到东宫谢太子，卒见无所藉言者，乃曰：'君知王叔文乎？美才也。'执谊由是与叔文善。"见《新唐书》卷一百六十八列传第九十三韦执谊（中华书局1975年第5123页）。

④ 按：唐代初年，以中书省长官中书令、门下省长官门下侍中、尚书省长官尚书令共议国政，都是宰相。后来，因为唐太宗即位前曾任过尚书令，臣下避而不敢居其职，便以仆射为尚书省长官，与门下侍中、中书令号称宰相。唐代也因宰相品位尊崇，人主不肯轻易授人，故常以他官居宰相职，并假借他官之称。贞观十七年（643），太宗以李绩为太子詹事（东宫百官之长），并特加"同中书门下三品"之衔，使其与侍中、中书令一样参与宰相职事。从此之后，就有"同平章事"与"同三品"的衔号，就是品级再高的官，也不例外，否则，就不能行使宰相的职权，只有三公、三师及中书令不加。见《新唐书》卷四十六志第三十六百官第一（中华书局1975年第1181–1186页）。

第三件事，以东宫为营垒，聚集了一批志同道合的新派人物。通过韦执谊的引见，王叔文结识了许多有志于改革的官员。以二王为核心，东宫势力集团的成员迅速扩大，有柳宗元、刘禹锡、陆质、吕温、李景俭、韩晔、韩泰、陈谏、凌准、程异等人。柳宗元（773—819），字子厚，河东（今山西永济）人，出身世宦家庭，父亲曾任太常博士和侍御史。《旧唐书》载柳宗元少年时"聪警绝众，尤精西汉诗骚，下笔构思，与古为侔，精裁密致，灿若珠贝"①，受时人推重。二十多岁时，柳宗元登进士第，应博学鸿词科，授校书郎官职，与韦执谊交好，后引见至王叔文。王叔文奇其才，对他十分看重，柳宗元也是王叔文革新派的重要成员。柳宗元又为王叔文引见刘禹锡。刘禹锡后来回忆说："初，叔文北海人，自言猛之后，有远祖风。唯东平吕温、陇西李景俭、河东柳宗元以为信然。三子者皆与予厚善，日夕过言其能。"②刘禹锡（772—842），字梦得，洛阳人（今属河南）③，贞元九年（793）与柳宗元同科进士及第，时任监察御史。《新唐书》载："时王叔文得幸太子，禹锡以名重一时，与之交，叔文每称有宰相器。"④经柳宗元、吕温、李景俭三人介绍，刘禹锡也成为东宫革新集团的一员。在贞元十九年（803）左右，东宫周围开始形成了一个以"二王刘柳"等人为中心的革新集团。王叔文以推荐人才为己任，把他们推荐给李诵。这些人包括陆质（时任左司郎中，历任信、台二州刺史）、吕温（湖南观察使吕渭子，时任左拾遗）、李景俭（汉中王李璃子，进士及第）、韩晔（退职宰辅韩滉族子，有俊才，时任司封郎中）、韩泰（有筹划，能决大事，时任户部郎中）、陈谏（时任侍御史）、柳宗元和刘禹锡（当时均任监察御史）。此外，还有程异（时任监察御史）、凌准（曾官浙东观察判官，时任侍御史）。贞元十九年，左补阙张正一上疏言事，言韦执谊与王叔文结为朋党之事。

① 刘昫，等.旧唐书:卷一百六十:柳宗元传［M］.长春:吉林人民出版社,1995:2685.
② 刘禹锡.刘禹锡集:子刘子自传［M］.太原:山西古籍出版社,2004:269.按:北海,唐郡名,治所在今山东。猛即王猛,字景略,北海人,十六国时期前秦大臣,政治改革家,他出身贫寒,但很有才华,前秦皇帝任其为相。
③ 按:关于刘禹锡的籍贯,《旧唐书·刘禹锡传》说其为彭城人。刘家后来多次搬迁,也在洛阳住过,因此也有刘禹锡系洛阳人一说。然,刘禹锡的父亲刘绪于天宝末年避乱到嘉兴,此后不曾回洛阳,而刘禹锡也就生在嘉兴,长在嘉兴。嘉兴当时属苏州,今属浙江。因此,刘禹锡也可以说是江南人。见卞孝萱、卞敏《刘禹锡评传》(南京大学出版社1996年第20-23页)。
④ 欧阳修,宋祁.新唐书［M］.北京:中华书局,1975:5128.

后韦执谊在受德宗召见时，奏说张正一等朋聚为党，游宴无度。德宗命人查得确有其事，就把张正一等六七人全都远贬外官。

应该说，革新集团的成员均为当时才俊，抱负远大，并非一味投机钻营、觊觎权位之人。担任翰林学士的"二王"各有分工，王叔文主决断，王伾在顺宗与王叔文之间联络、传达信息，而韦执谊、柳宗元、刘禹锡等人则"谋议唱和，采听外事"①，一时间，"伾与叔文及诸朋党之门，车马填凑，而伾门尤盛"②。

## 二、革新措施的颁布

永贞元年（805）正月二十三日，唐德宗李适病逝。二十六日，太子李诵即位。李诵在东宫二十年，比较关心时政，对当时的政局与施政有深切的认识，颇有一番改弦更张的政治抱负。李诵即位后，以"二王刘柳"为核心的革新派正式由幕后登上前台，王叔文、王伾先后升翰林学士，王叔文兼度支使、盐铁转运副使，不久特迁户部侍郎，赐紫，贵振一时③。

永贞元年二月十一日，顺宗下诏，任命原东宫集团的重要成员吏部郎中韦执谊为尚书左丞、同平章事。在顺宗即位时宰相原有贾耽、杜佑、高郢和郑珣瑜，贾耽早在贞元九年（793）即已拜相，资格比较老。杜佑、高郢和郑珣瑜都在贞元十九年（803）入相。韦执谊名义上资历最浅，因有皇帝与革新集团的支持，成为

---

① 按：《顺宗实录》卷四说："上自初即位，则疾患不能言。至四月，益甚。时扶坐殿，群臣望拜而已，未尝有进见者。天下事皆专断于叔文，而李忠言、王伾为之内主，执谊行之于外，朋党喧哗，荣辱进退，生于造次，唯其所欲，不拘程度。"

② 刘昫，等.旧唐书[M].长春：吉林人民出版社，1995：2378.

③ 欧阳修，宋祁.新唐书：卷四十六：志第三十六百官第一[M].北京：中华书局，1975：1192-1193.按：唐时，六部长官称为尚书，正三品；副官为侍郎，正四品下（吏部侍郎正四品上）。唐初以来，尚书的地位很高，据《资治通鉴》开元二十四年的记载："唯旧相及扬历中外有德望者乃为之"。正因为如此，尚书实际上成为高官权臣的兼职，不能具体处理本部事务，这自然就被架空而失去实权。唐代六部尚书分为三行：吏、兵为前行；刑、户为中行；礼、工是后行。各部官员的迁转就是按照这个次序，由后而中而前的，所以担任某部尚书，并不等于熟悉这部的职务，而只是由于资格的关系。因此，中唐以后，六部尚书基本上成为官员迁转之资，其官称只代表一种身份，而不一定说明所任的职务。户部，掌天下财政、民政，包括土地、人民、婚姻、钱谷、贡赋等，所属有户部、度支、金部、仓部四司。王叔文任户部侍郎，实际上执掌了财政和民政大权。

事实上的宰辅。同时，提拔原东宫集团其他成员，刘禹锡任屯田员外郎、判度支盐铁案，柳宗元任礼部员外郎，凌准亦任翰林学士，韩泰任户部郎中。其中，刘禹锡和柳宗元特别受到王叔文的信任。王叔文"引禹锡及宗元入禁中，与之图议，言无不从"①。此外，韩泰因善于筹划和决断，深为王叔文倚重。这样，到顺宗即位后两个月左右，已经形成了由原东宫集团掌握朝政的局面，王可以直接出入皇宫内顺宗所居的柿林院，同时以诏令的形式向中书、门下传达，由宰相韦执谊执行。在外朝，则由韩泰、柳宗元、刘禹锡、韩晔、陈谏等收集信息。②

随后，王叔文作为革新运动的主要推动者，在顺宗的支持下，围绕打击"宦官势力和藩镇割据"这一中心，推行了一系列革新措施。

第一，改革弊政，罢宫市、五坊使。王叔文的改革主要是针对当时的弊政而进行的。自德宗以来，宦官经常借为皇宫采办物品为名，在街市上公开抢掠，称为宫市。民众对此吃尽苦头，对他们恨之入骨。顺宗即位后，永贞元年（805），王叔文罢除了宫市和五坊使。

第二，取消进奉。节度使通过进奉讨好皇帝，每月进贡一次，称为月进，每日进奉一次，称为日进，后来州刺史甚至幕僚也都效仿，向皇帝进奉。德宗时，每年收到的进奉钱多则50万缗，少也不下30万缗，革新派上台后，通过顺宗下旨，除规定的常贡外，"不得别进钱物"，除规定两税外，"不得擅有诸色榷税"，并免除百姓积欠的租赋课税。

第三，惩贪鄙，用贤能；免苛征，恤百姓。永贞元年二月六日，顺宗下诏罢翰林医工、相工、占星、射覆等冗食者四十二人。史书称之"盐铁之利，积于私室"。王叔文当政后，罢李锜转运盐铁使之职。皇族宗亲李实，封道王，任职京兆尹，专横残暴。王叔文等罢去其京兆尹官职，贬为通州长史。与此同时，顺宗又下诏召回德宗时期放逐的贤臣。永贞元年（805）三月三日，顺宗下诏，召回贞元时被贬逐的前宰辅、忠州别驾陆贽和郴州别驾郑余庆，前谏议大夫、道州刺史阳城和前京兆尹、杭州刺史韩皋。又任用能吏杜佑摄冢宰，并兼度支及诸道盐铁转运使。顺宗又在大赦诏书中，宣布免除百姓所欠官府租赋，还规定各道藩镇今后不得在国家规定的两税常赋外，额外加征各种苛捐杂税。对贞元时期与吐蕃战争

① 刘昫，等.旧唐书［M］.长春:吉林人民出版社,1995:2683.
② 刘禹锡.刘禹锡集［M］.太原:山西古籍出版社,2004:277.

中擒获的俘虏，有被流配到江淮地区做奴婢的，均宣布放回吐蕃。

第四，打击宦官势力。宦官是封建专制制度的衍生物。他们作为一个特殊的政治群体，成分复杂。唐朝前期，宦官地位低。到玄宗时期，情况发生了变化，开元、天宝年间，宦官激增，宦官高力士尤被重用。玄宗还委派宦官任监军，出使藩国。安史之乱后，肃宗在宦官助力下登基，因此对其更为信任，任用宦官李辅国掌禁军。从代宗时始，以宦官充内枢密使，掌管机密，传宣诏旨。德宗更是依靠宦官。由宦官充任护军中尉2人，中护军2人，统率左右神策军、天威军等禁军①。此后，宦官掌典禁军为定制。宦官地位更加巩固，势力日渐膨胀。肃宗时的李辅国，代宗时的程元振、鱼朝恩，执掌兵符，权力更大。德宗出奔奉天，宦官窦文场、霍仙鸣护驾有功，归以二人为神策中尉。此后，宦官以军权在手，无所顾忌，干政益甚。皇帝和朝臣处理政务，受到宦官干涉。在这种情况下，如何抑制宦官势力，也成为唐王朝君臣必须正视的问题。

王叔文还向顺宗提出建议，裁减宫中闲杂人员。此外，唐代对犯谋反罪的官吏家女，都"没入后宫"为官奴，其中有才艺者"没入掖庭"，作为宫婢。顺宗释放一大批宫女及掖庭教坊女奴，深得民心。

革新派为打击宦官势力。王叔文决定任用老将范希朝为京西神策诸军节度使，任用韩泰为神策行营行军司马，然而，这一最关键的一步未能成功，为日后失败埋下了隐患。

第五，反对藩镇扩大势力范围。安史之乱后，中央对地方失控，逐渐形成藩镇割据的局面。安史之乱平定后，节度使数量众多。这些节度使都有一定的军事实力，大的占十余州，小的占三四州，掌本地赋税，父死子继，或者由部将拥立，完全独立于中枢政治体系之外。德宗时，藩镇之乱，此起彼伏。建中三年（782），通义郡王朱滔谋反；时淮西节度使李希烈叛变，攻襄城（今属河南）。建中四年（783）十月发生泾原兵变，德宗出走奉天，直到兴元元年（784）七月，才得以重返长安。

正当王叔文在想方设法试图抑制藩镇势力之时，剑南西川节度使韦皋，派副使刘辟到京对王叔文进行威逼利诱，想完全占领剑南三川（剑南西川、东川及山南西道合称三川），以扩大割据地盘。对此，王叔文坚决予以拒绝，并扬言斩刘

---

① 欧阳修,宋祁.新唐书[M].北京:中华书局,1975:5855–5856.

辟，刘辟闻言后逃遁。

因此，藩镇便与宦官相勾结，剑南西川节度使韦皋、荆南节度使裴均、河东节度使严绶等，相继向顺宗及太子奏表进笺，攻击革新派。宦官俱文珍、刘光琦、薛盈珍等，"皆先朝任使旧人"，疾李忠言为宫中新进，王叔文等朋党相结，借顺宗病久不愈，立广陵王李淳（后改名李纯）为太子，开始一步步向革新派展开了反击。

## 三、"二王八司马"事件

从王叔文发布的措施看，革新派在短短几个月的时间里，革除了一些弊政，受到了百姓的拥护。但同时，革新派主要矛头是当时的宦官和藩镇势力，所以面对的阻力很大。

大刀阔斧的革新，又使既得利益者大为不满。永贞元年（805）三月，侍御史窦群、御史中丞武元衡，将革新派列为异己。三月，宦官俱文珍等人将顺宗长子广陵王李淳立为太子，更名为李纯。五月，王叔文被削去翰林学士之职。王伾为之一再疏请，顺宗才也只允许王叔文"三五日一入翰林"①。三位宰相，高郢无所作为，贾耽、郑珣瑜称疾不起。

不久，王叔文又因母亲去世归家守丧，王伾孤立无援。革新派因"羊士谔事件"内部出现了分裂。当年六月，剑南西川节度使韦皋上表请求由皇太子监国，又给皇太子上笺，请求驱逐王叔文等人。荆南节度使裴均、河东节度使严绶等也相继上表。于是，俱文珍等以顺宗名义下诏，由皇太子主持军国政事。七月二十八日，俱文珍等逼顺宗下制，称："积疢未复，其军国政事，权令皇太子纯勾当。"②同时，以袁滋、杜黄裳为相，取代高郢、郑珣瑜。八月四日，宦官与其他既得利益者拥立太子李纯即位，即唐宪宗，顺宗退位称太上皇。又假顺宗制："令太子即皇帝位，朕称太上皇，制敕称诰。"③八月五日，太上皇徙居兴庆宫，诰改元永贞。六日，贬王伾为开州司马、王叔文为渝州司马。王伾不久死于贬所，王叔文

---

① 司马光.文白对照全译资治通鉴［M］.沈志华,张宏儒,主编.北京:北京改革出版社,1993:5036–5037.

② 司马光.文白对照全译资治通鉴［M］.沈志华,张宏儒,主编.北京:北京改革出版社,1993:5039.

③ 司马光.文白对照全译资治通鉴［M］.沈志华,张宏儒,主编.北京:北京改革出版社,1993:5039.

翌年亦被赐死。八月九日，太子纯正式即位。九月十三日，贬刘禹锡为连州刺史，柳宗元为邵州刺史，韩泰为抚州刺史，韩晔为池州刺史。十一月七日，贬韦执谊为崖州司马。十四日，再贬刘禹锡为朗州司马，柳宗元为永州司马，韩泰为虔州司马，韩晔为饶州司马，又贬程异为郴州司马，凌准为连州司马，陈谏为台州司马。此十人，合称"二王八司马"。[①]至此，新政失败。

"二王八司马"事件标志着永贞革新运动失败，唐王朝的政治更加黑暗。"永贞革新"通常被作为一件影响中国唐代甚至于中国古代的大事来看待。推行这场革新的核心人物越人王叔文、王伾及其引荐的人才，具有很强的创新精神，勇于向保守势力开战，有志于国家振兴，因而他们的失败深为后人惋惜。

---

① 按：开州在今重庆市境内；渝州在今重庆，渝现为重庆市简称；崖州为现今海南省三亚市一带；朗州为今湖南常德；永州古称零陵，位于湖南省西南部潇湘二水汇合处，雅称潇湘，别称竹城；虔州在今江西省赣州一带；饶州地处江西省东北部；郴州位于今湖南省东南部；连州位于广东省西部，地处粤、湘、桂三省（区）交界；台州在今浙江省中部。

书苑风雅

# 会稽天下本无俦——论元稹越州诗歌

岳成龙

元稹（779—831），字微之，今河南洛阳人。自唐穆宗长庆三年（823）八月，除为越州刺史、浙东观察使，至唐文宗大和三年（829）九月，入为尚书左丞，元稹前后任浙东观察使达七年之久，任上政绩卓著。一是罢海贡。元稹向穆宗上表奏罢明州岁进海味，诏准，百姓"道路歌舞之"。二是核定税籍。改革税赋政策，减轻百姓负担，促进经济发展。三是兴修水利。元稹命浙东七郡筑陂塘，疏通河道水渠，修筑，加固海塘、水库，大力发展水利事业。四是关心农事。元稹一有闲暇就查阅农书，自言"农书振满床"。由于政绩昭著，朝廷特予褒赏，加封元稹检校礼部尚书头衔，洵为良吏贤牧。

元稹一生创作的诗歌数量很多，但散佚现象严重。元稹在越期间与幕下僚属、文士"讽咏篇什，动盈卷帙"。如元稹、白居易在此时编成的《因继集》一卷，元、白与崔玄亮唱和的《三州唱和集》一卷、与李谅的《杭越寄和诗集》一卷，元稹与刘禹锡、李德裕唱和的《吴越唱和集》等。查阅元稹诗歌全集，其在浙东任上所作，并流传至今的诗歌有近六十首，数量较为可观，而且多为文质兼美之作，是他诗歌创作的最后一个高峰。

## 一、元稹论越州风光

在到越之前，元稹心目当中的越州是什么样的？我们从其唐元和九年（814）在江陵士曹参军任上所作《送王协律游杭越十韵》《送王十一郎游剡中》两首诗中可窥见一斑。二诗写到了若耶溪、兰亭、秦望山、越王台、禹庙、镜湖、会稽山等山水名胜。"章甫官人戴，莼丝姹女提。长干迎客闹，小市隔烟迷。纸乱红蓝压，瓯凝碧玉泥。"写到了莼丝、剡纸、青瓷等越地物产，如数家珍，充满憧憬。

元稹甫一到任，登龙山州治，见郡城繁华，山水秀丽，公事之余写下《以州宅夸于乐天》："州城迥绕拂云堆，镜水稽山满眼来。四面常时对屏障，一家终日在楼台。……我是玉皇香案吏，谪居犹得住蓬莱。"此时的心情是轻松、惬意的，口吻是骄傲、得意的。"浙东旁带六诸侯"，越州乃浙东军政中心，经济发达，风光旖旎，"郡邑移仙界，山川展画图。……幸有桃源近，全家肯去无。"（《春分投简阳明洞天作》）又以桃源仙境作比，流露依依不舍之情。"仙都难画亦难书，暂合登临不合居。"（《重夸州宅旦暮景色，兼酬前篇末句》）"休文欲咏心应破，道子虽来画得无。"（《再酬复言》）面对仙界胜境，沈约这样的文章圣手也束手兴叹，画圣吴道子亦难画出如此美景。向好友炫耀越州的风光是最美的："莫嗟虚老海壖西，天下风光数会稽。"（《寄乐天》）再有"会稽天下本无俦，任取苏杭作辈流。"（《再酬复言和夸州宅》）越州天下第一，无可匹敌，苏州、杭州无法与之相比，大有人间天堂数越州的口气。诗人虽有些夸口，但也是实情。当时的越州是东南政治、经济、文化中心。

## 二、诗中景物四时美

"地域文化激发着诗人的写作灵感，提供了取之不竭的作品素材。从意象选取、内心体悟再到情感摄入，每个步骤都离不开当地一景一物的真实存在。"[1]我们条分缕析，拈出元稹笔下越州的春夏秋冬之景与朝暮晴雨之美，对其一探究竟。

元稹写越州之春的诗最多。南国天气温暖，春天来得早，对来自北方的诗人似乎更有吸引力。"雁思欲回宾，风声乍变新。各携红粉伎，俱伴紫垣人。水面波疑縠，山腰虹似巾。柳条黄大带，荠菜绿文茵。雪尽才通屐，汀寒未有蘋。向阳偏晒羽，依岸小游鳞。浦屿崎岖到，林园次第巡。"（《酬乐天早春闲游西湖颇多野趣……亦欲粗为恬养之赠耳》）春回大地，万象更新，春色喜人。"日脚斜穿浪，云根远曳蒲。凝风花气度，新雨草芽苏。粉坏梅辞萼，红含杏缀珠。蘑馀秧渐长，烧后莳犹枯。绿缛高悬柳，青钱密辫榆。"（《春分投简阳明洞天作》）春情骀荡，春意盎然，春光无限。

夏日天热，清凉宜人的山水正好消暑解忧。"热时怜水近，高处见山多。"

---

① 张敬雅.元白唱和诗与地域文化传播［J］.南华大学学报（社会科学版），2015，16（04）：124-128.

（《酬周从事望海亭见寄》）秋景更是怡人，"遥泉滴滴度更迟，秋夜霜天入竹扉。明月自随山影去，清风长送白云归。"（《游云门》）再赏冬雪："海亭树木何苁葱，寒光透圻秋玲珑。湖山四面争气色，旷望不与人间同。……雪花布遍稻陇白，日脚插入秋波红。"（《酬郑从事四年九月宴望海亭，次用旧韵》）清风明月，秋意玲珑。"知君夜听风萧索，晓望林亭雪半糊。撼落不教封柳眼，扫来偏尽附梅株。敲扶密竹枝犹亚，煦暖寒禽气渐苏。……莫遣拥帘伤思妇，且将盈尺慰农夫。称觞彼此情何异，对景东西事有殊。镜水绕山山尽白，琉璃云母世间无。"（《酬乐天雪中见寄》）越地冬季少雪，而元稹却留下了弥足珍贵的雪中奇景。

年有春夏秋冬，日有朝暮晴雨，而越州风光"淡妆浓抹总相宜"。"绕郭烟岚新雨后，满山楼阁上灯初。人声晓动千门辟，湖色宵涵万象虚。"《重夸州宅旦暮景色，兼酬前篇构》这诗中旦暮晴雨一应俱全。"山翠湖光似欲流，蜂声鸟思却堪愁。"（《春词》）湖光山色，格外明媚。"星河似向檐前落，鼓角惊从地底回。"（《以州宅夸于乐天》）"绕郭笙歌夜景徂，稽山迥带月轮孤。"（《再酬复言》）星月同辉，山城孤异。

### 三、诗中古迹多名胜

元稹越州诗中的山水名胜，写到了镜湖、会稽山、若耶溪、秦望山、兰亭、望海亭、阳明洞天、禹庙、云门寺、法华山天衣寺等。"墨池怜嗜学，丹井羡登真。"（《酬乐天早春闲游西湖》）诗中自注云：逸少墨池，稚川丹井，皆越中异迹。"灵汜桥前百里镜，石帆山崦五云溪。"诗人认为这是越州最美风景，用来佐证"天下风光数会稽"。绍兴最具代表性的旅游景点，元稹皆提到了。

这里我们以元稹游历的佛寺、道观为例。越州是东南佛国，宝刹遍布，高僧云集，仅若耶溪一带即有云门、天衣诸名寺。元稹晚年佛道禅悟思想渐浓，喜好接引僧道人物，拜访佛寺道观，曾在云门寺、天衣寺等举行诗酒文会活动。元稹在越地还修建多处佛寺道观，如在镜湖龟山建永安寺，修龟山鱼池，并作《修龟山鱼池示众僧》诗："劝尔诸僧好护持，不须垂钓引青丝。云山莫厌看经坐，便是浮生得道时。"元稹在剡县沃洲山为白寂然卜筑禅院，嗣后引出白居易《沃洲山禅院记》这一大作，其中名句"东南山水，越为首，剡为面，沃洲、天姥为眉目"，更引得世人青睐越州山水。此外，他还在天台重修桐柏观（今名桐柏宫），并作《重修桐柏观记》。如今，沃洲山、桐柏观皆已成为浙东唐诗之路上的核心景观。

另，其在龟山建壮观宏敞的东武亭，作为春秋竞渡大设会之所，唐李绅镇越时曾予以扩建，可惜今已不存。

## 四、诗中风物且举酒

元稹写到的风物有竹笋、茭白、莼菜、茶叶、蛤蜊等，这里仅以越州最具代表性的特产——绍兴酒为例。绍兴是酒乡，绍兴黄酒堪称中华国酿，鼎盛时一度风行天下。越中酿酒史悠久，越王勾践当年即以酒作为奖赏，鼓励生育。魏晋之际，会稽酿酒、饮酒风气特盛。王羲之兰亭雅集，曲水流觞；王子猷酌酒起兴，雪夜访戴。南北朝时，醇美的山阴甜酒备受饮者推崇。隋唐时期，越州酿酒业十分发达。所产之酒，更以郁香醉人闻名，文人墨客喜以"醉乡人"自居，这一称谓首次出现于元稹的"任君投募醉乡人"。临郡杭州刺史白居易也称"醉乡虽咫尺"，"咫尺"就是指邻近的越州。从此，越州便以"醉乡"美名著之史册，传颂遐迩。

元稹越州诗的一个重要方面就是对酒的歌咏，诗中屡屡言酒，充满了酒意。他常与幕下的文士举行诗酒文会。诸如诗句"飞来相伴醉如泥""春野醉吟十里程""君今劝我酒太醉，醉语不复能冲融""不辞狂复醉，人世有风波"；诸如"醉题""称觞""酒酣"；他沉浸其中，过着名副其实的诗酒人生。以至于年老体衰，疾病缠身，"酒户年年减"，迫不得已劝诫自己少喝点。

## 五、诗中人物崇大禹

元稹越州诗中的人物，既有现实中的人物，更有历史人物以及神话传说中的人物。现实中的人物如"似木吴儿劲，如花越女姝。牛侬惊力直，蚕妾笑睢盱。……跣足沿流妇，丫头避役奴。……亥茶阛小市，渔父隔深芦。"（《春分投简阳明洞天作》）以人物群像彰显越地风俗人情，堪作一幅越州人物风情画。

历史人物写到了王羲之、葛洪、西施以及文种、防风氏："嵌空古墓失文种，突兀怪石疑防风。"（《酬郑从事四年九月宴望海亭，次用旧韵》）神话传说人物写到了刘阮天台遇仙，见《刘阮妻二首》。

我们这里着重说大禹。大禹是治水英雄，越地有禹娶涂山、禹会会稽、禹葬会稽等多项事迹，有禹穴、禹井、禹庙等丰富古迹，是越文化的重要组成部分。

秦始皇曾来会稽祭大禹。司马迁曾"上会稽，探禹穴"。历代闻名而来的人士更是不可胜数。如唐代任职越州的宋之问、薛萍、李绅等，都曾拜谒禹庙，写下纪念大禹的诗文。元稹亦存《拜禹庙》一诗：

恢能咨岳日，悲慕羽山秋。父陷功仍继，君名礼不雠。
洪水襄陵后，玄圭菲食由。已甘鱼父子，翻荷粒咽喉。
古庙苍烟冷，寒亭翠柏稠。马泥真骨动，龙画活睛留。
祀典稽千圣，孙谋绝一丘。道虽污世载，恩岂酌沈浮。
洞穴探常近，图书即可求。德崇人不惰，风在俗斯柔。
菱色湖光上，泉声雨脚收。歌诗呈志义，箫鼓渎清猷。
史亦明勋最，时方怒校菅。还希四载术，将以拯虞刘。

元稹在浙七年，兴修水利，极大地提高了当地的农业生产能力。章孝标《上浙东元相》云："何言禹迹无人继，万顷湖田又斩新。"称赞元稹继承了大禹的治水事业，是缵禹之绪。元稹对大禹由衷崇敬，曾率领官员拜谒禹庙，并将自己与僚属十一人的官位、名氏刻于禹穴碑后，俨然以大禹继承人自居。据〔嘉泰〕《会稽志》卷十六《碑》载："禹穴碑，郑昉撰，元稹铭，韩杼材行书，陆泞篆额。"

## 六、广泛传播看"蓬莱"

"大凡一地风物山水之美，往往总要经一些大诗人大画家慧心独具的品评，方得以'定格'下来，而后广为传播。"①

元稹到越，既是政界首长，亦是诗坛领袖。越地自东晋兰亭雅集，又经历浙东联唱，有文会酬唱之风。元稹亦继承这一风雅传统，在郡内与幕下文士道流举行诗酒文会，"会稽山水奇秀，稹所辟幕职，皆当时文士，而镜湖、秦望之游，月三四焉，而讽咏诗什，动盈卷帙。……至今称兰亭绝唱"②。与杭州刺史白居易竹筒递诗，往来唱和，杭越互动，迎来元、白又一唱和巅峰期，传为诗坛佳话。与苏州刺史李谅、湖州刺史崔玄亮、浙西观察使李德裕，与诗人张籍、刘禹锡等赠答酬唱。"诗章一出，遂能发秦望（山）之精神，增鉴湖之风采。兰亭绝唱，亘古今

① 周维强.尚未远去的背影:教育文化名人与杭州[M].杭州:浙江教育出版社,2007.
② 刘昫.旧唐书[M].北京:中华书局,1975.

而莫拟也。"① "唐元微之一代奇才，罢侍玉皇，谪居蓬莱，宾寡邻白，唱酬往来，由是鉴湖秦望之奇益闻，故其俗至今好吟咏，而多风骚之才。"② 州郡内外唱和联动，涉及地域范围广，时间跨度长，将越州的山水美景传播到了大江南北，直接推动了中唐时期江南文化的发展和繁荣，流传至今。

举"蓬莱"为例，微观考察元稹诗歌传播接受史。"我是玉皇香案吏，谪居犹得住蓬莱。"把越州等同于蓬莱仙境，元稹有首赞之功。"昔元微之作州宅诗，世称绝唱。"到五代十国时期吴越国王钱镠因诗建阁，命为"蓬莱阁"，建成后，蓬莱阁成为郡城的地标性建筑、标志性景观。"蓬莱阁"建在越王城上，气势恢宏，文人墨客竞相登临，游赏吟唱，留下了众多诗词文赋、名篇佳作。南宋状元王十朋《蓬莱阁赋》曰："越中自古号嘉山水，蓬莱阁实为之冠。"北宋张伯玉在会稽任内创作了多首赞颂蓬莱阁的诗，其中一首云："风流王与谢，唱和白兼元。"元即指元稹。宋代的秦观、陆游、辛弃疾、姜夔、吴文英、周密等都曾在蓬莱阁留有大作。王十朋《蓬莱阁赋》文辞优美，可与范仲淹《岳阳楼记》、欧阳修《醉翁亭记》等文争胜。至明朝，绍兴名士徐渭登阁揽胜，写下传世名联："王公险设，带砺盟存，八百里湖山，知是何年图画；牛斗星分，蓬莱景胜，十万家灯火，尽归此处楼台。"八百里，十万家，何等霸气！

"地域文化传播过程中，受传者从自身出发，依据个人观念和兴趣取向，满足心理需求，进而衍生出新的文化意义，肩负起使地域文化代代传承的光荣任务。"③ 唐代龙山州治附近有客栈名东亭，宋代改建后，更名为蓬莱馆。后世又在绍兴迎恩门外建驿站，名蓬莱驿。北宋张宗益知越州，称自己的著作为《蓬莱集》；北宋会稽太守程师孟自称"蓬莱东道主"；南宋陈公辅自号"蓬莱阁诸人"；秦观在越地写出送别恋人、红遍词坛的《满庭芳》，得了个雅号"山抹微云君"，词中有"多少蓬莱旧事，空回首、烟霭纷纷"，因而"蓬莱旧事"后来也成了爱情的代名词。另，南宋时越州有名酒曰"蓬莱春"，即今绍兴酒，仙境之地产神仙之酒，堪称绝配。

---

① 王十朋.会稽三赋[M].北京:北京图书馆出版社,2004.

② 同①。

③ 张敬雅.元白唱和诗与地域文化传播[J].南华大学学报(社会科学版),2015,16(04):124-128.

　　元稹出为越州刺史兼浙东观察使，于诗酒文会，往来唱和中宣扬了越州，给予"会稽天下本无俦"的崇高赞誉，使得越文化得以形成辐射四方的地域名片，乃越地之大幸。而越地秀美的山水风光、丰富的人文胜迹则助力元稹迎来诗歌创作的最后一个高峰期，亦是诗人之大幸。

# 献身图书馆事业的张秀民先生

裘士雄

张秀民（1908—2006），谱名荣章，字涤瞻，浙江嵊县（现嵊州市）崇仁镇廿八都村人。张秀民著作等身，是誉满海内外的版本目录学、印刷史、安南史和边疆史的专家。

## 一、与张秀民先生之间的往来信函

在张秀民先生退休还乡后，我俩有幸在嵊县和绍兴会过几次面，互通过几封信，还互赠过几本书。随着我们交往的深入，他逐渐成为我心目中崇敬的学者、乡贤。

1992年9月，我们邀请周作人先生的子孙回到阔别多年的故乡，以舒乡愁。其中周丰一先生向我们提出了想在绍兴与老同事张秀民先生见面晤谈的要求。原来，他在抗战胜利后经胡适介绍到北平图书馆（今中国国家图书馆）工作，与已在那里工作了十余年的张秀民相识，遂成为挚友。张老退休还乡后，两人虽有鸿雁往来，但毕竟已阔别二十来年了。我们很理解两位老人的心情，乐得玉成，遂借周丰一先生回老家住鲁迅纪念馆的机会，从嵊州廿八都请来了张秀民先生，让他俩欢聚几天。

10月10日，我收到了张秀民的来信：

士雄馆长：您好！

十月三日中午，余已由幼妹陪同乘绍兴至崇仁招手车安抵廿八都，一路平安，请释锦注。周丰一先生想已安抵北京矣。

此次来绍兴，蒙热诚款待，食宿旅游全不收费，心殊不安。又蒙赐以大作《古城绍兴》，拜读之下，获益良多，愧无以报也。

拙著《中国印刷史》（此书鲁迅图书馆已入藏）、《（张秀民）印刷史论文集》、《中国印刷术的发明及其影响》（此书人民出版社出两版，台湾也出两版，日本有日文版）、《立功安南伟人传》、《中越关系史论文集》（后两种均台湾出版）等单行本手中已无复本可赠送为歉。兹寄上《活字印刷源流》一册，内有拙文数篇，请先生教正。末附幼甥韩琦一篇，亦请指教。特此道谢，

顺祝

著安！

张秀民　敬上

1992年10月7日

韩琦去年通过博士论文，任职科学院自然科学史研究所。九月三十日已去日本。

章副馆长、俞同志请代问好！

《中国人名大辞典》将鄙人收入图书馆部分中。书已出版，尚未见到。

清乾隆年间，西吴悔堂老人著录《越中杂识》一书，他参考了［康熙］《绍兴府志》，并以"昔所流览见闻极真者记其间"，史料较为珍贵。惜该书稿抄本流失海外，幸有陈桥驿设法从美国引进，送浙江人民出版社排印出版。我从此事得到启发，拟举个人微薄之力为保存地方文献作点贡献。因此，张秀民来绍兴时，我曾冒昧地向他敬求其著作。张老的这封信也是给我的答复，因为出版单位赠送作者的样书甚少，在文友间不敷分赠。即使这样，他还是从家藏图书中割爱赠送我《活字印刷源流》，我很感谢他。

此后，我同张秀民有不少通信往还，更多的是他勉励我，提携我，支持我。1993年4月9日，正在思念张秀民先生的我收到了他来自杭州的信：

士雄先生：

您好！去年与周丰一先生相会于蠡城，蒙先生热情款待，甚为铭感，谢谢！上月周先生来信，因病进医院，想早已出医院恢复健康矣。

日本小宫山博史先生读了拙著《中国印刷史》后，前一、二年即欲专诚［程］来访，数次辞谢不果，乃相约于今春在杭州相会。3月22日，与其夫人等一共七位（内翻译，北京人；摄影师，美国人）到杭州，住香格里拉饭店即旧杭州饭店，每人每日宿费110美金。24日去饭店会面，相见甚欢。他们提出很多印刷史方面的问题，一一答复之，连续4小时。摄影师也一刻不停

地工作，并以盛撰（［馔］）宴我于楼外楼。25日，又会谈3小时。26日，他们离杭去沪。27日回日本。

先生收集嵊人著述，想已很多。拙著《中国印刷史》、《印刷史论文集》、《中国印刷术的发明及其影响》（日文版）、《中越关系史论文集》、《立功安南伟人传》等均无复本可以奉赠为歉，只寄上零星文稿三篇，请查收。即祝

著安！

张秀民　书于杭州

1993.4.5清明节

日友送我去年新出版的《静嘉堂文库宋元版图录》二大册，价3万日元，反馈以《剡录》、嵊茶、竹编花瓶等。

日内将往浙江馆看书，约4月底返廿八都。

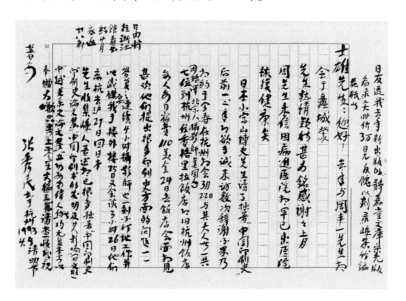

在这封来信中，张秀民再次表示他的著作"均无复本可以奉赠为歉，只寄上零星文稿三篇，请查收。"这让我非常感动，如今，张秀民的《活字印刷源流》、王映霞的《王映霞自传》、魏风江的《我的老师泰戈尔》、六龄童的《取经路上五十年》、日本丸尾常喜的《"人"与"鬼"的纠葛——鲁迅小说论析》、马来西亚江天的《鲁迅赞》等海内外许多师友的作者签赠本都成了我的所爱，也是我最珍贵的藏书。睹物思人，看到它们，我就自然会想到他们的音容笑貌和学术风范。

大概是1997年初，我与同道好友共十来个人凑了班子，拟编撰出版《绍兴的

中国之最》一书，旨在提高绍兴的知名度和美誉度，大家推荐我任主编，分工落实撰写，时任市委宣传部长的季章拉和爱国爱乡楷模的港胞车越乔，则慨允担任该书顾问。6月6日晚，我草就了《他填补了中国人写中国印刷史的空白》一文，第二天就给张秀民写信，并寄上文稿，请他审定。6月18日，我收到了张秀民的来信：

士雄先生：您好！

大札与鸿文《他填补了中国人写中国印刷史的空白》均收到。将拙作编入《绍兴的中国之最》尚须慎重考虑，恐不够资格也。

鸿文中有与事实出入或需补充处，见另纸三张，供参考。

如能与周丰一先生相会，当然很高兴，因笔耕太忙，尚未与之通信。专此，顺祝

著安！

张秀民书于廿八都

一九九七年六月十五日

近几月来，忙于写《在国内与当事人有关之文物》，已草就两万字。

张秀民确是一位非常谦虚、治学又非常严谨的学者，就我文稿中"一生编印了五六十种目录"一语特地另写了如下3页说明，附寄于我：

### 张一生编印了五六十种目录

此五六十种目录均为北图参考组内同事所共同编制，非余一人所编，余不过是主编，总其成而已。

其中最大最重要者为1965［年］所编《中国边疆图书目录》，收书1366种12000册，期刊171种，对于划分中俄、中印、中越、中缅……的国界富有参考价值。当时外交部认为此目细致有用。为组内刘汝霖先生及人民大学地理教师孙某及余三人所编，而由余主编完成（内部油印成九册）。

正式铅印出版者除《北京图书馆藏中国医药书目》外，又有《太平天国资料目录》，余与王会庵同编，1957［年］上海人民出版社［出版］。

1958［年］人民出版社出版了《中国印刷术的发明及其影响》，日本著名史学家神田喜一郎博士认为这是一部非常诚恳真挚的好书，嘱广山秀则先生译成日文，1960年（昭和三十五年）在日本京都出版。1978［年］人民出版社再版。80、88年台湾文史哲出版社又出两版，在国际上很有影响。但它只是全部中国印刷史的首尾两章。1971年退休回里后辞谢各方之邀请，奉母家

居，继续写作。1989［年］由上海人民出版社出版了六十四万字的《中国印刷史》，先后得首届毕昇奖、日本森泽信夫奖、全国科技史荣誉奖、第四届中国图书奖。

报刊如《北京日报》、《北京工商时报》、《读书》杂志、上海《印刷》杂志、美国《东亚图书馆100期纪念特刊》都有介绍与好评。

学者如著名谭其骧教授来信说："大著丰富详瞻，无疑前无古人，亦恐后人难以逾越"。台湾李兴才先生说："由中国人写中国印刷史，张老先生的成就是空前的，在份量上也超过了卡特的著作，确是一部划时代的巨构，足以为中国人扬眉吐气。"

台湾师范大学许瀛鉴教［授］93、94［年］两次来嵊专访，并愿出豪华版以赠送世界各国，乃将订正增加之新稿约六万字寄他，与上海版64万合成70万字，改为繁体，16开豪华版。原定今年六、七月出版，曾邀请前往参加。

又，中华书局出版之《活字印刷史话》曾先后出版多次。1988年北京印刷工业出版社出版了《张秀民印刷史论文集》。

《中国活字印刷史》本定去年出版，至今仍在北京印刷中。

根据张老的补正意见，我作了必要修改。在包括张秀民在内的领导、专家和有关单位、人士的关心和支持下，《绍兴的中国之最》一书于1998年7月由浙江摄影出版社出版，社会各界反响也不错。此后，张秀民来信鼓励说，"大著《绍兴〔的〕中国之最》弘扬越国文化，增强爱乡情谊，拜读之下获益不少"。

张秀民不仅是我国著名的版本目录学家、印刷史专家，其实，他也是中国边疆史和越南史研究专家。张秀民一生服务于并坚守在北平图书馆（后易名为北京图书馆、中国国家图书馆）长达四十年，即使在退休后的三十五年中，仍孜孜不倦于研究和写作。

## 二、张秀民在目录学方面的傲人学术成就

张秀民高中毕业后考入厦门大学，就读于文学院国学系，学习诸子经典著作、诗词、音韵学等，后修《汉书·艺文志》，并由此对目录学产生浓厚的兴趣，其对目录学的研究维系终生。在校期间，他充分利用厦大图书馆的丰富藏书，广泛涉猎有关版本目录的图书。除了听课外，张秀民绝少外出旅游，整天遨游在书海里。这位其貌不扬的学生是图书馆的"常客"，连管理人员到后来也对他刮目相看。张秀民学有所得，就开始尝试写论文，他在学生时代就发表了《评四库总目史部目录类及子部杂家类》《宋槧本与摇床本》等论文。民国二十年（1931）毕业论文《宋活字版考》为李雁晴教授欣赏和推荐，于是张秀民顺利地跨进了北平图书馆大门，被分配在中文编目组专事编辑古籍书目。抗日战争全面爆发后，袁同礼馆长动员和组织全馆力量编撰馆藏图书目录。张秀民负责"史乘类"，在同事谭新嘉辞世后，他又承接了谭氏负责的"别集"部分。新中国成立后，根据学术研究需求，张秀民与王会庵合作，精心编著出版了《太平天国资料目录》。这部《太平天国资料目录》收集资料齐全，编排合理，检索方便，推动了太平天国研究。他一生编印了五六十种目录，其中《北京图书馆藏中国医药书目》为全国各地图书馆和医药机构所仿效、引用。1965年主编的《中国边疆图书目录》，对于划分我国与苏联（今俄罗斯）、印度、越南、缅甸等国疆界颇有价值，获得外交部的认可和赞扬。

"七七"事变后，张秀民被委任为北平图书馆索引股股长；1953年，出任北京图书馆参考研究组组长。这些职责同他编撰书目有直接且极大的关系，也有利

于他编著《中国印刷史》等图书。张秀民还承接了许多其他有关的业务,如二十世纪五十年代,他接待了英国科学家和中国科技史研究专家李约瑟博士,协助和支持其著述出版《中国科学技术史》;也先后与陈文玾、明峥、陈辉僚和邓泰梅等越史专家,柬埔寨学者李添丁等外国学者进行业务交流。1958年,北京图书馆代表我国参加德国莱比锡国际图书展览,荣获金牌奖。张秀民参与其中,负责挑选、推荐优秀的古籍。在当时,我国一度取消稿酬制,不署作者个人姓名,张秀民与人合编过多种书目,广大读者在查阅利用时,很少知道这是张秀民辛勤的劳动成果。我以为,肇始于西汉刘向、刘歆所撰的《别录》《七略》,乡贤章学诚及其《校雠通义》是目录史上的代表性人物和经典著作,绍兴籍张秀民和姚振宗则是近现代杰出的目录学家。

## 三、张秀民在中国印刷史研究上的学术贡献

民国二十年(1931),张秀民到北平图书馆工作,在该馆做编目索引。不久,张秀民翻阅美国人写的《中国印刷术的发明和它的西传》部分章节的中译本,思想上受到很大冲击,立志自己写一部《中国印刷史》。早在1952年,张秀民就撰写了《中国印刷术的发明及其对亚洲各国的影响》,后正式发表在《光明日报》,《文物参考资料》亦予以转载,颇获李根源等专家赞誉。根据专家、学者的建议,也听取广大读者的意见,经过几年努力,他将此文扩写成书——《中国印刷术的发明及其影响》,于1958年由人民出版社出版(1978年再版)。1960年,日本京都出版了该书的日译本([日]广山秀则译,[日]神田喜一郎序),1980年,台湾文史哲出版社也出版了该书。王益在《印刷战线》发表文章,评价道:"《中国印刷术的发明及其影响》提出了不少独到的见解,发掘了许多有价值的史料,成为研究中国印刷术发明史的最权威的一部著作。"1962年,李书华在香港出版的《中国印刷术起源》,也参考了张秀民此书的不少资料和见解。

张秀民在中国印刷史研究道路上不断进取,终于在1989年他80多岁时由上海人民出版社出版了《中国印刷史》,全书64万字,系统论述了我国上自唐贞观年间发明印刷术,下至晚清这1300余年的刻书、印书(包括纸币、报刊等其他印刷品)的历史,介绍了历代印刷匠师的生平事迹和中国印刷术对世界各国的影响,真正填补了中国人书写中国印刷史的空白。1997年9月,台湾也出版了它的豪华版(上下册)。钱存训博士赞扬《中国印刷史》"是一部划时代的作品",

"不仅内容充实，数量可观，而且分析详明，结构严谨，见解独到，尤其是文章的特色"，"不仅在这一专题的领域中，丰富了我们的知识，弥补了这一方面的缺乏，即对中国文化史和科技史的研究和了解上，也增加了一节重要的篇章。"1987年10月，张秀民荣获了中国印刷技术协会首届"毕昇奖"，同时也获得日本首届森泽信夫印刷技术奖，还获得中国科学技术史荣誉奖。令张秀民感到欣慰的是，他的事业后继有人，其外甥韩琦博士供职于中国科学院自然科学史研究所，舅甥合作，增订了近一二十年新发现的史料后，于1998年合著出版了《中国活字印刷史》。

难能可贵的是，张秀民在致力于中国版本目录学、印刷史等研究的同时，也注意向民众普及历史知识。1961年，历史学家吴晗组织编印一套"中国历史小丛书"，张秀民欣然应邀撰写了《活字印刷史话》，于1963年由中华书局出版。因为文字浅显，颇受青少年和其他读者欢迎，此后该书重版多次。1987年，中华书局将其收入"古代文化史专题史话"出版。

## 四、张秀民在研究越南和边疆问题的重大贡献

1965年，张秀民主编《中国边疆图书目录》，为外交、友协、国防、外贸等有关部门，以及辽宁、吉林、黑龙江、内蒙古、甘肃、新疆、西藏、云南和广西等我国边境省份提供了一本很好的工具书，为这些部门、省、自治区和涉外人员开展谈判、交涉、商贸和研究等工作与活动提供了有力的支持、帮助。

鉴于中越关系当时的复杂性，张秀民也编过《安南内属时期职官表》、撰写了《安南内属时期名宦传》（张星烺、王桐龄作序），还撰写过不少关于中越关系史的论文。1990年，台湾王朝出版社出版了他的《安南内属时期名宦传》（后易名《立功安南名人传》）。1992年，台湾文史哲出版社出版了他的《中越关系史论文集》。内地研究越南的人及著作不多，张秀民的这几本书又在台湾出版，因此包括张老家乡人在内的大陆民众了解有限，但为其写序的张星烺认为《安南内属时期名宦传》"可作一剂爱国药"。有人说，张秀民研究越南是下过功夫的，他曾写过与越南相关的6本书，30篇文章。

1981年张秀民在《图书馆研究与工作》发表《南朝鲜发见的佛经为唐朝印本说》一文，在海内外也引起较大的反响。

## 五、张秀民的人格魅力

### （一）高尚的爱国情操和民族气节

张秀民致力于中国印刷史研究，并获得丰硕成果，主要是出于他的民族自尊心。张秀民进北平图书馆工作后不久，阅读美国卡特教授著述的《中国印刷术的发明和它的西传》中的译本，虽然是部分章节，也感到很有收获，这使他的心灵受到极大的震动和刺激：印刷术是我国古代劳动人民的伟大发明，对人类社会产生巨大影响，而印刷史却由外国人代庖，心实耻之。况且此书出于洋人之手，繁征博引，难以探源。于是，张秀民在心里立下誓言，定要写出一部中国人自己写的《中国印刷史》。张秀民做学问的政治原动力就是他的爱国主义思想和民族气节。他利用丰富的馆藏图书资源，到宁波天一阁、浙江图书馆和上海图书馆等地广为收集，阅览宋版图书和《永乐大典》，撰写《宋版书经眼录》《宋刻工名录》，仅摘录资料的笔记本就有70余本。

关于中外文化和学术交流合作一事，张秀民同我讲过一件往事："北平陷于敌手后，日本人借退还庚子赔款之机，在北平设立东方文化委员会，续修《四库全书》，盛邀中国学者参加，并承诺支付相当丰厚的稿酬。侬也晓得，这是伢嵊县人话咯是'黄颡公给鸡拜年——呒有好心肠。'"张秀民对此不以为然，自然是一口拒绝了。"九·一八"和"七·七"事变相继发生后，张秀民痛感国家危亡在即，认为版本目录只是书皮之学，对国家兴亡，并无多大实用价值，一度改弦易辙，研究安南史了。

### （二）高尚史德、严谨的治学态度和矢志不渝的敬业精神

张秀民身处逆境依然做学问。1971年申请退休后，他念念不忘的还是撰写《中国印刷史》。1972年至1979年间，张秀民自费前往泉州开元寺、福州闽王祠、宁波天一阁、北京图书馆、上海图书馆、浙江图书馆等处查阅收集资料。1981年至1984年间，他每年都到浙江图书馆，一方面继续查阅资料，另一方面边写边改书稿。寒冬腊月，滴水成冰，手脚生满冻疮；炎夏酷暑，挥汗如雨，全身生满痱子。张秀民老家居住的破旧房子四面通风，室内外温、湿度相差无几，夏日靠一台电风扇吹凉而已。最讨厌的是，乡下多蚊子，蚊虫叮咬是夏日对他的最大干扰。他自己是孤苦的人，也是一个大孝子，晚年在老家奉养老母，直至1983年4月7日母亲去世。老母很心疼这位六、七十岁的儿子，看到张秀民这样辛苦，老是劝他：

"你何必这样自讨苦吃呢？这本书写好了，不要再写别的书了。"老母苦劝了不知多少次，张秀民当面答应，连声说："好，有数哉。"实际上，他依旧执笔。2000年12月19日，张秀民寄来贺年片，祝福拜岁之余，又写道："今年中秋节左右写了《宋剡川姚氏一门之学术》，略述姚宽与其父兄之成就，约近万言。又重新补订《辛亥革命英雄张伯岐传》，作为辛亥革命90周年纪念。"

张秀民先生将他的一生献给了他所热爱的图书馆事业。

# 昔日安昌的城隍会

孙伟良

旧时安昌庙会种类丰富，有城隍会、盂兰盆会、迎瘟元帅会、老龙王会等。最隆重的当属城隍会，这也是明清时期绍兴府附郭县山阴、会稽两县最热闹的迎神会。清代潘汝炯于嘉庆七年（1802）所撰《山阴安昌城隍会序》，是目前可见最早载述安昌城隍会的文献。

《山阴安昌城隍会序》载于清嘉庆二十一年（1816）刻本《石舟文剩》，为南开大学图书馆藏本，著者潘汝炯，字石舟，又字四春，浙江会稽籍山阴人①。祖籍绍兴府城昌门外袍渎村，寓居山阴县安昌西市。生于乾隆二年（1737），嘉庆二十三年（1818）"行年八十有二"尚在世②，卒年不详。主要生活在清乾隆至嘉庆年间。潘汝炯年十六为诸生，乾隆三十年（1765）与会稽陶廷珍、山阴王世腾等同为拔贡③，三十一年（1766）始"仕江西二十一载"，历任临川、信丰、广昌等知县，擢广西上思州知州，不果，于乾隆五十二年（1787）奉母归家，不复

---

① 李灵年，杨忠.清人别集总目［M］.合肥:安徽教育出版社,2000:2410."潘汝炯,归安人。"按:误,应为"会稽籍山阴人"。笔者于2015年5月在南开大学图书馆经眼《石舟文剩》,有"嘉庆丙子年镌""会稽籍潘石舟""本家藏板"字样。《石舟文剩》卷一《杨母潘孺人八十寿序》:"舟行绕梅山而东,迤南数里,有村曰袍渎,其人十姓五潘,吾宗济川先生居焉。"又卷一《傅晋堂惜花散人初集序》:"予寄籍会稽,居山阴之安昌市。"

② 《石舟文剩·自序》:"嘉庆二十有三年岁次戊寅秋七月,山阴人会稽籍潘汝炯石舟自序,行年八十有二。"

③ 赵任飞.绍兴县志资料［M］.绍兴图书馆,整理.扬州:广陵书社,2011,（08）:121-122.

出。乃以诗文自娱,设帐授徒,"造就人材,科名鼎盛,多上木天"。<sup>①</sup>袁枚《随园诗话》誉潘汝炯"作官有惠政,诗亦清逸"。摘其《市居》云:"人声春社散,月色夜航开。"<sup>②</sup>然先生老矣!潘氏回忆生平辛苦,舟舆往来十万余里,历年诗文散佚者大半,所存者幸女素心存之。潘汝炯长女潘素心(字虚白,1764—?)、次女潘正心(字亚白,1782—?)、子一心(字拾珊),皆工诗。潘素心自鬌龄随父学诗,著有《不栉吟》,适汪润之,袁枚录其诗《寄外》《哭姊》入《随园诗话》,俱一时传诵<sup>③</sup>。潘素心被列入《中国文学家大辞典》<sup>④</sup>。

杭州府钱塘县人汪润之,字雨园,于乾隆五十二年(1787)渡钱塘江至山阴县安昌,尊潘汝炯为先生,受业于门下。翌年,汪润之娶潘素心为妻。中乾隆五十四年(1789)己酉恩科浙江乡试解元,嘉庆六年(1801)辛酉恩科二甲第十一名进士,选翰林院庶吉士,散馆授编修,履职国史馆,嘉庆十二年(1807)八月督云南学政,嘉庆十八年(1813)八月至二十一年(1816)八月任福建学政,于嘉庆甲戌、乙亥年间(1814—1815)索岳丈文稿,读之,"有纪事、有议论、有考核,或短或长,或清或酽",自成一家,编次待梓。潘汝炯又"自汰其十之六,仅得二卷,故曰剩也",乃以字号为前缀,定名《石舟文剩》。婿汪润之于"嘉庆二十有一年岁次丙子秋九月"在福州官舍为《石舟文剩》撰序,谓"古味古音古色,可以藏之名山,可以传之其人",旋即梓刻。《山阴安昌城隍会序》载见《石舟文剩》卷二:

### 山阴安昌城隍会序

安昌者,市也,无城无隍,曷为而祀城隍神?曰,邑之神也。邑之神,何以祀于市?此其理,苏氏言之矣,曰:神在天下,如水在地中,无所往而不在也。昔者,安昌竞渡以三月,赛泰山神也。自乾隆丁未年以后,四月亦竞渡,赛城隍神也。竞渡既以舟,又有舆者、马者、秋千者、秧歌者、杂戏者、桥而亭者、布而龙者,旌旗耀目,音乐震耳,昼艳绮罗,夜䕶灯火,男女数万人,来来往往,谯然曰:豪举哉!而范生辈十二人,自成一会,以只

① 见《石舟文剩·汪润之序》,按:《辞源》释"木天",指翰林院。
② 袁枚.随园诗话[M].顾学颉,校点.北京:人民文学出版社,1982:694.
③ 袁枚.随园诗话[M].顾学颉,校点.北京:人民文学出版社,1982:669.
④ 钱仲联.中国文学家大辞典:清代卷[M].北京:中华书局,1996:863.

鸡杯酒献，毋乃丰俭之不伦欤？此其理，左传言之矣，曰：涧溪沼沚之毛，蘋蘩蕴藻之菜，筐筥锜釜之器，潢汙行潦之水，可荐于鬼神。

安昌因钱镠（852—932）平定刘汉宏、董昌之乱，故得名。明弘治二年（1489）开安昌市。[万历]《绍兴府志》卷一："安昌市，在府城西北七十里。"清乾隆十六年（1751）已称安昌镇①。

"城隍本是自然神，但从隋唐开始，逐渐形成正人直臣死后成为城隍神的观念。"②至唐代，修庙宇，塑神像，城隍信仰已相当普遍。绍兴府有府城隍，山阴县有邑城隍，而山阴县乡下之安昌市也有城隍，这着实令潘汝炯茫然，故而慨叹曰："无城无隍，曷为而祀城隍神？曰，邑之神也。邑之神，何以祀于市？"安昌东十里是下方桥，下方桥也有城隍，庙在羊山石佛寺。清嘉庆三年（1798）《重修石佛寺记》云："钱武肃王镠，吾乡祀为城隍，与石佛毗连，故统以石佛寺名。"明万历三十二年（1604）《羊石山石佛庵碑记》载："大唐中和间，武肃王镠以八郡兵屯羊石寨，平刘汉宏及获董昌。因名其乡为安昌焉。乡之士民颂镠之功德，祀为城隍。"据《中国城隍信仰》记载，明代中叶以后，州县以下的出现了许多镇城隍庙。③安昌城隍庙便是斯时所建，所祀城隍神明代李颢，邑志鲜有记载，而潘汝炯宦游四方数十年，晚年回乡怀揣疑问，情有可原，故有必要陈述原委。

安昌境域北，古濒后海，即钱塘江口段。据《钱塘江志》载，明清及民国时期，平均4年就有一次潮灾，在明代有6次、清代有3次特大潮灾④。《明史·河渠志六》载："（成化）七年，潮决钱塘江岸及山阴、会稽、萧山、上虞，乍浦、

---

① 包昌荣.安昌镇志[M].北京:中华书局,2000.按:七编《丛录》收录"清乾隆十六年安昌镇众米行五月脚夫合约""清乾隆二十二年脚夫绝卖文契",内有"安昌镇四十六七都""安昌镇四十七都脚夫"文字。

② 宗力,刘群.中国民间诸神[M].石家庄:河北人民出版社,1986:204-205.

③ 郑土有,王贤淼.中国城隍信仰[M].上海:上海三联书店,1994:116.

④ 钱塘江志编纂委员会.钱塘江志[M].北京:方志出版社,1998:132-133.

沥海二所，钱清诸场。"①安昌域北受灾首当其冲，明政府获悉，于闰九月"遣工部侍郎李颙往祭海神，修筑堤岸"②。

李颙（1411—1480），字思诚，广东惠州府博罗县人，明正统元年（1436）二甲第十名进士。授户部主事，改刑部主事，擢福建按察司佥事。未几，升参政，综理海道。景泰七年（1456）调任山东。天顺二年（1458）进右布政使。天顺四年（1460）正月廿八，吏部简天下诸司郡县官政绩殊异者十人，为布政使五人、按察使一人、知府二人、知州、知县各一人，李颙居其一；各赐锦衣一袭、钞千贯，赐宴于礼部③。翌年升左布政使。不久丁父忧。天顺七年（1463）十一月改浙江左布政使，成化二年（1466）八月召为工部右侍郎，成化七年（1471）奉命修治海塘。成化八年（1472）十一月，事竣还朝，李颙年六十有二，以疾乞归。成化十六年（1480）六月庚申（十一日），"前工部右侍郎李颙卒"。④朝廷闻之，赐祭葬如例。⑤《明实录》誉其"廉静寡欲，不事声名。历官中外，皆著声绩。为时所称"。⑥因李颙修筑海塘，治理水患有功，恩泽安昌一带，里人追怀，请祀为城隍。有司上闻，朝廷敕封李颙之神为"永镇侯"，故安昌城隍庙大殿门悬匾额"敕封永镇侯李"。

《山阴安昌城隍会序》载"昔者"三月安昌竞渡，赛泰山神。自清乾隆五十二年（1787）以后，四月安昌竞渡，赛城隍神。潘汝炯子潘一心，字拾珊，山阴诸生。所著《忍楼诗钞》二卷，清道光十九年（1839）刻本，南京图书馆藏⑦。民国

① 张廷玉，等.明史：卷八十八［M］.北京：中华书局，1974：2159.
② 张廷玉，等.明史：卷十三［M］.北京：中华书局，1974：167.
③ 谈迁.国榷：卷三十三［M］.张宗祥，校点.北京：中华书局，1958：2099.
④ 谈迁.国榷：卷三十八［M］.张宗祥，校点.北京：中华书局，1958：2435.
⑤ 焦竑.国朝献征录：卷五十一：工部右侍郎李颙传［M］.扬州：广陵书社，2013：2133.
⑥ 李国祥.明实录类纂：人物传记卷［M］.武汉：武汉出版社，1990：641.
⑦ 李灵年，杨忠.清人别集总目［M］.合肥：安徽教育出版社，2000：2406.

《绍兴县志资料》辑录作于清嘉庆十二年（1807）的《安昌竞渡》："缘何竞渡在春三，画鼓朱旗水蔚蓝。读得离骚荆楚记，还当五月吊湘潭。"[①]

迎神会的要求是"敬天神、保太平、求吉祥、显豪富、示人才、出名声"。《安昌镇志》记录了旧时城隍会的盛况。[②]城隍会是农历四月廿六至廿八，会期三天，出行宫五座（城隍，城隍太子，东、西、龙口三庙土地神）。

第一天清晨，三土地东行至城隍殿（述职），城隍与太子同三土地神，带"会伙"西行（巡视），落座于龙口庙。夜会伙船东行后，庙内戏。

迎会队伍有：

首是执事队：旗、幡、伞、衔牌、提护手，四神的"皂吏班"和排衙时点鼓手，次是神座。

香灯：扮神、戴翼翅帽，穿金线短袍、鸽甲红裤、皂靴，执"香亭凳"，有各种舞姿。

扮还愿囚犯：笞刑、杖刑（男用夹棍，女用拶子），上各类刑具，囚徒和两臂挂向心灯。

抬阁：四人抬镂花浮雕木棚，6人在内演奏。

高杆：丈余铁杆，装座架，分缚2—3岁小孩配细乐竖行。

古装马、步戏文：以十余岁男、女童，戴珠玉金银饰品，绫罗皮裘服装，扮《西厢记》《琵琶记》《荆钗记》《双蝴蝶》《桃花扇》《珍珠塔》等古戏形象、骑马，由上、中等户子女扮演，一孩由2人护卫。童男则以步行扮《水浒》《杨家将》《西游记》等武戏人物。

各类扮演：有雷公闪婆、牛鬼蛇神、豺狼虎豹、虾兵蟹将、渔樵耕读、三十六行等。

唱班：由演员扮三星高照、八仙祝嘏、麻姑献寿等，在行进中边演边唱。

杂赛：如高跷、旱船、舞龙、荡水碗、火流星、打莲香、戏镜、顶彩瓶、踏缸等。

警诫灯：纸糊用人抬，能活动的大灯，如"铜钱眼里翻筋斗""棺材里伸手死要钱""劝勿嫖赌吃（鸦片）着"和"告忤逆"等。

---

① 赵任飞.绍兴县志资料［M］.绍兴图书馆,整理.扬州:广陵书社,2011,（58）58:105.

② 包昌荣.安昌镇志［M］.北京:中华书局,2000:412-413.

五丧：俗叫闯祸五丧。会伙预约时，一般非本镇所辖范围不接纳，领队要负弹压责，人员不超过50人。这些人扮演鬼王、活无常、掇米筛阿四、活无常阿嫂、掌伞牛角笋（扮女装）、四个打街癫子，多余都拿锐叉的五丧。行会时各队都分开，以防互殴。

迎龙舟：由四近各村的"泥鳅龙船"出赛，第一天齐聚城隍殿前，船头朝庙门排列，等神座西行，龙舟分号抽签排先后，头尾相连，听神座出西市清墩桥鸣铳，沿街各桥上鸣铳声由西向东传至永安桥（城隍殿水阁桥），龙舟起航直追，但不能抢先，要求在龙口庙东追上神座。在下午夜船会之前东返；第二天比赛，上午东市水阁桥西至树场汇头，下午清墩桥西至茶亭桥东比赛；第三天随神座东行，后送三社土地神回本庙。

夜会：各类会伙在神座前边表演，除皂隶班和还愿囚外，按会伙落磬车船和运石头船，会伙船达百余之多，船两旁设护栏作表演现场，船上挑纱灯、船头火笼和火把，沿街河缓行。街上商店、住家门口均点花灯或四角棚灯，桥上搭彩棚，点明角灯。两旁男女老幼，万头攒动，挨挤得无插足之地。

第二天，会伙集中龙口庙。一般三庙皂隶分班"排衙"，开展"阴审"（主要是呆子）和"除厉鬼"。各会伙"表现"各自节目，"发犒赏"。

第三天，城隍"回殿"，三土地神及会伙后送，会伙在烧饼桥东，主持单位以会伙按人发麻饼、香糕等，为中饭前点心。到城隍殿落地庆寿等戏文后，三土地神随各班皂隶回本庙。一殿三庙演夜戏。下午有些会伙各处（商店、富室）表演赴食。会期结束。

三天会期，主持者向富室借田地屋契，赍借贵重行头。对费用有"一万银元、二万烛，千斤水粉妇女钱"之说。

民国十年（1921）十月三日《越铎日报》载："阴历五月十七、十八两日迎赛神会，款由各商店捐助，一次需费三千元，其镇上居民接待戚友，耗费更数倍。"据传，民国时某年出会，神座在东横桥转不过弯来，致拆屋角、翻轩，会伙"五丧"肇事，轧倒、踏伤观众，惊动警察局，警察局派员把会伙驱散。城隍会自此而止。

2000年，安昌启动古镇保护工程，修复了历史古迹城隍殿，为游客了解古镇历史的一处景点，并在老街南岸安置了一排"安昌民俗风情馆"展示昔日城隍会之盛况。从2000年元旦起，一年一度的古镇腊月风情节上的各种活动，均可见昔日安昌城隍会的场景。现在从东市一踏进安昌古镇，迎面就是城隍殿。大殿楹联曰："圣命捍海，殚精竭虑伍胥敛首；敕封永镇，波平沧安万姓感仰。"走廊东壁镌有《重修城隍殿碑记》，文云："安昌是浙江省首批公布的历史文化名镇。《越绝》诸志载，禹娶妻会诸侯于镇东之涂山；万历镌壁云，钱武肃王名乡曰'安昌'。汤马治水，越人有口皆碑；李侯捍潮，此地独留鸿爪。世代开发，荒服成鱼米之乡；人烟辐辏，泽国现商市重镇。三里长街，市开于弘治二年；溯源思贤，祠立于肆集之左。地假数楹，示后人以先贤功业；怀德追远，启来者以惠民情操。星移斗转，难免兴废；存史教化，功须赓续。世纪初光，欣逢古镇保护良机；积善好义，爰有业成思报之士。捐资重修，再现里乘胜迹；庙貌轮奂，平添古镇风采。壮举懿行，足堪垂范。勒石以志，俾传永远。"碑记中"存史教化"一语，道出了今人寻古怀古的一个永久的主题。

# 王阳明"稽山鉴水"诗赏析

谢云飞　谢　寰

王阳明（1472—1529），幼名云、守仁，字伯安，因筑室阳明洞天，自号"阳明子"，故称"阳明先生"。王阳明出仕为官后，有三次较长的居越时间。

第一次，据《王阳明年谱》载：明弘治十二年（1499），28岁的王阳明得中二甲进士，观政工部。弘治十四年（1501），王阳明以刑部主事身份受命赴江北录囚狱，事竣游九华（山）。弘治十五年（1502）八月，疏请告。是年先生渐悟仙、释二氏之非。五月复命，京中旧游俱以才名相驰骋，学古诗文。先生叹曰："吾焉能以有限精神为无用之虚文也！"遂告病归越，筑室阳明洞中。

第二次，是十年之后，即明正德八年（1513）回越，参与浮峰诗社活动，一边结社赋诗，一边讲学，传播心学主张。

第三次，是王阳明留居越城时间最长的一次。据《王阳明年谱》记载为正德十六年（1521），八月归省至越，是年王阳明50岁，至明嘉靖六年（1527）八月受命出征广西思田，他在越城整整住了六年。正德十六年（1537）十二月，他被封为"新建伯"后，于山阴东光相坊敕建"伯府第"。嘉靖元年（1522），父亲去世，王阳明守制居丧，三年满，未被按时任用，仍赋闲在越。

一

王阳明每次在越时，总会与门人好友游览会稽名胜，期间留下了许多歌咏会稽山水的诗篇。弘治十五年（1502），王阳明告病归越。在越时，他游览了山阴名胜牛峰山（又名浮峰），写了《游牛峰寺四首》等诗作。

其一

洞门春霭蔽深松，飞磴缠空转石峰。

猛虎踞崖如出柙，断螭蟠顶讶悬钟。

金城降阙应无处，翠壁丹书尚有踪。

天下名区皆一到，此山殊不厌来重。

### 其二

萦纡鸟道入云松，下数湖南百二峰。

岩犬吠人时出树，山僧迎客自鸣钟。

凌飙陟险真扶病，异日探奇是旧踪。

欲扣灵关问丹诀，春风萝薜隔重重。

### 其三

偶寻春寺人层峰，曾到浑疑是梦中。

飞鸟去边悬栈道，冯夷宿处有幽宫。

溪云晚度千岩雨，海月凉飘万里风。

夜拥苍崖卧丹洞，山中亦自有王公。

### 其四

一卧禅房隔岁心，五峰烟月听猿吟。

飞湍映树悬苍玉，香粉吹香落细金。

翠壁多年霜藓合，石床春尽雨花深。

胜游过眼俱陈迹，珍重新题满竹林。

《游牛峰寺四首》，格律严整，节奏和谐，行云流水，一气呵成，将牛峰山的壮美全景式地展现在读者面前。

"牛峰山"又名"牛头山"，在绍兴运河南岸的钱清镇内。因这座山的形状活像牛头，左右两个山峰，好像牛角，突出的山腰又好像牛的鼻尖和下巴，故名牛头山。据南宋［嘉泰］《会稽志》记载，牛头山在山阴县西六十五里，唐天宝年间（742—756）改名为临江山。临江之名历代沿用。

牛头山有异石，入水能浮，俗称浮石。［嘉庆］《大清一统志》卷二百九十四有："牛头山在县西六十五里……王守仁改名浮峰"之记载。山上以产"蜂巢石"而闻名。山上的浮石可作盆景假山，石上可植苔藓类，可浮于水池或水缸，供人们观赏。因此，王阳明将其称为"浮峰"，山上建有牛峰寺。王阳明写有《游牛峰寺》诗，后来一连写了四首诗，可见感触之深，游兴之浓。

牛峰山，群峰起伏，云蒸霞蔚，多有名士归隐于此。诗中提到的冯夷，即为隐士。诗人按捺不住对会稽山水的游兴，扶病游山。

诗人还紧扣浮峰的特征，以"兴寄"的手法，展开丰富的联想。将"丹洞、深松、石峰、翠壁、岩犬、萝薜、飞鸟、栈道、溪云、猿吟、霜藓、竹林"这些自然意象与情感融为一体。他还善于描写山水的空间层次，写出错落有致的纵深感和立体感。

"夜拥苍崖卧丹洞，山中亦自有王公。"句中的"王公"是诗人自称，化用唐王维的诗句："随意春芳歇，王孙自可留。"（《山居秋暝》）山在心中，洞在吾心。诗人对稽山鉴水的"洞天福地"无法忘怀，归隐于此是王阳明的一种精神寄托。

诗人对稽山鉴水一往情深："天下名区皆一到，此山殊不厌来重。"天下纵有无限美景佳地，但诗人对"浮峰"总有百游不厌之感。"胜游过眼俱陈迹，珍重新题满竹林"，王阳明总是以哲人的心态对待万事万物的变迁。

深秋时节，王阳明又一次游览了浮峰，写了《又四绝句》。诗中同样描述了浮峰秋景特色：

> 深林落轻叶，不道是秋声。
>
> 怪石有千窟，老松多半枝。

王阳明对稽山鉴水怀有深厚的感情，即便在京师任上仍深深地思念故地山水："鉴水终年碧，云山尽日闲。故山不可到，幽梦每相关。"（《故山》）追忆故乡山水人情："长见人来说，扁舟每独游。春风梅市晚，月色鉴湖秋。空有烟霞好，犹为尘世留。自今当勇往，先与报江鸥。"（《忆鉴湖友》）以上诗句体现了王阳明山水诗的又一审美特征。

正德十六年（1521），王阳明在经受二十年的征尘之后，五十岁的他又回到越城绍兴，作《归兴二首》：

其一

> 百战归来白发新，青山从此作闲人。
>
> 峰攒尚忆冲蛮阵，云起犹疑见虏尘。
>
> 岛屿微茫沧海暮，桃花烂熳武陵春。
>
> 而今始信还丹诀，却笑当年识未真。

其二

> 归去休来归去休，千貂不换一羊裘。
>
> 青山待我长为主，白发从他自满头。

> 种果移花新事业，茂林修竹旧风流。
>
> 多情最爱沧州伴，日日相呼理钓舟。

诗中体现了对"桃花源"向往，以及他将有的道家的养生观念。这是一种陶渊明式的归隐，满足了诗人的精神需求。

居越期间，他故地重游，践行他长期归隐古越山水的宿愿。《再游浮峰次韵》贴切地表现了当时的心态：

> 廿载风尘始一回，登高心在力全衰。
>
> 偶怀胜事乘春到，况有良朋自远来。
>
> 还指松萝寻旧隐，拨开云雾剪蒿莱。
>
> 后期此别知何地？莫厌花前劝酒杯。

山景未变，人已渐老，王阳明徜徉于浮峰的山水之中，欣赏野地景色，又写下了《夜宿浮峰次谦之韵》：

> 日日春山不厌寻，野情原自懒朝簪。
>
> 几家茅屋山村静，夹岸桃花溪水深。
>
> 石路草香随鹿去，洞门萝月听猿吟。
>
> 禅堂坐久发清磬，却笑山僧亦有心。

"归来"是王阳明绍兴山水的一个鲜明主题。晚年的王阳明倡"良知"，践履"知行合一"。诗意栖居，冲淡平和，旷洁悠远成为王阳明绍兴山水诗的境界。

## 二

王阳明除了喜欢登牛峰山，另一名山秦望山也是他十分喜爱的游览地。秦望山位于府城东南四十里，为会稽山众峰之冠。得名于秦始皇"上会稽，祭大禹，望于南海，立石刻颂秦德"（《史记·秦始皇本纪》）之意。

王阳明在《从吾道人记》一文中曾记载："嘉靖甲申春，（董）萝石来游会稽……入而强纳拜焉。阳明子固辞不获，则许之以师友之间。与之探禹穴，登炉峰，陟秦望，寻兰亭之遗迹，徜徉于云门、若耶、鉴湖、剡曲。"文中所提地名皆为绍兴名胜，但他对秦望山情有独钟。他在题为："嘉靖甲申冬二十一日，再登秦望，自弘治戊午登后二十七年矣，将下适董萝石与二三子来，复坐久之，暮归，同宿云门僧舍。"一诗中，表达了当时再游秦望的心情：

> 初冬风日佳，杖策登崔鬼。

自予羁宦迹，久与山谷违。

屈指廿七载，今兹复一来。

沿溪寻往路，历历皆所怀。

跻险还屡息，兴在知吾衰。

薄午际峰顶，旷望未能回。

良朋亦偶至，归路相徘徊。

夕阳飞鸟静，群壑风泉哀。

悠悠观化意，点也可与偕。

长期经历政坛风云的王阳明，此时更觉会稽山水对自己心灵的抚慰。"沿溪寻往路，历历皆所怀"，王阳明面对此时此景，感慨万千。历经时世沧桑的王阳明，晚年对人生大彻大悟，"夕阳飞鸟静"，少了青年时期的激情，多了"陶渊明式"的归隐情思。"悠悠观化意，点也可与偕"，"点也"句，借用《论语·先进》典故。诗中用陶渊明诗意和孔子弟子的故事，表达了诗人与好友、门人寄情山水的达观意趣。

诗中提到二十七岁登秦望山一事，确有诗歌为证。弘治十一年（1498）春，时年27岁的王阳明与好友曾游秦望，写有《游秦望用壁间韵》一诗：

秦望独出万山雄，萦纡鸟道盘苍空。

飞泉百道泻碧玉，翠壁千仞削古铜。

久雨初晴真可喜，山灵于我岂无以。

初疑步入画图中，岂知身在青霄里。

蓬岛茫茫几万重，此地犹传望祖龙。

仙舟一去竟不返，断碑千古原无踪。

北望稽山怀禹迹，却叹秦皇为惭色。

落日凄风结晚愁，归云半掩春湖碧。

便欲峰头拂石眠，吊古伤今益惘然。

未暇长卿哀二世，且续苏君观海篇。

长啸归来景渐促，山鸟山花吟不足。

夜深风雨过溪来，小榻寒灯卧僧屋。

此诗原载于［万历］《会稽县志》卷二《山川》。诗以时间为序，纵观山势气象，于大处落笔，写出久雨初晴后的秦望山气势。

诗歌首先传达出青年王阳明指点江山，奋发有为。其次，诗人借景抒怀，以及对几千年历史的反思。同时，诗人以"禹"与"秦"作比，表现出青年王阳明敬仰圣贤，鞭笞暴君的历史观，以及吊古伤今，忧国忧民的情怀。最后，借苏轼观海诗以自勉。"长啸归来景渐促，山鸟山花吟不足"；"夜深风雨过溪来，小榻寒灯卧僧屋"。结尾表现了诗人对秦望山的钟爱。

此诗在艺术上紧扣秦望山自然气势的特征，融会诗人的艺术思想和真切的感情，提取了会稽山水人文的"灵性"精神。蕴涵着王阳明对人生的深刻理解和积极的处世态度。

这一期间，王阳明还游览了会稽其他名胜，写有《再游延寿寺次旧韵》《登香炉峰次萝石韵》《观从吾登炉峰绝顶戏赠》等诗，从不同的侧面传达出诗人对稽山鉴水的绵绵情思。

王阳明晚年居越期间，寄情会稽山水，又写了许多山水诗，如《山中漫兴》：

> 清晨急雨度林扉，余滴烟梢尚湿衣。
> 雨水霞明桃乱吐，沿溪风暖药初肥。
> 物情到底能容懒，世事从前顿觉非。
> 自拟春光还自领，好谁歌咏月中归。

此诗首两句，点出江南雨季变幻空濛的春景，以及乡村田园风光的特征，表现出诗人观物的细腻和恬静的心态。同时，诗中又融入了作者对人生、社会的思考，表现出一种自足适意，洒脱飘逸的烟霞情怀。

又如《山中立秋日偶书》：

> 风吹蝉声乱，林卧惊新秋。
> 山池静澄碧，暑气亦已收。
> 青峰出白云，突兀成琼楼。
> 袒裼坐溪石，对之心悠悠。
> 倏忽无定态，变化不可求。
> 浩然发长啸，忽起双白鸥。

此诗写山中秋景，一个行啸山林，寄情山水的隐士形象呼之欲出，表现出晚年王阳明入世与归隐的复杂心理。

王阳明对稽山鉴水的情愫，同样源于对故越深厚的历史文化底蕴。上古大禹的伟业，越王勾践卧薪尝胆，东晋兰亭风流，唐诗之路，南宋陆唐沈园情韵；加之江南人杰地灵、水乡秀色，这无疑是诗人汲取灵感的源泉。王阳明曾筑室阳明洞，养性悟道。王阳明晚年曾有六年赋闲越城，期间授徒论学，寄情水乡溪云。

## 三

王阳明在越期间，先后在余姚龙泉山、会稽阳明洞、浮峰山结社讲学，然独对浮峰山情有独钟，多次亲临，留下多首诗篇。除了浮峰山独特的山水环境，正如其极尽赞美的"会稽素号山水之区，深林长谷，信步皆是，寒暑晦明，无时不宜，安居饱食，尘嚣无忧，良朋四集，道义日新，优哉游哉，天地之间宁复有乐于此者！"①

由于山阴县浮峰山特殊的人文地理环境，致使王阳明多次莅临，而且频频作诗抒发自己的缱绻之情。而王阳明在绍兴结社赋诗讲学，极大地推动了王学在浙中的形成与发展，培育了一批如王畿、钱德洪、徐爱、季本、黄绾、孙应奎等王学弟子，对王学在浙西和全国的发展都产生了巨大影响。

然而，王阳明的"山水诗"因被"心学"光环所覆盖，而不被世人关注，实在是一大遗憾。

---

① 钱德洪.阳明先生年谱:卷下［M］.刻本.［出版地不详］,1564（明嘉靖四十三年）.

# 漫谈"南镇观花"

朱越民

据《明史》记载，"五岳五镇"的封号起于唐、宋时期，东岳泰山、南岳衡山、中岳嵩山、西岳华山、北岳恒山，这"五岳"我们相对熟悉。而"五镇"分别指哪五座镇山呢？或许鲜有人知晓。五镇分别指东镇沂山、南镇会稽山、中镇霍山、西镇吴山、北镇医巫闾山。

南镇会稽山位于浙江省绍兴市，为佛教、道教胜地。会稽山原名茅山，相传大禹治水记功于茅山，会盟于诸侯而得名。秦始皇南巡也到过会稽山，命李斯刻碑纪念，这就是著名的秦望山李斯碑。据传，历朝历代在南镇庙多有祭祀，乃至到民国时期，会稽山南镇庙一带依旧是香火旺盛之地。

明代王阳明，世代为书香门第，其父王华是明宪宗成化十七年（1481）的状元。少年王阳明在诗词写作上有独特禀赋，也有胆略勇闯边关，更是立志要成圣贤。青年时期的王阳明任性洒脱，一度淡薄功名。后虽收摄心性重归科考，但因替同僚戴铣申冤，得罪了太监刘瑾，廷杖四十发配贵州龙场。在经历龙场之后，王阳明终于悟道"圣人之道，吾性自足，向之求理于事物者误也。"从此，王阳明以讲学和阐明知行合一、致良知为人生要义，学生、弟子都慕名而来。

《传习录·钱德洪录》中记载了一则阳明先生带友人去会稽山南镇庙一带游玩的典故。

> 先生游南镇，一友指岩中花树，问曰："天下无心外之物。如此花树，在深山中自开自落，于我心亦何相关？"

显然，这是个不好回答的问题，矛头焦点直指王阳明"心即理"的思想。虽然"心即理"思想是南宋陆九渊首提，但王阳明经过龙场悟道之后，在此基础上扩充为：心外无理、心外无物、心外无事。今日友人的这一问，是不是要以己之矛攻己之盾呢？那么他是怎样回答的呢？

> 先生曰："你未看此花时，此花与汝心同归于寂。你来看此花时，则此花颜色一时明白起来。便知此花不在你的心外。"

阳明的回答出乎意料的精妙！特别是有一个字用得好，这个字便是"寂"。阅读这一典故，要从"寂"的境界里去思考，从某种角度讲，也要能进入"寂"，方可体悟先生之涵义。

《传习录》的这则典故，让我想起在《道德经》中也有关于宇宙起源存在状态的一段描述：

> 有物混成，先天地生。寂兮，廖兮！独立而不改，周行而不怠，可以为天地母。吾未知其名，字之曰道。

宇宙的生成运行远早于人类的诞生，在人类诞生之前，没有人类的主观意识去认知、观察、参与自然造化，宇宙的存在就是一种孤独寂寞地按照自行运行规律周而复始运转的状态，这种没有人类主观意识参与的生存状态，可以理解为"寂"。

由此我们可以说，在王阳明和一众友人到来之前，位于南镇庙附近的花树，它的存在状态就是"寂"，花树存在着，但还未进入"我"的意识系统，故而它的存在只能叫做"寂"。

世事万物需要人类的介入而呈现和表达，这就需要我们有一颗明觉的心，去发现万物的存在，去构建彼此之间的关系。正如梁漱溟先生所言，人活着要处理好人与自然万物、人与人之间，还有人与自己的关系。天地万物为一体，只有联通彼此，天地人的存在才有意义和价值。

明白了"寂"的这一层含义，我们就可以从容淡定地处理很多事情，生活中的喜怒哀乐、爱恨情仇，都源自于关系的产生，我们之所以不会对一个陌生人无端生起嗔怒怨怼，是因为我们与陌生人的关系属于"寂"的状态，彼此存在着，但由于无关联，又仿佛不存在似的，所以也就不可能引发七情六欲的萌动。

每个人的成长经历、家庭文化、心智模式不同，总会有志趣、见解、性格相投的，也会存在相反的情况。上善若水，水的特性是包容，那么，包容不下的，也不必睚眦必报、耿耿于怀，而只需"同归于寂"即可。《心经》云"心无挂碍，无挂碍故无有恐怖"。无有恐惧，就不会执着，尽人事，顺天命。

作为世俗之人，不必过于盲目地去执着于这个境界。要有阳明先生所讲的，培养、修炼一颗明觉的心，时刻去克制省察。还要时刻以明觉之心去体察百姓疾苦，如郑板桥诗云"一枝一叶总关情"。我们对困难的事、棘手的事，需要迎难而上，主动去发现问题，解决问题，这样才是《大学》所倡导的在明明德、亲民和止于至善。

一次山间漫游，一场思想对话，留给后人无限遐思的空间。每读这则典故，心里玩味着"寂"的广袤与空灵，感叹王阳明内在精神世界的丰裕和超然的独特视角，便有所悟、有所得，同时又对先生生起一份敬意。

# 越中山水与道家文化共生

那秋生

在中国古代文化"北儒南道"的格局之下，越中山水被许多著名的人物所欣赏与歌颂，留下了"游心清远，寄情山水"的传世著作。在他们的眼里，山水自然是"道"的具体体现，是"道"的外化。体现在会稽名士身上的道家文化传统，也是越地民俗风情中一个鲜明的标志。

## 一、舜禹文化为传统

"古有三圣，越占其二。"在绍兴，禹的影响极其深远，他与"五镇"之一的会稽山合为一体，闻名天下。《尚书·大禹谟》："人心唯危，道心唯微，唯精唯一，允执厥中。"这十六字"心传"，是上古时期大舜传给禹王的修心之法，也是中华文化经典中记载的最早心法，被道家奉为"心学"圭臬。道教将尧、舜、禹封为天官、地官、水官等"三官大帝"。中华文明是从尧、舜、禹开始的，他们都被儒、道两家尊为文化先祖。值得自豪的是，"三圣"与越地有着密切渊源，是尧的巡察地，在稽东山区留有尧郭、车头的地名；是舜的出生地，上虞、舜山、舜水都是历史的明证；是禹的安葬地，每年谷雨的祭禹仪式都是海内外人们前来朝圣的时节。《越中杂识》载："南镇庙，在府城南一十三里会稽山下，祀南镇会稽山之神，自秦汉以来祭祀唯谨。"元代黄镇成《会稽南镇庙》诗云："巨镇东南表海邦，玉书金简昔人藏。云从禹会奔侯国，星列周官奠职方。已祝洪釐尊社稷，更磨贞勒写文章。幅员今已同王制，敕使年年摄荐璋。"

绍兴南部山区的地名尚有用于祭祀的双坛，即王坛、青坛。唐诗之路中，张继留下《会稽郡楼雪霁》："江城昨夜雪如花，郢客登楼齐望华。夏禹坛前仍聚玉，西施浦上更飘纱。帘栊向晚寒风度，睥睨初晴落景斜。数处微明销不尽，湖山清映越人家。"此诗为我们研究发掘上古舜禹文化提供了宝贵的线索和佐证——"夏禹坛前仍聚玉"。这说明早在唐代，禹陵之南就有了祭坛。一是"夏禹坛"，不是专门用来祭天地的，而是与禹陵配套祭祀的祭坛，这就是说"青坛"（青为黑色，越语为乌）。二是所谓的"聚玉"，应该就是指"王坛"，要知道在古代王与玉是不分的，可以写作"玉坛"，而且"王"与"黄"同音，也叫做"黄坛"。细想起来，双坛之间不就形成了"青黄相接"的对应关系吗？下面试解析其中的奥妙，即黄与青的色彩文化。道教将尧、舜、禹封为天官、地官、水官等"三官大帝"。舜主地，五行中的土为黄色，这就是"黄坛"的来历。禹主水，五行中的水为黑色，夏朝崇尚青（黑）色，这就是"青坛"的来历。禹承舜之遗风，祭祀仪式必定遵守严格的规矩。实地查看青坛与王坛，直线距离仅十里之遥。在会稽山区设立双坛来祭祀两位先圣，是完全合理的。

## 二、道学元典作根基

中国历史上有两部"天书"，被尊为中华文化的源头。

一部是《山海经》：《山经》按方位分别列述东南西北中五方山川及其草木鸟兽，体例如出一辙；《海经》有夸父追日、大禹治水、刑天舞干戚、黄帝战蚩尤等神话，这些神话故事展现出了中华民族最为本真的精神气质。《山海经》中"会稽山"之名出现了两次，一为《山经·南山经》中"会稽之山，四方，其上多金玉，其下多砆石，勺水出焉，而南流注于湨"。二为《海经·海内东经》中"会稽山在大楚南"。所谓"海岳精液，善生俊异"这八个字，即关于越文化的特征表述，也是对《山海经》全部内涵的精辟概括。《山海经·海外南经》："羽民国在其东南，其为人长头，身生羽。一曰在比翼鸟东南，其为人长颊。"所谓"於（于）越"，是百越先民之一，"於（于）"与"羽"同声，读如"羽越"，即"羽民国的越人"。越人是东夷的一个部落，鸟为越族部落的原始图腾，也是护身符，越人自称"羽民"，越族中早已流行鸟书与鸟语、鸟纹服与鸟形器，还有鸟居、鸟田……

越地名胜之名的释疑：宛委洞天——所谓宛委山者，山中之鬼也，这个"委"字见于《尔雅》，同"鬼"义也；若耶福地——所谓若耶溪者，水中之神也，这个"若"字见于《山海经》。道教之鬼神崇拜，正是越文化的一大特征。从特定视角看，绍兴数千年的文明史，实际上就是一部"山海经"。美丽富饶的绍虞平原依山傍海，是绍兴历代劳动人民通过呕心沥血的经营和胼手胝足的劳动，从山与海的接合部上开创出来的一片土地。

另一部是《易经》。据传大禹治水到越地，在会稽山所得天书乃"通水之理"，犹如《易经》的八卦图。从绍兴古代地图可以看出，绍兴就是阴阳相抱的鱼形状。阳鱼首为会稽山脉，阴鱼首为海浸平原，此与绍兴的山水分布可以对应。这种独特的地理环境，恰似一幅活生生的八卦图。所以绍兴在古代还有一个"八卦之都"的美称。会稽虞氏家族是魏晋南北朝时期士族的杰出代表，后成为浙东《易经》学术史的一个缩影。据《三国志·吴书·虞翻传》载，虞翻对朝廷的任用一概拒绝，专心做学问，他为《易经》做注释，完成了巨著《易注》。虞翻曾说："夫会稽上应牵牛之宿，下当少阳之位，东渐巨海，西通五湖，南畅无垠，北渚浙江，南山攸居，实为州镇，昔禹会群臣，因以命之。山有金木鸟兽之殷，水有鱼盐珠蚌之饶，海岳精液，善生俊异，是以忠臣系踵，孝子连闾，下及贤女，靡不育焉。"绍兴市区的老地名如大有仓（大有卦）、井巷（井卦）、柔遯弄（遯卦）、曲屯路（屯卦）、咸欢桥（咸卦）、利济桥（既济卦、未济卦）、蒙泉（蒙卦）等均与"八卦"有关。绍兴的一些老字号的命名也与八卦有关，如：老药铺"震元堂"初创于清乾隆十七年（1752），"震"为八卦中的震卦，五行属木，主利于经营山林草药。还有"咸亨酒店"，"咸"是艮卦在下、兑卦在上，展示主客双方的利益博弈，《易经》卦辞、爻辞之中的"元亨利贞"，其含义为善、为仁。可见《易经》文化的影响已深入当地百姓的心中了。

### 三、老庄学说遗影响

老子是第一个以"水"来比喻说理的伟大思想家。在他的眼里，水就是"道"，水就是"一"，水就是"无"。水，有容乃大，可纳百川；水，善莫大焉，可示百姓。"天下莫柔弱于水，而攻坚强者莫之能胜。"水实在是一种外柔内刚的自然造化，水有活力，不舍昼夜，一往无前；水有品性，动静平和，刚柔相济；水有气度，清洁自好，荡涤污浊；水有情怀，滋润万物，和谐共处。老子的"上善若水"，正是越地的写照：江河聚集，山海精会，修禊祭禹，竞渡弄潮，乌篷万桥。老子的"以柔克刚"，哺育了越人的性格：卧薪尝胆，复国雪耻，道骨仙气，风月雅歌，书剑合体。老子的"有生于无"，成为越地流传的假话：淡泊名利，俭养薄葬，清白佳话，廉吏风范，良知教义。

《庄子》里有五个关于越人的故事。①《让王》：越国王子搜因憎恶做国君而招来杀身之祸，其实并不是怕死，他的逃避和挣扎包含一个根本内核：人活着必须自主。②《天下》：惠施提出一种相对的时空观，告诉越人不要夜郎自大，尽管各地有所"小异"，但万物一体的"大同"是永恒的。③《逍遥游》：章甫是不合时宜或无赏之物，世上有很多人们理解不了的事情，教育越人不可智盲，因为人的认知是有限的。④《逍遥游》：吴王用不龟手药大败越人，说明同一个东西在不同地方发挥的作用不一样，所以要注意物尽其用。⑤《外物》：任公子坐会稽山向东海钓大鳌，启示人们必须有所舍才能有所取，要想成就一番大事业，就得胸怀大志持之以恒。这个故事在越地影响极大，会稽山七十二峰之一的新昌南岩，唐齐顗题诗"南岩寺，本沧海，任公钓台今尚在"。岩侧有任公钓车、石棺、蜕骨存焉。人掘其地，有螺蚌壳，云岩下乃海门也（据［嘉泰］《会稽志》）。庄子学说对于越文化的宣扬与传播起了相当大的作用，也成了会稽名士传统的根源。

## 四、汉晋道家竞风流

春秋时范蠡受命建飞翼楼于府山之巅，存"以压强吴"之意。他继承了老子的天道观，并创造性地引入了"阴阳"的观念，他提出的"天道阴阳"的思想：一是天人相合的宇宙观，二是知天知人的认识论，三是阴阳转化的辩证法。历史上明确把天、地、人作为整体进行思考并提出问题，是从范蠡开始的。世人誉之："忠以为国，智以保身，商以致富，成名天下。"王充以道家的自然无为为立论宗旨，以"天"为天道观的最高范畴，以"气"为核心范畴，认为元气、精气、和气等自然气化构成了庞大的宇宙生成模式，与天人感应论形成对立之势。其在主张生死自然、力倡薄葬，以及反叛神化儒学等方面彰显了道家的特质。他以事实验证言论，弥补了道家空说无着的缺陷。于是，王充成为汉代道家思想的重要继承者。

古越有座"巫山"，为原始的宗教场所，后来改名为"梅山"，同梅福有关。据《汉书》记载："汉平帝元始中，王莽专权，（梅福）乃弃妻子隐九江。后有人遇其于会稽，已变姓名为吴氏门卒云云。"梅福曾隐居越州巫山，入道为仙。他为老百姓行医送药，多有善举，称为"化人"，附近的梅市、梅里、梅仙坞之名，都是纪念他的。

东汉魏伯阳著的《周易参同契》，五行相类，共三卷，是现存系统阐述炼丹理论的最早著作。该书思想来源本于黄老与《周易》，并参考古炼丹术及炼丹古书，假借爻象，以论作丹之意。魏伯阳的思想对后世道教的炼丹术影响极大，被世界公认为留有著作的一位最早的化学家。如今在上虞的"凤鸣山"，留有他的炼丹遗址。魏伯阳的《周易参同契》，是仿照东汉出现的纬书之名《易纬参同契》，即三道（大易、黄老、炉火）共同的经典。

晋人嵇康崇尚老庄，讲求养生服食之道，主张"越名教而任自然"的生活方式。他的《养生论》是中国养生史上第一篇较全面、较系统的养生专论。他常修炼养性服食内丹，弹琴吟诗，自我满足。他赞美古代隐者达士的事迹，向往出世的生活，不愿出仕为官。以他为首的"竹林七贤"，都到过越地，在阮社留有遗迹。他独创的嵇姓，就是"稽山"的合成字。

## 五、会稽风光山水道

《论语》中有一段文字，是曾点说的志向："暮春者，春服既成，冠者五六人，童子六七人，浴乎沂，风乎舞雩，咏而归。"曾点道出了孔子的心声，这就是中国文人传统的隐逸特征，也可以视为王羲之等四十二人兰亭修禊与曲水流觞的渊源。王羲之《兰亭修禊诗》曰："三春启群品，寄畅在所因。仰望碧天际，俯磐绿水滨。寥朗无厓观。寓目理自陈。大矣造化功，万殊莫不均。群籁虽参差，适我无非新。"这首诗对"大矣造化功，万殊莫不均"之类的玄理，并不是进行纯粹、枯燥的哲学式探讨，而是通过"碧天""绿水"等具体形象的"三春"景物来阐释的。在诗人看来，"碧天""绿水"这些生动的自然景物，是"大矣造化功"的具体体现，因而把它们引入了诗歌。作为"道"的外在体现物的自然，往往被放在诗歌的中心位置。

孙绰乃首倡"山水是道"之说。他承接了王羲之的《兰亭集序》，写下了《兰亭集后序》，两者相得益彰。其中曰："古人以水喻性，有旨哉！非所以登之则清，淆之则浊耶？"修禊离不开"水"，它是人生的命脉，如管子曰："水者，何也？万物之本原也，诸生之宗室也。"孙绰的诗被公认为最好。其一曰："春咏登台，亦有临流。怀彼伐木，宿此良俦。修竹荫沼，旋濑萦丘。穿池激湍，连滥觞舟。"其二曰："流风拂枉渚，停云荫九皋。莺语吟修竹，游鳞戏澜涛。携笔落云藻，微言剖纤毫。时珍岂不甘，忘味在闻韶。"他把会稽山水当作理念象征来歌咏与感悟，可见心中有着多么美好的情缘。从文学史来看，兰亭雅集可以称得上是古代山水诗的先声了。

玄学是魏晋时期流行的政治哲学思潮，即以老庄思想糅合儒家经义来替代衰微的两汉经学。其特征就是"游心清远，寄情山水。"于是，号称"天下风光数会稽"的古越，必然成为文人的首选之地。晋代文人之所以要借山水自然来悟"道"，是基于这样一种认识：即山水自然是"道"的具体体现，是"道"的外化和演象。在他们看来，自然山水与"道"之间存在着密不可分的联系。山水蕴藏着"道"，"道"外化为山水自然。"道"是根本，山水是表象。"道"是抽象的、无形的，存在于人们的头脑中，而山水自然则在人们的眼前，是具体的、亲切可感的。因而山水自然是识悟玄理的重要门径。他们探寻自然，接近山水，并非只是为了欣赏自然之美，而是为了悟"道"。因此，东晋文人对自然山水的热爱，实际上意味着对"道"的追寻。

被称为"浙东唐诗之路"的路线，最初是由南朝谢灵运率众引领的。谢灵运的主要成就在于山水诗，由他开始成为中国文学史上的一个流派。他的诗强调人与自然的和谐，体现天人合一的思想。让我们看到了一个不同于今天的自然风物，一种山水田园般的生活，特别是那时的人对环境的认识，其代表作《山居赋》自注："清虚寂寞，实是得道之所也。"清虚寂寞便是心净，心净则佛土净，此所谓"即心是佛"者。《山居赋》尽管选取东南西北、前后左右等多种不同的角度与视点，反复铺陈始宁山居之幽美环境，但其实谢灵运不是为写景而写景，而是意在体现一种"清虚寂寞"之境与"清虚寂寞"之心，意在体现始宁山居"实是得道之所"。他在赋与序中一再强调"意实言表"，"托之有赏"，"凡厥意谓，扬较以挥，且列于言，诚待此推"，以此而推，谢灵运所经始之会稽始宁山居，正是其苦心营造之现实净土。

谢灵运在长期的旅游与赏悟中，逐渐形成了深邃丰富的旅游审美观，是从人生价值的高度认识旅游的：这是人不可缺少的一种精神需要，与谋取功名一样重要。谢灵运在《游名山志序》中对此作了深刻阐析："夫衣食，人生之所资；山水，性分之所适。今滞所资之累，拥其所适之性耳。俗议多云，欢足本在华堂，枕岩漱流者乏于大志，故保其枯槁。余谓不然。君子有爱物之情，有救物之能。横流之弊，非才不治，故有屈己以济彼，岂以名利之场，贤于清旷之域邪？"谢灵运的认识已带有明显的超功利化特征，这跟六朝以前流行儒家"比德"说的功利性旅游观相比，有本质区别。

## 六、唐宋诗人通胜境

浙东运河与唐诗之路在绍兴鼎鼎有名。历史上两者相互联通，是交通运输的命脉，是经济繁荣的摇篮，是文化传播的走廊。唐诗之路正是浙东山水与唐代诗歌的完美融合，这种美妙的文化结合是浙江地域文化的集中体现。唐诗之路以一种独特的表象方式让浙东山水成为一个独特的文化地标而存在，与其源远流长的浙东文化相映生辉。以宁绍平原为核心的会稽郡，是江南最富饶的地区之一。其境内虽多山地、丘陵和盆地，然土地肥沃，水道稠密，交通便捷。文人雅士将运河—鉴湖—山阴道—兰亭—若耶溪—曹娥江—剡溪连接起来。这里成为他们聚众会友的场所，也是旅游文化的起源。比如李白寻访恩师贺知章，成为唐诗之路的一个开端，会稽山的龙瑞宫著名道观，曾保存有不少古代碑刻，其中最为著名的便是贺知章的《龙瑞宫记》摩崖石刻。据［万历］《绍兴府志》载："龙瑞宜烟雨望之，重峰叠巘，图画莫及，故乡人语云：'晴禹祠，雨龙瑞'。"作为道教主要人物，贺知章在绍兴的故迹有千秋观、贺知章行馆等。

唐代有450位诗人，在250公里的旅程中，留下了1500首诗歌。崔颢泛舟若耶溪时，不禁神思飘曳："起坐鱼鸟间，动摇山水影。"贾岛赞叹福地，对此无比向往，"地必寻天目，溪仍住若耶"。孟浩然钟情溪水，以为心中知己："相看未相识，脉脉不得语。"李白坐在乌篷船中吟诗："人游月边去，舟在空中行"（《送王屋山人魏万》）。给他印象最深的是："镜湖水如月，耶溪女似雪。"还吟出了《送友人寻越中山水》："闻道稽山去，偏宜谢客才。千岩泉洒落，万壑树萦回。东海横秦望，西陵绕越台。湖清霜镜晓，涛白雪山来。八月枚乘笔，三吴张翰杯。此中多逸兴，早晚向天台。"王献之的"千岩竞秀，万壑争流"被他信手拈来了。山水文化的发生是从人类发现自然美的那一天开始的，人们在众多自然审美活动中，畅和精神，激荡心志，发之于笔墨，成为山水画、山水诗词、山水游记、风光音乐等，形成宗教、艺术、科学等多重价值。山水文化的形成和发展，丰富了历史文化内容，体现出人类文明的演进过程。

宋代王十朋被称为南渡"第一流人物"，以人品、经济、学问著闻天下，以"会稽三赋"流芳百世。尤其是《会稽风俗赋》，历叙会稽山川、物产、人物、古迹，洋洋洒洒，规模宏大，气势磅礴，是为夹叙夹议的大赋。开篇说地理风光："其山则郁郁苍苍，岩岩嵬嵬，磅礴蜿蜒……其水则浩渺泓澄，散漫潆迂，涨焉而天。"接着列举越地物产："鱼盐之饶、竹箭之美"，"兰亭国香、天衣杜鹃"，"输芒之蟹、孕珠之蠃"，"日铸雪芽，卧龙瑞草"，"欧冶之剑、蔡邕之笛"

等等。至于人物历史，更是如数家珍。南宋陆游生性放达，"野鹤驾九天之凤"（《放翁自赞》），风流倜傥，擅长灵魂解脱与精神超越，诗人乐于出世，尽情享受自然的闲逸。可谓二经道风，逍遥云天。诗人名游，字务观，号放翁，皆体现道家思想。

## 七、明清名士因缘长

《王阳明年谱》载他30岁时"筑室阳明洞中，行导引术"（即"导气令和，引体令柔"）。在此修身与静思，被视为王阳明的思想发端与学术起点，所谓"一语良知扶圣谛，三年静住得天和"。从此，王守仁将"阳明洞天"的"阳明"作为自己的别号，名声大震。阳明洞天里的龙瑞宫、望仙桥、阳明大佛等地名都是与道教相关的。他不仅在阳明洞天养生，更在阳明洞天讲学。如今伯府遗址前有一方清池名叫"王衙池"，旧时曰"碧霞池"，此名是王阳明给取的。当年王阳明曾登泰山至极顶南面的碧霞元君祠，留下了"遥见碧霞君，翩翩起员峤。……从此炼金砂，人间迹如扫"的诗句。碧霞元君全称"天仙玉女碧霞元君"，俗称"泰山老奶奶"，它在民间信仰中属于保佑生育与平安的神。王阳明最终归葬于故土绍兴，就在兰亭以南的花街洪溪上"仙霞山"南麓，绍兴方言叫"鲜虾山"。道教中提到过世的师长前辈，经常会用"霞灵"一词。如《霞灵济孤》曰："法是道中玄，惠光照九泉。寻声来救苦，霞灵早升仙。""霞衣童子站两厢，黄冠羽士诵灵章。慈悲真人来接引，霞灵从此返仙乡。"所以，"仙霞"的含义就是升天，具有浓郁的道教色彩。在阳明故里，还有观象台与天泉桥，足以证明他的道教缘分是极其深远的。

阳明后学的徐渭自称为"畸人"，此称出自《庄子·大宗师》："畸人者，畸于人而侔于天。"就是说这种人与社会格格不入，却能顺天道而合自然。青藤书屋里有一口水池，其名曰"天池"。徐渭号天池山人，又号天池生、天池渔隐、青藤老人等。其"青藤道人"之号来自魏伯阳《周易参同契》一书中的"青藤山"。天池是《庄子·天地》中上仙的帝乡。徐渭与怪山有缘，曾与飞来山的道教浮峰上人交往，一起品茶论道。有诗为证："瑶榭琼台望转深，红云穿日散轻阴。天留霁雪教人赏，地放寒梅要客寻。阅岁已知频改易，逢时何处不登临。悟来自笑浑多事，何用题诗在碧岑？"（《次日复酌于邻舍登飞来山访浮峰上人》）

清代李慈铭，号莼客、越缦老人。他一生混迹官场，却留下了集学者、文学家、名士为一体的文人形象。他"为文沉博绝丽，诗尤工，自成一家"，被誉为

"旧文学的殿军",为"越台名士乡"大添光彩。"越缦老人",取自《庄子·列御寇》中的"有坚而缦"句,这个"缦"的意思正是道家主张的"柔能克刚"。越人李慈铭热爱越中山水。怀念时兴叹:"山阴渚山如美人,会稽渚山如名士";记忆里感念:"看晓色宜山,看暝色宜水"。李慈铭所著的《霞川花隐词》《柯山漫录》《湖塘林馆骈体文钞》等,皆以他在绍兴的居住地命名,为的是"志无一日去其乡也"(《霞川花隐词》自序)。霞川系城西迎恩桥至高桥一带,有李氏世居老屋。其《望江南》词曰:"清明忆,老屋傍霞川。十里酒香村店笛,半城花影估人船。水阁枕书眠。"《自题霞川老屋图》曰:"海燕年年绕屋飞,梦中图画是耶非。多情唯有霞川水,日望行人万里归。"

## 八、洞天福地在越中

"洞天福地"是道教仙境的说法,多以名山为主景,被认为此中有神仙主治,乃众仙所居,道士居此修炼,则可得道成仙。在唐代司马承祯编纂的《天地宫府图》中,定为"十大洞天、三十六小洞天和七十二福地",构成道教地上仙境的主体部分,这些都是有实指的。古越绍兴是唯一兼有"洞天"与"福地"之地。唐人刘禹锡亲临访察了这个洞天福地,即"宛委山"与"若耶溪",故曰:"山不在高,有仙则名;水不在深,有龙则灵。"(《陋室铭》)

唐代曰"会稽洞天",宋代曰"阳明洞天",清代曰"宛委洞天",它在"三十六小洞天"中居十位。"宛委"是古越方言,即"鬽"(山鬼、山神)的意思,所谓"阳明洞天",其实就是指"禹穴",为大禹的葬身之处。"阳明"一词在道教中指东方青帝紫府,其为古代神话中的五天帝之一,是位于东方的司春之神,又称苍帝、木帝。"阳明洞天"在会稽山区的宛委山,传为仙人郭华所治。唐时奉道教创始人老子为始祖,便在全国大兴道教,会稽山成了道教的活动中心和胜地。

据越地方志记载,阳明洞天里的景点有:龙瑞观、铁壁居、葛仙井、降仙台、飞来石、见龙坛、射的潭、石帆庵、点烟亭、宛委瀑布、阳明大佛等。"阳明洞天"既不是某一个山洞,也并非某一块岩石,应当是指一方神秘的生态环境,如同王十朋所说"会稽周回一百二十里"皆是。比如就在宛委山中的樱花林一带,是三面环山的谷地,谷身狭长,山径盘回,溪涧迂曲,幽深清静。当年正是宗教文化兴盛之地,故昔人有"千僧万道八百姑"之感叹。所谓"阳明"一词来自老子的阴阳之道,《雁塔圣教序》:"明阴洞阳鉴地象,抚今思古会空山。"

其中的"明阴洞阳"即知晓天地变化,简缩为"阳明"。

若耶溪,在"七十二福地"中居第十七位。"若耶"为绍兴方言,与"是呀""神呀"相似,有赞叹、颂扬之意,当地人称之为"神溪"。这里曾流传过诸多的神话与传说,如禹得天书、欧冶铸剑、西子采莲、秦皇望海等。所谓樵风泾上"朝南风,暮北风"的民间故事,便是其中极其生动风趣的一则。富有诗情画意的若耶溪,使得历代文人雅士流连忘返,诗兴一浪高过一浪。南朝诗人王籍,有一年夏天独自泛舟越中的若耶溪,此地幽僻,气候清凉,满眼生机,鸟鸣蝉噪,真有如入仙境的感觉。当他返回时,悠然吟出一首诗来:"艅艎何泛泛,空水共悠悠。阴霞生远岫,阳景逐回流。蝉噪林愈静,鸟鸣山更幽。此地动归念,长年悲倦游。"随着这首《入若耶溪》的流传,娴静的"若耶福地"扬名四方。"若耶溪"从此就成了绍兴的著名风景胜地。

在绍兴,会稽山为第十洞天,沃洲山、天姥山、若耶溪、司马悔山分别为第十五、十六、十七、六十福地。上虞的凤鸣山因道教理论家魏伯阳的传说享有盛名,嵊州的金庭山曾有"毛竹洞天"之称。此外,道教的宫观,也多建在这种风景优美的地方。如越中历史上最负盛名的道观——龙瑞宫,就坐落在宛委山南麓的涧谷之中。

山阴道与若耶溪,被视为越中山水的"双璧"。历代诗人如谢灵运、李白、王维、杜甫、孟浩然、元稹、刘长卿、苏东坡、王安石、范仲淹、陆游、王守仁、徐渭、袁宏道、王思任、朱彝尊、查慎行、李慈铭等,都留下了无数诗篇,于是形成了一个著名的"山阴道与若耶溪"文学谱系,历经千年而不衰,蔚为诗歌大观。记得《红楼梦》中写宁国府的园子:"黄花满地,白柳横坡,小桥通若耶之溪,曲径接天台之路。石中清流激湍,篱落飘香;树头红叶翩翩,疏林如画。"好一个"若耶福地"呵!这儿风景美丽,人文蕴涵,吸聚江南灵秀的地气,孕育了脍炙人口的诗篇,绵延着古越文化的基因与血脉。

追溯历史,名士们热爱故乡的山水,并且形成了自己的历史情怀与民俗传统,这是十分珍贵的文化遗产。习近平总书记指出"绿水青山就是金山银山",正是基于传统山水文化的一种现代表述,具有极其深远的价值与意义。归根结底,自然的山水中蕴藏着的人文精华,经过千百年历史的积淀与发展,已经成为越地民俗文化中的主流韵调与特色风采。

# 后　记

　　绍兴是一座散发着浓郁书卷气的城市，拥有"历史文化名城""东亚文化之都"两张金名片。走进古城深巷小弄，那一块接一块的石板，犹如一部又一部的古书，故历朝历代，"士比鲫鱼多"。如今的绍兴图书馆，前身即为1902年绍兴乡贤徐树兰先生创建的古越藏书楼，以"存古开新"为宗旨，开创了国内公共图书馆之先河。

　　近年来，绍兴图书馆始终坚持以习近平新时代中国特色社会主义思想为指针，致力弘扬"存古开新、平等共享、读书惜人、敬业奉献"的新时代"绍图精神"，自觉践行"传承文明、服务社会"理念，切实推进公共图书馆事业高质量发展，为全面深化现代公共文化服务体系建设贡献着力量。按照《浙江省公共图书馆服务大提升行动方案》总体要求，在绍兴市文化广电旅游局的关心重视下，绍兴图书馆决定从2021年开始，以徐树兰先生之名创办出版《树兰文丛》年度文集。

　　《树兰文丛》年度文集由绍兴图书馆主办，坚持学术性、研究性为主，知识性、资料性兼顾的初衷，设置图情论坛、学术研究、越地人文、书苑风雅等栏目，立足绍兴，面向全国，力争搭建一个图书情报、文化文史学术交流的开放性平台。

　　《树兰文丛》的应运而生，如期出版，我们要感谢国家图书馆出版社的大力支持、精心编辑；要感谢浙江图书馆褚树青馆长在百忙之中撰写序言，给文集的出版给予充分肯定。同时，要感谢市内外诸多文史专家精心撰写文章，为文集增光添彩，也要感谢图书馆界同仁的积极参与。

　　《树兰文丛》第一辑犹如一个初生的婴儿，需要大家的呵护。由于编辑时间仓促，出版周期较长，纰漏之处，期盼专家老师批评指正，不吝赐教。

《树兰文丛》编委会

2021年12月